# 技术转移业务运营实务

张晓凌　侯方达　编著

知识产权出版社
全国百佳图书出版单位

**内容提要**

本书的主要内容是专业化、信息化、国际化背景下的技术转移服务组织建设与服务业务运营管理。本书的特色一是从国家发展战略的高度体现技术转移全过程、全要素、全社会的业务服务理念，二是基于信息管理系统平台的服务业务流程设计。

读者对象：技术转移、科技管理、信息服务等专业的高等院校师生，高新技术产业、技术市场管理、科技成果转化与技术转移等相关服务机构的技术人员和管理人员。

责任编辑：黄清明　　　　　　　责任校对：董志英
装帧设计：张　冀　　　　　　　责任出版：卢运霞

**图书在版编目（CIP）数据**

技术转移业务运营实务/张晓凌等编著. —北京：
知识产权出版社，2011.9（2021.5重印）
　ISBN 978 - 7 - 5130 - 0405 - 3

Ⅰ．①技…　Ⅱ．①张…　Ⅲ．①技术转让—基本知识

Ⅳ．①F113.2

中国版本图书馆 CIP 数据核字（2011）第 027899 号

技术转移专业核心教材
# 技术转移业务运营实务
张晓凌　　侯方达　编著

出版发行：知识产权出版社

| | | | | |
|---|---|---|---|---|
| 社　　址：北京市海淀区马甸南村 1 号 | | 邮　　编：100088 | | |
| 网　　址：http://www.ipph.cn | | 邮　　箱：bjb@cnipr.com | | |
| 发行电话：010 - 82000860 转 8101/8102 | | 传　　真：010 - 82005070/82000893 | | |
| 责编电话：010 - 82000860 转 8117 | | 责编邮箱：hqm@cnipr.com | | |
| 印　　刷：北京九州迅驰传媒文化有限公司 | | 经　　销：新华书店及相关销售网点 | | |
| 开　　本：720mm×960mm　1/16 | | 印　　张：19.75 | | |
| 版　　次：2012 年 1 月第 1 版 | | 印　　次：2021 年 5 月第 2 次印刷 | | |
| 字　　数：378 千字 | | 定　　价：48.00 元 | | |

ISBN 978 - 7 - 5130 - 0405 - 3/F·395　（3326）

# 技术转移专业核心教材编委会

**名誉主任：** 段瑞春（中国科学技术法学会会长，国际知识产权保护协会中国分会副会长，北京大学、清华大学、国防大学兼职教授）

**主　　任：** 侯义斌（北京工业大学副校长、全国人大常委、教育部督学）

**编　　委：**

马彦民（科技部火炬中心副主任）

陈　晴（科技部火炬中心技术市场管理处处长）

刘　军（北京市技术市场管理办公室主任）

林　耕（北京市技术市场协会秘书长，北京工业大学特聘教授）

丛　巍（北京市技术市场管理办公室发展科科长，北京市技术市场协会副秘书长）

刘海波（中国科学院研究员，北京科技政策研究中心、北京工业大学特聘教授）

张玉杰（中共中央党校教授，清华大学21世纪发展研究院特聘研究员）

张晓凌（先进制造北京市技术转移中心主任，北京工业大学技术转移人才培养基地主任，科技部火炬中心特聘咨询专家）

冯秀珍（北京工业大学经管学院教授）

本丛书的编写得到北京市科学技术委员会的大力支持

# 序　言

　　技术转移是商品经济发展到一定阶段而产生的特定概念，是伴随工业、服务业高度的产业集中而不断完善的系统知识的流动过程。在现代，技术转移又是发达国家寡头竞争驱动下的一种创新模式，是全球化过程中，强势公司无限扩张的一种经济行为。

　　工欲善其事，必先利其器。技术是人类在生产和生活过程中经验和知识的积累。广义的技术转移是指技术的自然流动与扩散。作为技术转移的典型形态，即将技术作为一种商品进行交易，至少可上溯到 1474 年，以威尼斯共和国颁布世界史上第一部专利法，从法律上明确技术可以作为商品进行交易为标志。20 世纪 60 年代起，技术转移研究逐渐成为一个独立的学科。1964 年，联合国贸易发展会议首次提出并讨论了技术转移问题，会议把国家之间的技术输入与输出统称为技术转移。联合国《国际技术转移行动守则》中，把"技术转移"定义为"为制造产品、应用工艺流程或提供服务而进行的系统知识的转移，但不包括货物的单纯买卖或租赁"。

　　由于政治经济体制的不同，资源占有失衡，以及竞争实力的差距，在不同国家、不同地区、不同企业间，技术转移不仅概念与形式存有歧异，其转移方向和效果亦迥然不同。

　　20 世纪 70 年代后，西方发达国家在过剩资本的刺激下，利用技术优势，快速完成了产业结构的调整，完成了产业的升级换代，并形成了全新的产业群体。新的巨型公司以每年 10% 的增速投入巨额研发资金，新兴产业的规模效应和超额利润，反过来成为控制全球消费市场的资本。世界排名前 1 400 家公司 2007 年研发投入经费高达 6 000 亿美元，而其中的 100 家即投资近 4 000 亿美元。巨额的研发投入成为市场需求的主要驱动力量并决定着全球化时代技术进步的方向，一方面通过创新技术这一特殊生产要素发挥着"第一生产力"的作用，即通过降低成本、提高效率、增加功能等技术贡献，扩大市场占有率；另一方面是目的性非常明确地"制造"最终消费，进而驾驭市场，从跑车、游艇、种马，到网络游戏、电信标准、衍生金融……层出不穷的创新技术引导着人才、资本、物资在世界范围内的流动路径，最终将不确定的消费需求带入预先确定的消费市场。

我国技术发展与技术进步的水平近年虽呈现出跨越式提升趋势，但受产业结构、价值观念、科技管理体制等多种因素的影响，与世界先进水平相比仍有较大差距。技术转移的速率与方向也表现出严重的不对称和不对等。

改革开放前30年，以重工业机器设备为载体的技术引进、企业内部的工业技术革新和政府主导的农业技术推广是我国技术进步的三大举措。技术进步的方向主要是服务于工农两大产业的生产活动。

技术革新也称技术改革，是在技术发明或已有的成熟技术的基础上，对生产技术如工艺规程、机器部件等的改进，以适应新的生产需求。1954年4月全国总工会《关于在全国范围内开展技术革新运动的决定》的发布，标志着日后持续数十年之久的工业企业群众性技术运动的开始。

技术推广几乎是改革开放前中国农业技术发展的专用词汇。人民公社化后的中国农业，为确保粮食产量，普及新的种植养殖技术，政府成立了自上而下的农业技术推广机构。在全国范围内，根据不同的耕作地区先后设立了农林、土肥、种子、植保、经济作物（园艺、果茶、蔬菜等）、水务等农业技术推广站（中心），从政策法规、管理机构、技术队伍等方面形成较为完善的技术推广体系。

改革开放后的30年，以1978年22项重大引进项目的陆续建设为标志，至80年代中后期以轻工、纺织、电子等行业的外商投资热为高潮，我国的技术转移活动产生了由量变到质变的飞跃，开始真正步入全球化的轨道。尽管很多夕阳产业技术和重复引进项目付出了沉痛代价，但大量的项目引进还是大大缩短了国内外悬殊日久的技术差距。在开放政策的吸引下，外商急功近利的技术输入，客观上起到了调整中国产业结构的作用，改变了中国几十年重"重工"、轻"轻工"的产业格局，扭转了日用工业品匮乏的窘境，人民群众过上了穿"的确良"、用洗衣机、看彩色电视机的"发达"生活。同时，由科技体制改革催生的技术市场在20世纪80年代中期蓬勃兴起，从根本上改变了以政府计划主导的技术转移模式，大大推进了中国技术转移的理论研究与实践。随着技术流动的商品化和贸易形式的规范化，很多与技术转移混淆的概念有了明确的释义和区分：如，将技术的时空传播称为技术扩散；实验室的科技成果向生产部门的应用过渡称为技术转化；技术所有人将使用权授予他人的行为称为技术转让。技术转移则指带有特定目的和具有交易性质的技术扩散过程，它有着比较规范的转移形式，如体现在商品交易的先进技术转移，通过技术合同和许可证交易实现的技术转移等。

进入21世纪，技术进步一日千里，发达国家在大规模集成电路、智能化家用电器、数字化机床、生物、核能等众多高端技术领域遥遥领先，在新一轮的技术转移过程中占尽先机。

发达国家取得技术转移主动地位的关键缘由不外乎两点：一是企业技术的创新动力和技术进步的需求，二是受益于完备的知识产权制度。创新技术是现代产业的发展基础，是市场竞争中最重要的资源。企业以创新技术形成高新技术产业，以产业规模控制市场，以垄断市场获取超额利润。充裕的流动资本和资本的逐利特性使大量的投入又进入技术研发循环。从表面上看，发达国家没有垄断企业存在的条件和理由，但实际上，企业所有者和实际控制者分离背后，掩盖着真正的垄断集团，它们凭借强大的经济实力和技术垄断最具"反垄断"的话语权。

以航天飞船和汽车为例，制造飞船或汽车的法人公司通常只有几千人或几万人，如果把产品分解成若干子系统，会顺序找到上万家供应商或者连法人公司都数不清的代理商。高新技术产品集合资源的规模令人震惊。企业处于自身生存发展的需要和利益追求的需要，推动了技术的快速发展，政府则从国家战略的角度，支持保护企业技术创新积极性，制定了完备的技术转移政策法规和知识产权保护制度。

创新技术能够重创甚至淘汰一个行业或产业，很多传统工艺正在消失，很多产品如磁带录音机和录像机、胶片照相机、胶木唱片、白炽灯等已经走向消亡或正在走向消亡。掌握技术转移主动权的企业，当新技术出现后，次新技术便会向其他国家或地区扩散。在知识产权制度的保护下，技术所有权人不受时空因素影响，只要该技术还有最后一块市场，这项技术就绝不会成为他人的"免费午餐"。

正是基于发达国家技术转移的成功经验和运作模式，在加入世贸组织短短的几年中，我国的技术转移工作取得世人瞩目的成绩。法律法规建设、运行机制完善等配套工作也取得突破性进展。当然，差距是客观存在的，我国的技术转移欲与西方国家取得对等地位，仍需假以时日。目前的紧迫问题是认清方向，抓住体制模式层面的主要矛盾。

# 一、产学研联盟的机制探索

推进产学研联盟是我国现行科技体制下技术创新的必由之路，是打破制约技术转移瓶颈的有效举措。我国与西方国家在科技管理制度上的最大差异之一是研发人员分布问题，我国几十年形成的科研格局是大部分从事科学研究和技术研究的高科技人才都集中在大学和科研院所，而研究机构与企业之间又缺乏高效和科学的互动机制，缺乏技术转移的有效渠道。全国仅专利成果即达 500 万份，真正实现转化的不足总量的 5%。体制之外的另一主要矛盾是高新技术产品的复杂性明显增加，批量产品的技术突破需要跨学科、多专业的协同，这对于技术环节薄弱的中国企业更是雪上加霜。获得共识的解决办法是，强强联合，成立不同专业的全国性产学研联盟。产学研联盟是一个优势互补、资源共享的新型联合体。以利益为连接纽带，形成新的组织形式和新的运行机制，有望打破传统体制下技术转移的制约瓶颈。

## 二、中国特色的"适用技术"选择

技术从发明（发现）到应用，受到消费观念、生产工艺、材料、成本等综合因素的影响。即使是成熟技术，在不同历史时期和不同地域，其应用也具有很大的局限性。

中国古代的四大发明中，公元前1世纪就有了纸张，全国推广的时间为东汉的中后期；战国时期就有以天然磁石磨成勺型的"司南"，泪没日久，明清时期航海技术的进步才使"司南"普及了"指南"作用；8～9世纪，唐已有成型配比的黑色火药，应用于"爆竹"娱乐数百年之久，真正的武器作用，是晚清时期西方列强对中国的征服。报载：80位科学家在电脑网页上选出11项超级发明，结果排序为：眼镜、原子弹、印刷术、时钟、水管设备、马镫、阿拉伯数字、橡皮和涂改液、电脑、古典音乐、避孕药。而人们熟知的纺纱机、发电机、显微镜、青霉素等引起技术革命的重大发明（发现）却不在其列，这从某种意义上印证了选取适用技术的重要意义。

最尖端的技术不一定会有最广阔的市场，甲地的技术不一定完全适用于乙地，落后技术不等同于淘汰技术。我国技术转移的方向一定要体现消费观念、应用环境、性价比率综合平衡下的中国特色。中国特色的技术转移首先要满足大多数人的民生需求，尊重大多数人的基本就业权利。适用技术就是最好的技术。

## 三、服务体系的完善与建设

完善与建设技术转移服务体系包括建立健全直接为技术转移业务提供帮助的各类服务组织；包括政府及相关机构为技术转移工作制定相应的方针政策、法律法规；理顺间接为技术转移活动提供便利支持的社会团体之间的利益机制；疏通技术转移的流通渠道等。在西方发达国家，仅为技术转移业务提供直接服务的组织就有十几种专业分类，且行业齐全，从业人员众多，服务内容和服务模式多种多样。如：技术交易服务、技术经纪服务、孵化器组织、技术集成服务、技术经营服务等。

1997年后，中国确定了面向21世纪的发展目标和战略，1999年全国技术创新大会召开，2006 年《国家中长期科学和技术发展规划纲要（2006－2020 年)》发布，2007 年科技部、教育部、中国科学院联合启动了国家技术转移促进行动。这一时期中国技术转移步入成熟阶段。其标志特点是：①技术转移理论逐步走向成熟，法律法规也陆续出台，并有效指导、规范技术转移的实践活动；②技术转移规模进一步扩大，转移方式日益多样化；③企业成为技术转移的主体力量，技术输出规模空前；④部分区域性、行业性的技术转移联盟成立。

　　为总结近年来技术转移理论研究的成果和实践工作经验，以推动产学研技术转移联盟工作的进展，加速高校和科研院所技术、人才及信息资源向重点行业和企业的流动，并满足全国各地技术转移管理机构和企业技术中心对专业理论和建设经验的强烈需求，知识产权出版社组织出版了《技术转移联盟导论》、《技术转移业务运营实务》、《技术转移信息服务平台建设》、《技术评估方法与实践》、《技术转移绩效评估研究 》一套五本丛书。

　　丛书作者通过多年的工作实践，在完成先进制造北京市技术转移中心的全面建设基础上，组织业内部分专家学者，历时两年，共同调研，数易其稿。这部丛书涵盖了技术转移全过程的业务内容（政策法规研究另行出版）。《技术转移联盟导论》、《技术转移绩效评估研究》两书偏重理论研究，概括了技术转移最新的研究成果，总结了最近的业务经验。《技术转移业务运营实务》、《技术转移信息服务平台建设》、《技术评估方法与实践》则几乎是业务操作的范本，是技术转移机构和执业人员必备的业务指导用书。

　　愿这套丛书能够填补技术转移研究中的诸多空白，发挥出众所期待的作用。

　　是为序。

马彦民

2009 年 7 月 20 日

# 前　　言

　　技术转移业务是技术转移机构按专业化、信息化、国际化要求，为推进技术适配领先、模式创新可循、产业低耗高效发展而提供的全过程、全要素、全方位服务活动。全过程、全要素、全方位服务要体现专业化的要求，以前瞻与高端引领产业结构优化的方向，提高产业竞争力、产品竞争力、服务竞争力；要体现信息化的要求，以标准与效率推动服务转型、拓展服务内容、规范服务流程、创新服务模式；要体现国际化的要求，以高科技含量、高附加值、高比例卖方市场的产业形态，把握国际市场主动权，主导世界产业潮流。

一

　　技术转移（technology transfer）是指"为制造产品、应用工艺流程或提供服务而进行的系统知识的转移，但不包括货物的单纯买卖或租赁"。根据国际技术转移多年的运行规律和我国技术转移产业的发展实践，技术转移主要指国家、地区间由于发展失衡而引起的系统技术引进与技术输出活动，是通过技术贸易与技术服务两大形式实现的技术转让与技术扩散过程，是国际上提升现代服务业竞争力的国家发展战略，是发达国家谋取超额利润与发展中国家谋求"赶超捷径"不同的目的需求交叉融合的必然趋势。技术转移通常是由经济发达区域向次发达区域流动，呈现由点到面的定向性渗透、逐渐扩散。经济与技术相辅相成，技术转移同时也是经济欠发达地区采用先进技术改造落后技术、淘汰落后技术的过程。其趋向表现为：落后地区受经济技术开发条件及观念、政策所限，廉价的技术人才、单项技术、萌芽技术等技术要素在向发达国家和地区集中，发达国家和地区昂贵的总装设备、商标品牌等成品作为各类知识产权和先进技术的载体，瞄准潜能市场，向欠发达地区的行业、企业转移。

　　技术贸易与技术服务是技术转移的两大实现形式。

　　技术贸易（technology transactions）通常指国际上遵循一定商业规则进行的技术引进和技术输出活动，是技术转移最主要的实现形式也是重要手段，技术贸易主要以技术许可方式，即通过许可协议（合同）实现技术使用权或技术所有权由供应方向需求方的转让与流动。传统的技术贸易主要有专利许可、商标许可、专有技术许可三种方式，这三种许可方式一般与机器设备引进输出密不可分，但也可以是独立于载体的单纯许可证贸易。随着西方国家知识技术概念的不断更新，产权保护范围不断扩展，技术壁垒问题的日益复杂，技术许可亦涵盖了知识产权的全部类别，其变化可谓日新月异。技术许可不仅包括了著作权（版权）的全部内容，还包括了工业产权中的服务标识、厂商名称、原产地名称、制止不正当竞争、集成电路布图设计专有权等新的内容，传统的专利许可也延伸出"专利池"等复杂内涵，骤增大量专利申请权许可业务等。

技术服务（technical service）是技术转移的另一主要形式，其业务规模在快速增长中。技术服务与技术转移服务是两个不同的业务范畴，随着现代服务业的迅猛发展，技术服务的内涵与外延都发生了极大的变化。技术服务已由捆绑于先进设备进出口的附加服务这一特定概念，发展为"知识型技术"独自的引进与输出，或为他人的设备系统提供升级改造等方面的专业化技术服务，如技术咨询、智力劳务输出、工艺设计、质量控制、引进输出项目的专业培训等。狭义的技术服务是指为先进机器设备进出口进行的相应配套服务，包括：（1）产品设备的现场安装调试或指导用户或第三方进行安装调试。（2）维修服务，包括按产品维修计划所规定的维修类别进行的承诺保修期无偿服务和产品在运输、使用过程中由于偶发事故或保修期后提供的有偿服务。（3）向用户提供或更换产品的易损件和核心配件服务。（4）保证产品设备能按设计要求有效运转所进行的测试、检查服务，以及所需要的专用仪器仪表安置使用服务。（5）技术资料与培训服务：向用户提供产品图纸、使用说明书、维修手册以及易损件、备件设计资料等有关技术文件；为用户培训操作和维修人员，帮助其掌握操作技术和维护保养知识等。广义的技术服务既包括依附于机器装置、设备设施交付的配套服务，还包括作为第三方向已转移技术提供追加的深度服务和直接向需求方提供专门的软件服务等，是技术供给方向技术需求方提供技术劳务的行为。广义技术服务包括很多业务内容，最典型的如技术咨询，同时也是技术转移信息服务的业务范畴。

生产制造业的转型升级，电子化、数字化集成度提高，操作更为简便，技术精度和结构原理却更加复杂，机器设备技术含量越来越高，技术服务的比重也随着越来越大。但是，导致技术服务由量到质的蜕变不仅仅是制造业技术含量的变化，还由于经济全球化与生态资源环境恶化导致世界性产业结构的调整，技术转移推动着现代服务业迅猛发展，技术咨询、专有权利使用费和特许费等新兴服务所占比重增长迅速。技术服务内涵的扩张，与传统技术贸易相比大有并驾齐驱并超越后者之势。

技术转移服务亦称技术转移信息服务，是指为满足技术或相关信息的供需双方需要，技术转移相关机构或技术经纪人利用自身的生产要素优势或社会资源优势，按产业发展规律，促进技术贸易与技术服务系统有序发展的"第三方"经济行为。技术转移服务从内涵到规模都在不断扩充中，从不同的分类角度，可有几十种类别、上百种细类，已形成新兴的产业部门。

技术转移服务是技术转移业务运营的主要内容，技术贸易和技术服务既是技术转移的实现形式和手段，也是技术转移业务运营的重要组成部分。

## 二

技术转移业务运营是技术转移全过程（全链条）的服务。

我国的技术转移业务运营渐入正轨，初显产业规模，技术转移服务已扩展到科学技术成果化、技术成果产品化、批量产品商品化、规模商品产业化的全过程。

产业化是优化经济结构、转变发展方式、提升创新能力、实现产业升级与调整或形成全新产业的过程，也是科技的研发成型、科技成果的转化、技术的改进完善、成熟技术推广普及的过程。任何的产业化过程都会有众多的产业部门和专业技术为其提供支持与服务，并催生出大批与之相应的新型业务与服务机构。技术转移服务业务的主要类别有：

（1）信息服务业务。如对技术信息进行搜集、筛选、分析、分类、整合、发布等方面的信息加工利用的基础性服务业务，以及组织各类技术推介、交流、交易，难题招标服务。

（2）特定科技的商业研发服务业务。如专业技术研究院所、工程中心、重点实验室、大中型企业技术中心参与产业创新技术开发示范研究等面向市场、面向产业化的技术开发业务。

（3）技术交易服务业务。指狭义技术市场的功能及服务业务，即技术交易场所的功能业务。我国已建成大小固定技术市场100余家，比较固定的技术交易会、展览会、洽谈会、招标会等100余家，如中国技术产权交易所、中国（上海）工业博览会、中国版权交易（文化创意）会、中国浙江网上技术市场等技术交易服务机构。此类服务业务主要是为技术供需双方提供交易平台，一般不直接参与技术自身的买卖交易。

（4）技术经纪服务业务。主要指为技术的供求双方或技术的合作双方牵线搭桥、从事代理而收取费用和报酬的中介服务。此类服务是职业技术经纪机构或个人通过经纪的专业知识促成技术转移，如技术经纪机构及具有资格证书的经纪人员以及生产力促进中心、高校的技术转移中心、专业的技术转移咨询公司中的经纪业务等。

（5）技术集成服务业务。主要指具有一定科技开发和市场推广能力的机构，通过受让或购买具有潜在市场前景的小试技术成果、注册专利等，进行集成和二次开发，其最终成果用于合作生产或向他方转让，如某些工程研究中心、企业化的研究院、民办的专业研究所等。广义的技术集成还包括产品、市场、营销手段等管理技术的开发集成。技术集成服务是一种技术含量和附加值都很高的新兴业务，符合专业化、国际化的技术转移服务发展趋势。

（6）技术经营服务业务。主要指以技术培训、技术评估、技术答疑解难、技术咨询策划、风险投资，以收购或受让的技术、专利及专利申请权或其他知识产权进行储备经营等为主业的服务形式。

（7）创业培育服务业务。如对新创办的科技企业提供"孵化器"服务。通过提供场地设施、创新环境、投融资、法律、税收等企业发展壮大所需的配套服务，帮助创新企业完成科技成果向产品化、产业化的过渡。

（8）平台建设服务业务。指为技术交易、技术经纪、技术集成、技术经营、创业培育等相关的组织与工作提供软硬件开发维护的技术与管理业务。如专业的计算机与网络服务商、专业的系统运营商、专业的软件开发与支持团队等提供的云计算（SaaS、PaaS 及 IaaS 技术）支撑服务业务和物联网可视化和电子商务展示业务等。

（9）行业管理服务业务。指政府部门的科学技术管理、专利登记管理、技术市场管理、相关政策法规研究制定、技术转移（科技成果转化）基金的运行管理等方面的服务。

（10）专业指导服务业务。主要指政府部门在技术壁垒、反垄断、反倾销等国际事务中对行业和企业的指导服务，对技术转移行业标准规范的推荐、制定和指导；有关专业机构对发达国家最新技术标准的解读辅导，非营利组织的产业化跟踪指导等服务。

（11）技术转移人才培养服务业务。包括技术转移人才培养基地建设、专题轮训实习、执业资质考试、岗位资格培训、专业学历教育等系列培训培养服务。

（12）其他与技术转移相关的服务。

技术转移服务有多少种分类，相应就应该有多少类服务机构，服务机构不一定是专门的，但是，服务业务和服务人员必须是专业的。

# 三

技术转移业务运营是技术转移全要素的服务。

技术转移的全要素指与技术转移相关的全部经营要素，包括技术与管理人员、技术本体、资金、信息等经营业务要素，以及产业背景、民风民俗、自然地理等经营环境要素。全要素服务就是要实现科研机构、生产企业、市场组织以及相关服务机构内部经营要素的合理组织和有效利用，实现环境要素的优化与完善；加速改变技术结构，加快资源消耗型、劳动密集型、生产环境污染型产业的淘汰或转移，促进知识型、生态型、人性化产业的培育或引进。这些服务主要包括技术市场的功能扩充及服务；为技术的供求双方或技术的合作双方牵线搭桥、从事代理的经纪业务服务；技术集成服务；技术转移风投、融资服务；技术转移人才培训培养业务等。

　　技术转移服务业务与物质生产活动的最大不同在于各经营要素的作用差别，技术转移服务中，人力发挥着决定性的主导作用。而生产经营中，人力是作为资源被"消费"，从资本的角度，发达国家的生产要素中，人力资本约占50%左右，其余为流动资金、厂房设备等资本占用，中国企业的人力成本仅占全部成本的 10% ~ 15% 。技术转移服务人员主要是智能型技术人才和管理人才，人力要素是技术转移全要素服务中的重中之重。技术研发者、技术持有者、技术受让者、技术消费者技术转移过程的四大服务主体。技术转移是技术研发者、技术持有者与技术受让者、技术消费者这四者之间技术实力及经济基础的博弈平衡过程，也是四者间利益最大化预期的沟通协调过程。工业化初期，技术研发者与技术持有者基本同为一体，技术的研发者包括专利持有者很多情况下也是技术产品的投资者。在产品卖方市场条件下，技术消费者只是被动地接受消费，在技术转移活动中基本上没有影响作用。全球化的服务经济时代，专业化的要求越来越高，在信息技术尤其是网络技术的推动下，技术研发者与技术持有者逐渐分离为技术卖方市场的两大独立主体，技术研发者成为这个市场的主动方。在产品买方市场条件下，技术受让者与技术消费者关系日益密切，技术消费者越来越占有主动地位。从技术功效的角度，可以把技术区分为尖端技术、先进技术、成熟技术、落后技术等多种定量级差。从技术的特定需求角度可以把技术区分为高新技术、适用技术、原创技术等多种定性等类。技术在空间上发展不平衡引发的市场激烈竞争，是更先进、更适用技术需求的内在因素。技术转移带来的市场空间、商业价值等经济利益是刺激技术输出的直接动因，某些政治、军事、生态等"超经济"技术转移只是某些利益集团利润竞争的外在形式，表象之下的深层仍是一个从"研发"到"消费"，设计完整但简单明了的经济利益引进输出过程。技术转移的全要素服务要解决的核心矛盾是技术权益的系统有序转让。促进技术转移，同一个问题的两个方面是技术能否实现转移？技术转移后成效如何？从根本利益上讲，技术研发者、技术持有者与技术受让者、技术消费者是技术转移利益冲突的甲乙双方。能否实现技术转移，甲方处于主动地位，其影响因素主要有：技术的复杂程度、技术的成熟度、技术的通用性、技术的换代周期等；以及甲方在主观上对技术转移的利益期望、客观上对技术的垄断程度。技术转移后的成效如何，其影响因素主要有：技术受让者的存量技术基础、经济实力、生产要素组织水平、产品市场化能力等；终极检验准则是技术消费者即商品使用者的认知、认可程度。技术转移全要素服务的意义在于：在保障技术转移过程中所有权益者利益的前提下，1. 加大技术研发力度，是解决技术供求矛盾的根本。2. 保证技术转让者的基本权益，打破技术垄断或缓解技术垄断程度，降低技术转移成本。3. 提高技术受让者的学习、消化、吸收、改良、创新能力，提高专业化、规模化、市场化能力。4. 调整消费结构、保护消费权益促进

# 四

技术转移业务运营是技术转移全方位（全社会）的服务。

技术渗透于人类生存空间的方方面面，技术转移全方位（全社会）服务是指技术产业化全过程中，技术转移业务部门全要素的有效利用外，社会政治、经济、文化等各类资源配置对促进技术转移服务机构发展、对改善技术转移运营环境所提供的相关支持与服务。这些服务包括对新创办的科技企业提供"孵化器"培育服务；为技术转移相关机构与业务搭建公共信息服务平台及提供专业指导；政府的科技行业管理和国际技术壁垒等冲突的指导服务。科技咨询师、融资规划师、专利分析师等一大批职业岗位迎"需"而生。

技术转移全方位（全社会）服务是实现公共资源、社会资源科学配置的必然要求。现代服务业以其高技术含量、高附加值以及低能耗等特点，已成为衡量一个国家经济发展水平以及现代化程度的重要依据与标志。世界性产业结构的重组已将发达国家服务业推向了产业经济的主导地位，服务贸易比重超过第一、第二产业的总和，曾风尚一时的信息时代概念正在被服务经济时代所取代。全球服务业总体规模已远超 30 万亿美元，占全球 GDP 的 60% 左右。在高收入国家此比重已经达到了 70% 以上，纽约、伦敦等国际都市则更是达到了 90% 左右。在服务产业中，技术、信息、电子商务、保健保障个性服务等新兴服务业已成为产业的支柱并推动第一、二、三产业融合发展。技术转移处于新兴服务业的高端地位，其转移路径取决于世界政治经济格局的变化动向。我国"十二五"规划的主线是加快转变经济发展方式，把扩大内需作为发展的内生动力，发达国家主权信用及政府债务危机愈演愈烈，内外因素的双重影响，使得技术转移进入新的活跃期，我国将由多年的技术引进大国转变为技术输出大国。由于投资数额剧增，技术开发力度加大的同时伴随着淘汰率加大等问题，技术寿命周期越来越短，导

致了技术转移速度越来越快；服务贸易的国际化，以互联网为主导的一系列高新技术在生产和服务业中的广泛应用，导致系统知识和技术在行业间、地区间、国际上的转移空间越来越密集，覆盖地域越来越广。技术转移已不分行业、不分职业地把全社会紧密地联系在一起，对知识、技术的过度依赖，技术转移服务已不限于产业经济链条中的交流与交易，技术转移服务已成为人们或主动或被动而必须承担的一种社会责任。

　　全方位服务的终极目标是科技立国，实现国力增强，国民富裕，民族兴旺，民生康乐，环境幽雅，生态和谐的规划理想。

# 目　　录

# 第一章　技术转移服务机构的组织建设

技术转移服务机构是不同于传统意义上的企业或事业单位的一种新型科技服务组织。这种服务组织在国外属于服务贸易概念中的中介服务产业，历经几十年的发展过程，现已成为投资主体明晰、运作理念成熟、经营操作规范的新型经济实体。在我国，由于受所有制形式、科技管理体制和风险投资机制等多种因素的综合影响，借鉴于西方发达国家的技术转移运作模式在最近几年才形成产业规模，实现了市场化、企业化管理的实质突破。

新兴组织、新兴业务、新兴资源是技术转移机构的基本特征。

在我国，技术转移服务机构是在政府支持构架下得以迅速发展的新兴组织。由最初的政府财政支持为主的技术市场、科技园等事业性质单位，发展到事业单位所有、企业所有及多种投资成分混合的综合所有等多种所有制形式并存，技术转移机构也由进行技术转让、技术推广等专项业务的行政事业单位，发展到"在全球范围内，以技术许可为主要手段、以产学研联盟为主导模式、以高新技术产业化为服务方向的经济组织"。

科技服务是技术转移机构的主营业务，新兴的服务业务不仅贯穿技术贸易的前期开发、中期经营以及后期保障的直接转移过程，还要为技术评价、效益评估、科技咨询、企业孵化等多专业和多领域提供与之相关的全方位支持。

技术信息以及相关的供给与需求信息是技术转移机构的重要资源。作为劳动对象，信息是技术转移机构资源中的重中之重，收集、加工、整理、分析、储存、推介各种科技信息既是技术转移机构普通的生产业务流程，又是科学技术这一特殊生产力要素发生质变、产生价值的过程。作为管理手段，信息化建设是现代组织管理的基础，是不可或缺的重要管理环节。科技信息的特殊属性对技术转移机构的管理信息化建设提出了双重要求。

技术转移服务机构的行业特性决定着其组织建设的基本要求和基本原则。技术转移机构的发展战略和业务流程决定着组织建设的目标与任务，决定着营运部门的设定和岗位配置。

本章的主要内容有：技术转移机构组织建设的目标与任务；职能部门的设计与岗位配置；个体岗位的分解与工作内容的量化。

# 1.1 组织建设及人员配置的目标、任务

## 1.1.1 责任人

组织建设及人员配置的责任人为：技术转移服务机构负责人或其授权代表。

组织建设及人员配置责任人的工作任务是：组织专门的工作小组完成对经营管理组织的设计、构建及其人员的有效配置，为组织的下一步工作的展开和进行奠定必备的基础条件。

## 1.1.2 目标

组织建设与人员配置的最终目标是：构建设计科学、结构合理、形态实用、沟通便捷、运转高效的经营管理组织系统，以事定岗、以岗设人、上下衔接、左右贯通，职权划分既不重复又无空白，形成管理规范，制度严谨，信息通畅，任务、人员及组织的设计和运行相互协调、和谐一致的运行机制，以便为技术转移的顺利展开和高效运作创造良好的条件及基础。

## 1.1.3 任务

组织建设与人员配置的基本任务包括：

（1）设计有效的经营管理组织，规范和界定组织内部各职能部门之间的职权划分，明确各职能部门的工作职能与工作任务及其同其他职能部门的工作关系及联系等；

（2）岗位分析和岗位规范、岗位工作说明的拟订与编制；

（3）人员编制和人员需求规划的拟订与确立；

（4）人员的选聘、录用与员工队伍建设；

（5）人事、劳动制度的制订与执行。

## 1.1.4 程序

1. 整体工作程序

组织建设与人员配置的工作程序如图1-1所示。

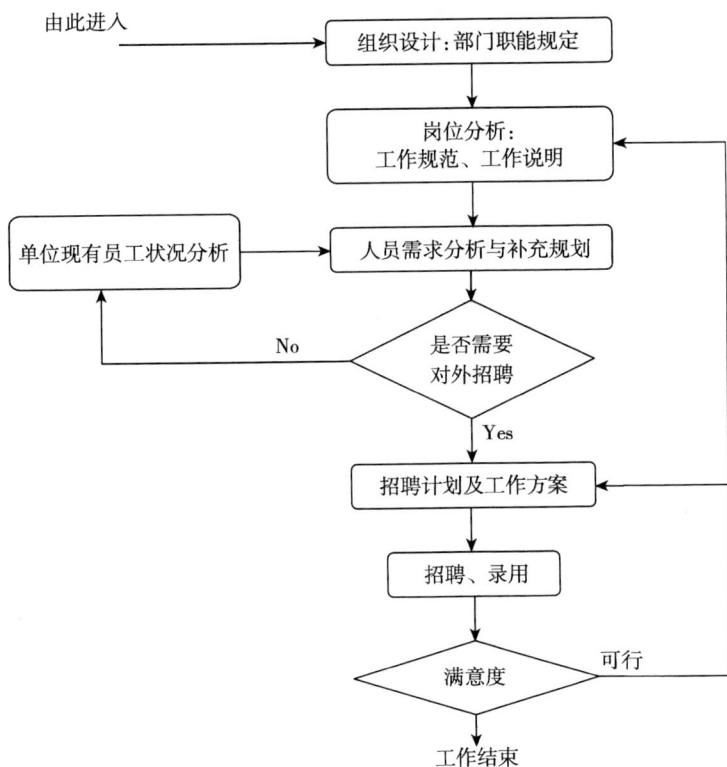

**图 1－1　组织建设及人员配置过程及程序**

### 2. 组织设计程序

组织设计的任务及方法是：通过分析、审查，将组织的目标和任务按照明确的边界或定义加以分解，然后分配给个人去完成，并将承担相近任务和职能的人汇集在一起，构成一个部门，再任命一个协调人（部门负责人）对集聚在该部门的人的行为进行协调和管理，以达到相互依存、有效衔接、统一、效率的目的。在这一过程中，组织目标和任务的分解与分配，可采取"自上而下，逐级展开"的方式进行，即先设计高层，在明确了高层的职能和任务及其机构设置之后，再考虑其直接的下级，进而再下一级，直到组织的最基层。

组织设计过程的步骤及程序如图 1－2 所示。

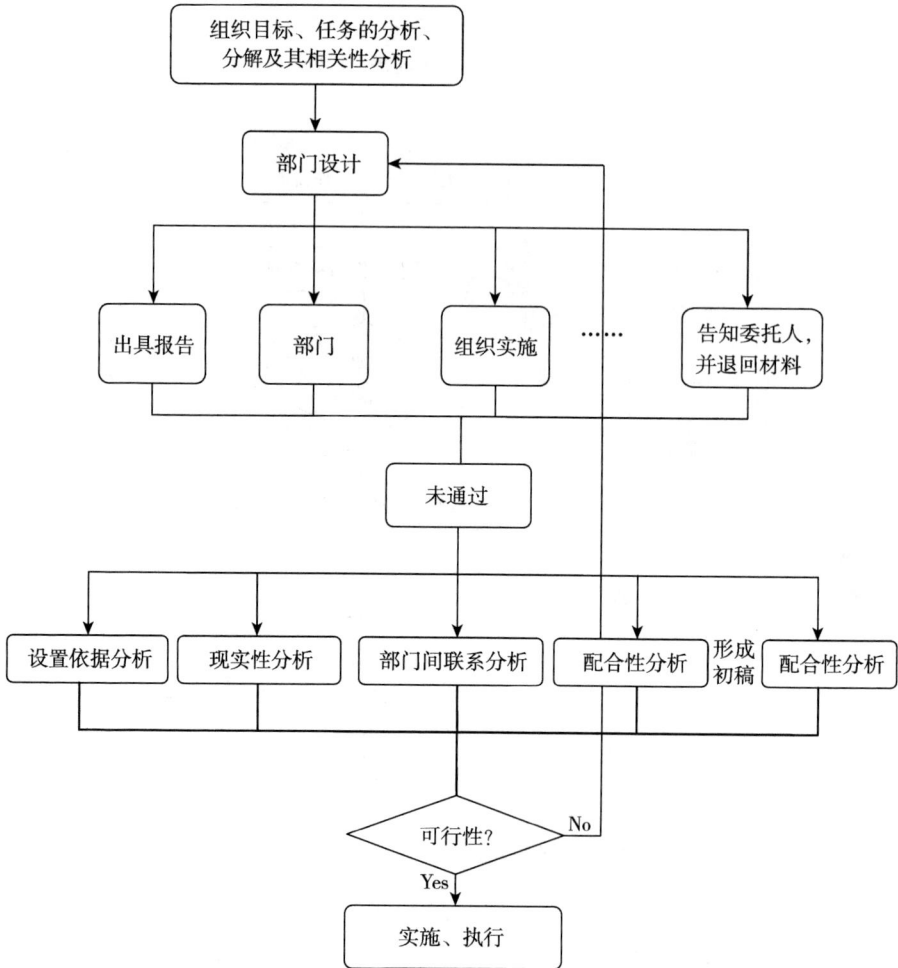

**图 1-2　组织设计程序及步骤**

3. 岗位分析程序

岗位分析的基本程序如图 1-3 所示。

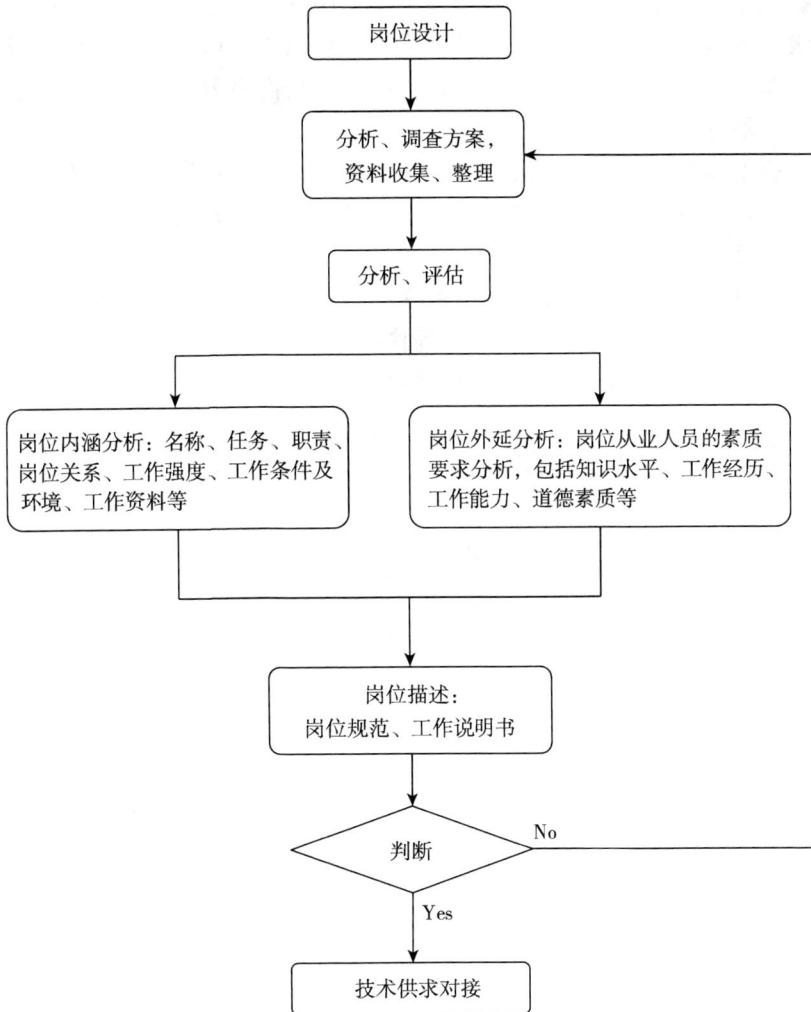

**图 1—3　岗位分析程序**

# 1.2　机构配置及其职权规范

## 1.2.1　机构的构成及其结构

组织的权力机构必然涉及两个基本方面的问题，一是决策的行为主体，即决策由谁来作出；二是决策的方式和结构，即通过怎样的一种方式进行决策。

　　根据技术转移服务机构的组织属性和技术转移业务运营的特点及要点，以依托高校设立的技术转移中心为例，其权力机构可以考虑由以下几个部分所组成。

　　（1）管理指导委员会。作为技术转移中心的最高决策机构，负责技术转移中心建设与发展的重大决策。

　　（2）技术转移中心主任。技术转移中心主任在管理指导委员会的领导及授权下开展工作，负责组织执行管理指导委员会的有关决议和技术转移服务机构的日常经营与管理决策。

　　（3）经营工作委员会。作为技术转移中心日常经营与管理决策的咨询及议事（权力）机构，负责为经营负责人决策提供必要的咨询。

　　技术转移中心权力机构的组成及其结构如图1—4所示。

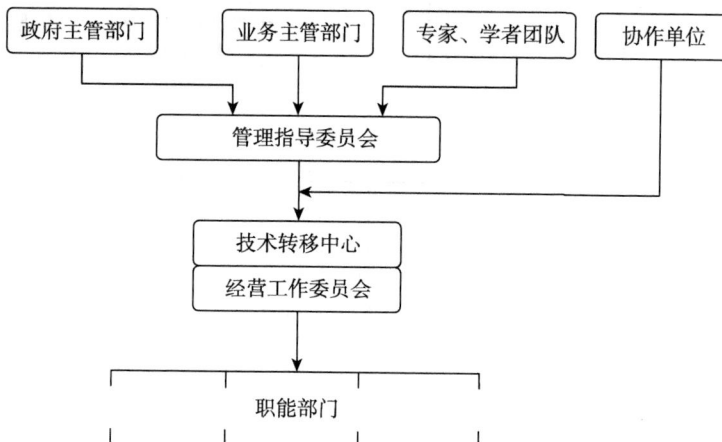

## 1.2.2　管理指导委员会

　　1. 组成办法

　　管理指导委员会由技术转移服务机构直属的上级单位负责人（×人），政府主管部门代表（×人），协作单位代表（×人）和外聘专家、工程技术人员（×人），共计××人所组成。

　　管理指导委员会主任（1人），由业务主管单位副职领导兼任；副主任（2人），由合作单位的人员担任；顾问（1人），由政府主管部门的代表担任；委员（7人），分别由外聘专家（2人）、政府主管部门代表（1人）和相关高校、科研院所代表（2人）、企业界人士代表（2人）担任。

　　2. 决策内容及职责

　　管理指导委员会的决策事项及其职责如下：

　　（1）审议、批准技术转移中心建设与发展规划及年度经营计划；

（2）制定、颁布技术转移中心经营管理的基本原则及重大规章；

（3）决定技术转移中心的资金筹措、使用及财务管理原则；

（4）决定技术转移中心主任、副主任的任免事项，并对中心主任对技术转移服务机构的日常经营管理活动决策进行授权；

（5）协调技术转移中心与政府、产学研合作各方及其他利益相关单位之间的各种关系；

（6）审议、批准中心主任的经营工作报告；

（7）检查、评估中心技术转移业务的开展情况及其成效；

（8）决定、批准技术转移中心的非技术转让交易活动和特殊重要的活动事项处理规则；

（9）帮助技术转移中心解决其依靠自身力量无法解决的一些重大问题，为技术转移中心的日常运营提供制度、外部环境条件等方面的支持。

3. 决策规则及办法

管理指导委员会每年定期召开两次会议，年末（或初）和年中（6月末、7月初）各一次，必要时可召集临时会议，研究、决定技术转移中心建设与发展和日常经营管理的有关重大事项。

管理指导委员会会议通过决议时，只要有一半以上的成员参加会议和参加会议的成员中有一半以上（不含一半）的人同意即可视为有效。

管理指导委员会会议除采用集中人员进行开会的方式外，也可以采用电话、信函、网络通信（互联网）的方式进行。

管理指导委员会会议无论采用哪种方式召开，都必须对会议进程及其实质性内容作出记录，并归档保存。

管理指导委员会闭会期间由管理指导委员会主任行使管理指导委员会的职能和权力。

## 1.2.3　技术转移中心主任

1. 授权与基本职责

技术转移中心主任由管理指导委员会聘任并授权，必要时也可由技术转移中心所有权人直接任命或聘任并授权。

技术转移中心主任在管理指导委员会（或技术转移中心所有权人）的授权范围内开展工作，接受授权人的直接领导和控制，对授权人负责。

技术转移中心主任既是技术转移中心的一级权力组织机构，作为一种具有特定权力的部门或单位而存在，又是一种职务（即岗位），执行某种由个人承担和完成的工作职责及任务，涉及任职资格等问题。

技术转移中心主任的基本职责和权力是，在管理指导委员会的领导及授权下，负责组织和管理技术转移中心的日常经营活动，并就所涉及的相关问题作出决策和组织决策的实现与执行，实现预定的经营目标。

2. 工作事项

技术转移中心主任的具体工作事项或职能包括：

（1）主持技术转移中心的日常经营与管理工作，执行管理指导委员会和技术转移中心所有权人决议、指令，按既定模式管理和经营技术转移中心；

（2）组织拟订技术转移中心建设与发展规划和年度经营计划，报经管理指导委员会审议、批准后，组织执行、实施；

（3）组织制订并实施技术转移中心经营管理组织机构设置方案和技术转移中心基本制度规章；

（4）按管理指导委员会或技术转移中心所有权人确定的资金筹措、使用及财务管理原则，组织筹措、使用并管理技术转移中心的资金及财务收支活动；

（5）完成预定的技术转移计划目标和技术转移中心的经营收入计划目标；

（6）组织改进、完善和不断提高技术转移服务的质量，为技术研发单位和技术成果引入单位之间的技术转让提供符合标准要求的优质服务；

（7）组织研究和分析科技进步及其技术研发与技术应用的发展动态，适时调整技术转移的技术服务方向及其促进措施；

（8）塑造并保证技术转移中心的良好社会形象；

（9）决定技术转移中心的对外宣传范围；

（10）批准自行组织或参与技术转移的促销活动；

（11）决定和批准技术转移中心各级管理人员的任免和奖惩；

（12）代表技术转移中心对外开展公共关系活动；

（13）保证技术转移中心的安全运营，及时发现并消除技术转移中心的安全隐患；

（14）保证技术转移中心经营运作的合法、合规性；

（15）监督、检查下属工作；

（16）处理技术转移中心的突发事件；

（17）定期向管理指导委员会或技术转移中心所有权人报告工作并接受质询；

（18）管理指导委员会或技术转移中心所有权交办的其他事项或任务。

3. 领导责任

技术转移中心主任对下述问题负有领导责任：

（1）技术转移中心运营效益；

（2）全体下属特别是直接下属的工作质量及其结果；

（3）技术转移中心财产及人员安全；

（4）技术转移中心资产数量与质量的变化动态；

（5）技术转移中心的形象塑造；

（6）所聘（或任命）人员的工作才能与工作效果；

（7）技术转移中心积累及其可持续发展的基础。

4. 权限配置

技术转移中心主任应具有以下的基本权限：

（1）技术转移中心日常活动的管理权和技术转移服务活动的经营决策权；

（2）授权范围内的人事聘任、解聘与调配权；

（3）技术转移中心资产运用权；

（4）授权范围内的资金周转及财务收支支配权；

（5）对外合同权；

（6）授权范围内的收入分配权。

## 1.2.4　经营工作委员会

1. 机构属性及组成办法

经营工作委员会是技术转移中心主任以下的一个日常经营与管理决策的咨询机构和决策执行的议事机构。

经营工作委员会由技术转移中心主任、各职能部门负责人组成，由技术转移中心主任主持。

经营工作委员会的基本职能，一是为技术转移中心主任的经营与管理决策提供咨询；二是提出落实执行技术转移中心主任决策的方法、措施，以保证技术转移中心主任所作决策的科学性和决策执行的顺利性。

2. 主要职责

经营工作委员会承担以下基本职责：

（1）根据技术转移中心主任的需要及请求，就技术转移服务机构日常经营与管理的一些重大问题及其决策进行讨论、审议，为中心主任决策提供咨询或对有关问题的解决方案作出批准决定；

（2）听取和审议技术转移中心主任及各职能部门的本期工作报告和下一阶段的工作安排计划；

（3）讨论、研究技术转移中心主任的经营理念、组织价值观和技术转移及其服务发展的方向、经营战略与实施策略等，提出具体的实施方案、措施和方法等；

（4）技术转移中心建设与发展规划及年度经营计划方案的报批和批准后的规

划、计划实施措施的审议、咨询或批准，以及本期规划、计划执行、落实情况的检查与检讨，提出改进意见；

（5）各种规章制度的审议、咨询或批准及其执行、落实情况的检讨与检查；

（6）技术转移业务拓展方案的审议、咨询或批准，技术转移业务经营进程的实时检查，提出问题解决的办法、措施、意见，重大转移项目验收标准的审定及后续服务监督等；

（7）经营及其费用的预、决算方案；

（8）对新拟订准备对诸实施正在进行的各种改革方案、措施等作出评价、判断，提出改进的意见和建议；

（9）审议、咨询或通过向上级单位及政府申报、申请的重大事项；

（10）分析、评价和判断单位行政管理、劳动纪律、工资福利、收入分配方面的工作成效和存在的主要问题，审议咨询或批准相关的制度创新方案及其改革的重大措施等。

3. 活动规则及职权限制

经营工作委员会在技术转移中心主任的授权范围内开展活动，原则上，技术转移中心主任在进行决策时，应当考虑和依据经营工作委员会对该决策问题的讨论、审议结果，但最终决定权仍归中心主任所拥有。中心主任可以不考虑或否决经营工作委员会作出的结论，但当经营工作委员会多数人的意见被中心主任否决后，在多数人认为有必要时，可向管理指导委员会申报裁决。

经营工作委员会每月至少召开一次会议，必要时可随时召开。会议可采用集中人员开会的方式，也可以采用文件通信和网上办公的方法进行。经营工作委员会的会议事务，包括会议材料准备、会议组织、会议记录、会议纪要的整理与归档等，由中心主任授权综合事务管理部具体负责办理和处理。

经营工作委员会当需要对所议事项形成决议时，采用与会人员同意时，所议事项的决议视同被通过。

# 1.3　职能部门及其岗位配置与编制

## 1.3.1　职能组成与部门设置

部门职能和岗位职责的设置是要解决"做什么"和"如何做得更好"这样两个问题，这两个问题实际上是同一问题的两个层面。

技术转移中心的技术转移服务，除为技术成果的买方和卖方"牵线搭桥"、促成双方成交之外，同时还为买方（企业）提供引入产业转化全过程的跟踪服务，为卖方（技术研发机构）提供技术进步咨询、研发项目融资、技术成果鉴定与集成、专利申请等方面的广泛服务，因此，技术转移中心的组织职能活动从服务对象角度划分，大致包括以下几大部分：

（1）"卖方服务"，即为技术出让方——科技研发单位、个人提供的各种服务；

（2）"买方服务"，即为技术引入方——企业单位提供的各种服务；

（3）"成交服务"，即为技术买方与卖方之间的技术转让过程提供的各种服务；

（4）策略研究、方案策划等业务支持活动；

（5）中心内部办公事务处理、行政管理，包括人力资源管理等。

上述 5 个方面的职能活动，前 3 个方面从技术转移过程角度看，又体现为以下 4 种类型的职能：

（1）收集、整理科技成果信息，解决技术转移的成果信息及技术本身的来源问题；

（2）寻找交易对象，为技术转移的买方或卖方寻求和选择交易的伙伴；

（3）参与交易过程，促进和促成交易；

（4）技术交易后的跟踪服务，为技术成果的产业化转化提供技术、项目经营等方面的指导及服务。

技术转移中心的组织职能活动过程及组成如图 1－5 所示。

技术转移中心的职能机构设置及其结构如图 1－6 所示。

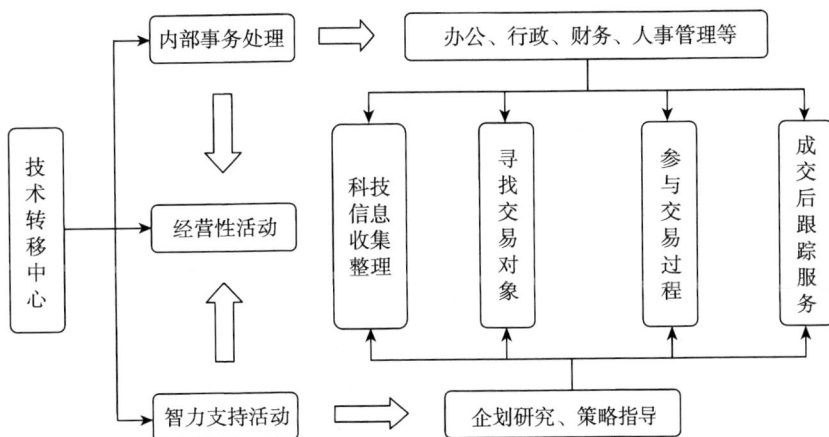

**图 1－5　技术转移中心的职能活动过程及组成**

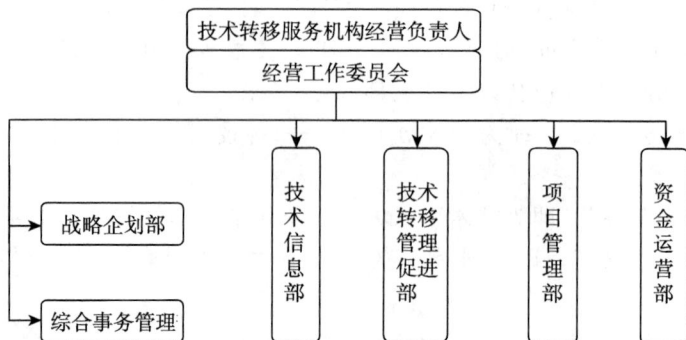

图 1-6　技术转移中心的职能机构设置及其结构

## 1.3.2　技术信息部

【部门本职】

信息收集与处理，包括技术研发预研、在研项目及其成果信息的收集、整理与发布，管理和营运技术转移中心网站和办公信息网络系统，同技术研发机构建立并保持通畅的联系与沟通，获取技术成果转让授权等。

【兼管职能】

接受技术研发机构技术转让委托，为研发机构提供技术需求信息服务。

【直接上级】

技术转移中心主任。

【岗位及编制】

信息监理（1人）、信息工程师（1～2人）。

【工作范围及主要事项】

1. 信息收集与处理

（1）信息工作计划。根据中心确定的技术转移信息工作目标、任务，拟订年度及季度、月度信息收集、整理及对外发布工作计划，确立技术信息处理的年度及季度、月度的具体目标和确保目标实现的具体方法、途径及措施等。

（2）信息工作目标责任制。拟订和落实技术信息工作目标责任制，将技术信息收集、整理、筛选、发布和传播的具体任务落实到岗位、责任到人。

（3）信息开发。不断扩大技术成果信息的来源渠道及技术成果供应主体，建立稳定的技术成果供应客户群体。

（4）信息处理。及时、准确地收集、整理、筛选、发布、传播技术研发及其成果的真实信息，确保信息来源与发布的时效性、真实性、准确性和可查证性。

（5）信息工作创新。不断改进和优化信息工作方案，适时提出信息工作的改进措施及创新工作活动方案。

（6）节支增效。提出和拟订降低费用、增加效益的"节支增效"信息工作行动方案及其具体措施，并确保其有效实施与实现。

2. 信息发布与信息系统管理

（1）拟订并负责实时信息管理系统的规范化管理及使用方案；

（2）负责信息管理系统的管理和维护，及时处理系统使用过程中发生的各种事故及问题，确保信息管理系统的有效运行；

（3）及时、准确地发布各类科技研发及其成果信息，将各种有用信息完整、无遗漏和无缺失地纳入信息库；

（4）为使用信息管理系统发布或（和）查阅相关信息的单位和个人提供便利及帮助；

（5）适时更新信息库中已经陈旧、过时的各类信息，确保所保留信息的可用性。

3. 信息来源的开发与管理

（1）建立和不断扩大信息来源网络系统，确保技术研发及其成果信息开发目标、任务的如期实现；

（2）定期和不定期走访相关高等院校及科研院所和其他单位下属的技术研发机构，及时了解和掌握相关技术研发单位的技术研发活动及其成果情况，从中发现和筛选有用的各类技术信息，包括预研项目信息、在研项目信息和研发成果信息等；

（3）集聚、整理各种技术信息资料，建立并保管各技术研发机构及其技术研发活动和其研发成果档案；

（4）为技术研发机构的研发活动及其成果转移提供其所需要的良好服务；

（5）建立并保持同相关高等院校、科研院所及其他技术研发机构的沟通和日常联系。

4. 技术成果筛选与产权代理

（1）技术成果的商业价值及推介前景的预计与评估；

（2）技术成果所有权审核；

（3）技术产权代理，技术成果转移受托转让协商、授权谈判与协约等。

## 1.3.3 技术转移管理促进部

【部门本职】

技术交易及其成果转让的组织与协调，包括潜在及可能的技术需求市场调查研究与咨询、技术成果应用客户开发与管理、技术成果鉴定与评估、知识产权代理与管理、技术转化项目投资环境评估与咨询、技术成果推介与转让、交易服务等。

【兼管职能】

专利事务处理，专利权申请代理；技术经纪人队伍建设与管理。

【直接上级】

技术转移中心主任。

【岗位及编制】

技术转移监理（1人）、客户经理（2～3人）、技术助理（1人）。

【工作范围及主要事项】

1. 市场开发

（1）市场开发计划。根据中心确定的技术成果转移推介工作目标、任务和技术信息部提供的预期技术研发及其成果信息，拟订年度及季度、月度的技术成果推介及其市场开发工作计划，确定技术推介及其市场开发的年度及季度、月度的具体目标和确保目标实现的具体方法、途径及措施等。

（2）客户开发。建立技术成果需求用户调查与潜在及可能用户的开发与管理制度，拟订和落实客户调查、开发目标责任制，将客户调查、开发的具体任务落实到岗、责任到人。

（3）技术需求预测。根据客户调查所收集到的相关资料及信息，对目标地区的技术需求作出预测，并将预测的有关结果传递给技术信息部或（和）用于指导本部的技术成果推介工作。

（4）客户分类与归档管理。对客户按照潜在客户、可能的客户和目标客户加以分类，建立客户档案，实行分类归档管理。

2. 技术转移的技术准备工作

（1）技术成果鉴定。对尚未鉴定的技术成果组织专家进行鉴定；对已经鉴定的技术成果，对鉴定结果进行必要的复核、验证，以证实其鉴定结果的真实性、准确性及可信性。

（2）技术成果评估。对已通过鉴定且具有商业应用与推广价值的技术成果进行技术评估。评估内容包括企业层次和从社会层面考察的技术因素评估、经济因素评估和社会因素评估，全面检视和综合分析目标技术所涉及的方方面面问题，包括技术成果本身的先进性、可靠性、可行性、实用性问题和技术应用的费用效益分析，以及技术应用对社会、政治、宏观经济、生态环境等方面影响的分析评价和有关政策分析等。

（3）专利事务处理。协助技术发明人或接受技术发明人的委托对其所发明并持有的特定技术向国家专利部门申请并取得专利。

（4）技术"二次开发"与集成。对具有良好商业开发与应用前景、可进行产业化转化的技术成果，根据供需双方的具体情况特别是需方的要求，进行技术上的某些改进，或对单项的技术实施聚集、配套，使之系统化；或将综合的技术成果分为若干独立的部分，向卖方推销；或者对技术成果进行产业链技术分类以及相近产业技术分产业、分部门、分类型等方面的集成再开发，以便促成交易的实现，并提高技术成果应用及其产业化转化的适用性和效益性等。

3. 技术转让交易促进

（1）技术交易工作计划。根据中心确定的技术转移交易工作目标、计划，拟订年度及季度、月度交易工作计划，确定技术交易的年度及季度、月度工作目标和确保目标实现的具体方法、途径及措施等，将交易工作的具体任务落实到岗、责任到人，建立技术交易工作的目标责任制。

（2）技术成果推介。运用多种方法，通过各种渠道，包括新闻发布会、广告、技术交易展览会、洽谈会、企业走访等形式，向企业、社会推介拟转让的技术研发成果。

（3）技术应用项目投资研究。对拟产业化转化的目标技术成果项目进行投资与经营的可行性研究，形成目标技术成果转化项目投资可行性研究报告，为技术成果引进方提供项目投资与经营的解决方案。

（4）技术转让价格分析。对拟转让的目标技术成果进行全面的费用、价格分析与预估，提出技术转让的价格标的。

（5）技术资料的整理与装订。对目标技术的技术报告、工艺设计、配方、文件、图纸、检验、鉴定证明等资料进行整理和有序编排，并装订成册，以便于查找和保管。

（6）技术转移合同。广泛开展技术转移咨询服务，解释、回答技术转让方和技术受让方所关心的有关技术转移、交易涉及的各种问题。

（7）寻找交易对象，促进技术转让。为技术转移的卖方（或买方）寻找和选择买方（或卖方），通过为买卖双方提供的成交服务，促成双方的有效成交。

（8）技术转移公关建设。开展以公众为对象、以传播为手段、以信誉为目的、以真诚为信条、以长远为方针、以互惠为原则的技术转让的公共关系工作及建设，为技术转让创造良好的社会环境条件。

（9）技术交易谈判和合同的订立与履行。同被确定的技术成果引进方或技术成果的出让方进行技术交易的磋商、谈判，达成共识后订立技术交易合同。

4. 技术经纪人队伍建设与管理

（1）经纪人发展计划。拟订技术经纪人发展计划，充分利用、发挥技术经纪人在组织技术成果交易和促进技术转移过程中的积极作用。

（2）经纪活动管理。制定技术经纪人管理办法，加强对技术经纪人经纪活动的有效管理。

（3）经纪人档案建立和保管。

### 1.3.4　项目管理部

【部门本职】

技术成果转化项目管理，即技术成果转移之后的项目投资与经营运行的跟踪管理与服务，包括为技术引进企业提供科技立项、投资顾问、项目孵化、融资策划、人才培训、政策咨询、管理辅导、技术指导等方面的服务。

【直接上级】

技术转移中心主任。

【岗位及编制】

项目监理（1人）、项目经理（2～3人）。

【工作范围及主要事项】

1. 项目营运制度规范建设

（1）提出和拟订项目运行管理的各种制度规范、办法及措施，并组织执行和落实。

（2）定义项目建设与运行管理各行为主体的工作职责、工作范围、工作目标。

2. 项目运行过程管理

（1）项目登记和调查研究。对纳入项目运行管理范围的技术成果转化项目，按照规范的要求，认真做好项目登记工作。对目标项目进行深入、系统的调查研究，广泛采集项目运行管理所需要的各种信息数据及其资料。

（2）管理实施方案。在调查研究的基础上，针对目标项目的具体情况，拟订项目运行管理的实施工作方案。

（3）构建健全、完善的项目实施组织系统。项目实时组织系统应由提出项目设想的人（即项目创始人）、项目建设发起人、对项目进行管理的项目经理和承担项目建设与经营具体工作的团队经理和团队成员，以及对项目建设与经营管理提供支持的项目指导者或推动者等方面的人员所组成（如图1－7所示）。

（4）监控和管理项目建设的进度与运行速度，控制项目变化。

（5）及时发现并解决项目建设与发展进程中出现的各种问题，对项目的风险与机会进行有效的监测与控制管理。

（6）保持同项目关系人的沟通与联络。

3. 项目交付管理

（1）根据项目建设进度，在项目建设即将结束前，提出和拟订项目结束后的成果验收与交付工作方案及计划。

（2）组织项目验收，确保交付项目的可交付成果。

（3）组织项目交付，结束项目建设的运行管理。

（4）总结目标项目建设与运行管理的经验和教训，提出项目运行管理工作报告。

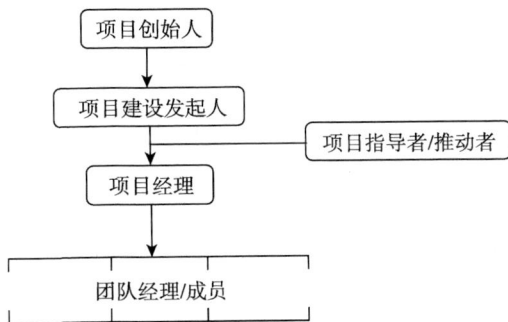

图 1-7 典型/标准的项目组织结构模式

## 1.3.5 资金运营部

【部门本职】

融资服务，为技术转移融通资金，进行技术转移产业转化投资项目与资金的有效对接，促进技术成果的加速转化。

【直接上级】

技术转移服务机构项目监理。

【岗位及编制】

融资监理（1人）、客户经理（1～2人）。

【工作范围及主要事项】

1. 资金运营计划与融资策划

（1）资金运营计划。根据预期的技术交易目标计划和项目融资预期，拟订年度及季度、月度资金运营工作计划，确定资金运营的年度及季度、月度工作目标和确保目标实现的具体方法、途径及措施等。

（2）融资策划。根据目标项目的具体情况，提出和确定项目融资的解决方案及操作实施的具体办法。

2. 资金组织

（1）拓展资金融通的供应源。发展和深化与金融机构、基金组织的广泛联系，建立不断扩大的融资网络，为不断开辟和扩大项目融资的资金来源创造良好的前提条件。

（2）基金建立与管理。设立并管理技术转移服务机构科技贷款担保基金、科技创新基金，为技术成果转化项目提供贷款担保服务，为技术研发机构和技术成果转化企业提供有保证的技术创新资金支持。

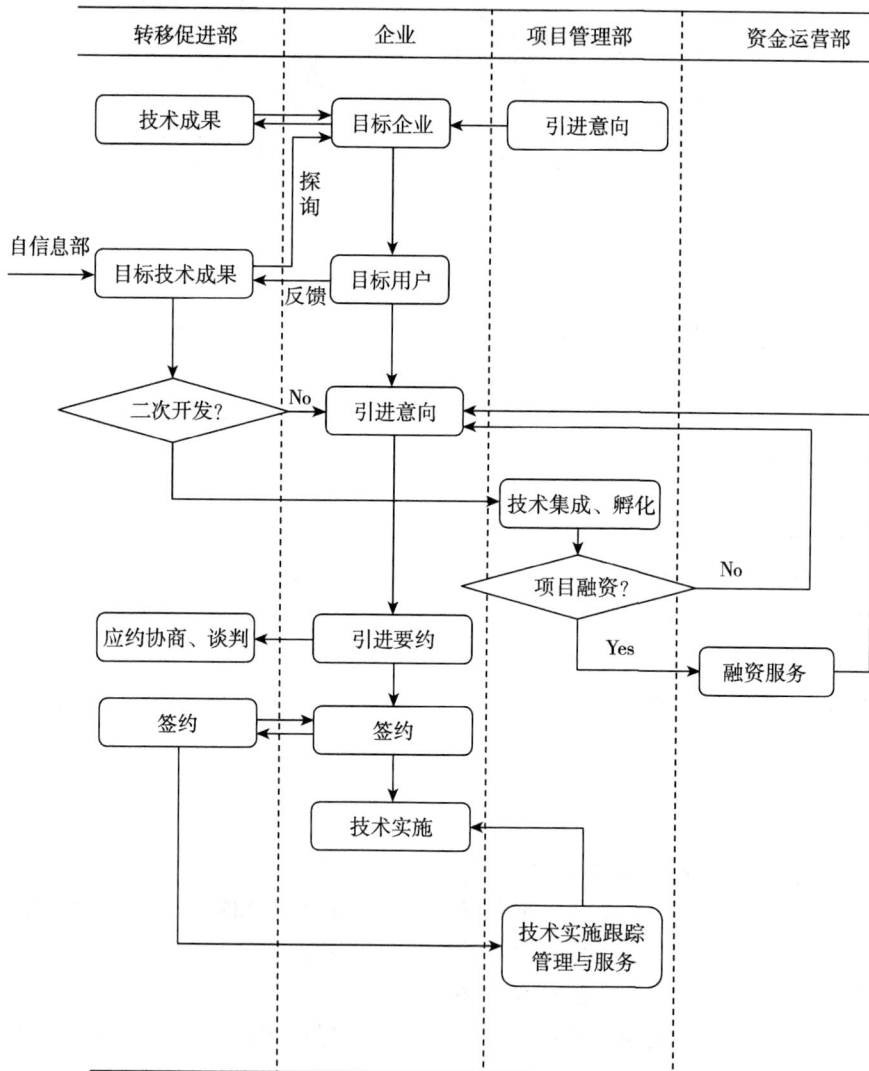

**图 1—8　技术交易市场推介过程**

（3）优化融资来源结构，提出和拟订确保融资预期目标实现的行动方案。

3．融资运作实施与管理

（1）接受需要使用融资款项的客户的融资请求，做好有关登记和初步审核方面的工作，针对具体用户，提出和制订融资方案。

（2）进行融资服务调查，采集开展融资风险分析与研究所需要的各种信息资料及财务数据。

（3）根据融资服务前调查所掌握的情况和信息，对融资客户的资信及财务运营状况等作出全面、深入的系统分析。

（4）根据融资服务前的调查分析结论，组织并完成融资服务与资金发放的各项具体工作，确保融资合同、担保或抵押等完全符合融资工作的规范要求。

（5）融资文件及相关资料的整理、归档，建立并保管融资客户档案。

（6）对融资客户的款项使用及其经营、财务、资金往来情况等进行融资后的跟踪调查和监测、控制，及时组织到期融资款项的催放、回收、清贷工作，确保到期融资款项的如期足额收回。

4．融资用户管理

（1）定期走访融资用户，了解和掌握和融资用户经营、资金运行、财务、市场销售与竞争方面的动态变化情况。

（2）为融资用户提供全方位、多角度的各种服务，帮助用户开展有效率的经营。

（3）加强对问题用户的指导与服务，防止其向着不利方向的发展与深化。

## 1.3.6 战略企划部

【部门本职】

技术转移战略研究与咨询，为技术研发机构和技术成果转化企业提供战略引导、诊断、规划、咨询等方面的服务。

【直接上级】

技术转移中心主任。

【岗位及编制】

战略监理（1人），企划助理、咨询助理（2～3人）。

【工作范围及主要事项】

1．研究与咨询业务建设

（1）经营顾问。充当技术转移中心主任、各营业部门和外部委托企业、研发机构的经营与发展管理的顾问和智囊。定期向技术转移中心主任及各营业部门和外部委托企业、机构提出改进和完善经营与发展管理的各种建议。

（2）发展研究。包括技术进步、技术转移和技术转移中心发展等方面的研究，分析、研究技术进步的方向、速度等，提出技术研发及其成果转移、产业转化的目标战略及其实施措施。

（3）委托研究。接受客户委托，为委托单位（技术研发机构、技术成果产业转化企业等）进行经营与发展方面的战略研究。

（4）战略咨询。对外开展战略咨询业务，为目标技术研发机构或技术成果产业转化企业提供战略咨询、战略规划等方面的专项指导与服务。

（5）政策研究。研究适合于中国技术进步和技术成果转移的最佳政策组合，就改进和完善技术进步与技术转移的有关政策问题向国家及地方政府部门提出建议和意见。

（6）管理研究与咨询。对外开展管理研究与咨询服务，为目标单位（技术研发机构和技术成果使用单位、科技企业等）提供其所需要的管理研究与咨询服务，包括技术进步及其成果应用研究与咨询、投资机会研究与咨询、投资项目管理研究与咨询、人力资源管理研究与咨询、企业财务管理研究与咨询、企业市场开发管理研究与咨询、企业文化建设研究与咨询，以及政策咨询、法律咨询、科技信息咨询等。

2. 研究与咨询活动组织

（1）队伍建设。建立专家网络，聘请和组织专家，完成计划课题的研究与咨询任务。

（2）学术活动组织。定期和或不定期地召开学术探讨及成果交流会议。

（3）成果传播。通过多种方式及渠道及时对外公布、发表研究成果，使之发挥其应有的作用及效应。

3. 企划

（1）综合计划。开展技术进步预测，适时提出和拟订技术转移中心的中、长期发展目标计划及年度经营计划。

（2）业务促进与拓展计划。进行业务拓展和客户开发研究，提出相应的业务拓展与开发促进计划及其实施策略与措施方案。

（3）形象设计与塑造。设计、塑造技术转移服务机构的社会形象，定期分析、判断形象现状，提出改进和完善的具体方法、途径及措施。

（4）对外宣传。拟订对外宣传及广告活动计划及其实施方案，并负责计划及实施方案的执行与管理，定期分析、评价、预测对外宣传、广告的目标效果。

（5）编写对外宣传材料，设计制作各种宣传用品及礼品。

（6）经营活动分析。定期对技术转移中心的经营活动展开分析与研究，并提出相应的研究报告。

（7）经营活动指导。指导、协调技术转移中心各营业部门的业务经营活动，参与和协助各营业部门的业务拓展与开发促进活动。

（8）业务活动分析与评估。对营业部门的业务经营活动进行定期的分析、评估与发展预测，为各部门业务开发与拓展计划的制订和完善提供重要依据。

## 1.3.7　综合事务管理部

【部门本职】

技术转移中心内部事务处理，包括日常办公及行政事务处理、人力资源管理、财务管理、文档管理、公共关系建设、法律事务处理等。

【直接上级】

技术转移中心主任。

【岗位及编制】

行政监理（1人）、文员（1人）、事务助理（1～2人）。

【工作范围及主要事项】

1. 日常办公事务处理

（1）日常办公的组织管理与秩序维护；

（2）中心主任会议和主任办公会议及跨部门业务工作会议的组织与会务安排、会议记录和整理会议纪要；

（3）根据中心主任的指示和有关会议决议，起草相关文件、通知、指示和主任工作报告；

（4）文件、公函收发、传阅和建档与保管；

（5）各种事项的通知、告示，部门间、上下层级间的沟通与联络；

（6）办公制度建设和办公纪律的拟订及执行过程中的检查与监督；

（7）办公场所的环境布置、装饰和卫生的管理与监督；

（8）督促、检查各部门认真落实和执行中心主任及主任办公会议的有关决定和指示；

（9）收集各部门对中心工作的意见和建议，并及时向中心主任和有关主管部门反映；

（10）印信保管，对外证明；

（11）办理、处理中心所涉及的各种法律事务；

（12）接待来访客人；

（13）安排中心主任的对外应酬及各项联络活动；

（14）办公用品的采购、发放和保管；

（15）编写中心工作大事记；

（16）办公设备安装、维修和使用控制；

（17）文件、公函打字、复印，大型文件和表格、材料的印制；

（18）派送或邮递内外函件和电信收发管理；

（19）报刊订阅、分送与管理；

（20）图书采购、保管和阅览室管理；

（21）值班安排；

（22）中心主任交办的其他文书、秘书及办公事项。

2. 人力资源管理

（1）中心编制、岗位及人才、人力资源配置方案的拟订与落实；

（2）人员招聘；

（3）劳动合同管理；

（4）考勤，员工请假、差旅管理；

（5）绩效考核；

（6）工作报酬、奖金的计算与核发；

（7）劳动保护、职工福利、劳动保险事务处理与办理；

（8）人事档案的建立与保管；

（9）各部门、各单位规章制度执行和岗位描述落实情况的检查与考核，组织"述职"；

（10）提出奖惩动议和核准各部门、单位提出的奖惩动态，执行中心的奖惩决定；

（11）接受、核实和处理员工的投诉、申诉事宜；

（12）解职事项处理与办理；

（13）劳动纠纷的解决与协调。

3. 财务管理

（1）提出和拟订中心的预算、决算草案；

（2）制订中心财务管理规则及实施细则、各种费用支出与核销标准、财务收支流程及程序；

（3）费用计算与控制、资金运用；

（4）保持同会计核算部门的联系与沟通，掌握中心的财务收支情况，并定期向中心主任报告；

（5）中心财务收支分析与报告；

（6）合同条款审查，合同执行情况的检查与监督；

（7）财务收支信息的收集与处理；

（8）其他财务管理事项的办理和处理。

4. 资产管理

（1）固定资产登记与建档管理；

（2）办公设施、设备购置与使用管理；

（3）设备维修、报损与报失管理；

（4）仓储、物业等管理。

# 1.4　初创期阶段职能机构与岗位配置方案

技术转移服务机构初创期阶段设立以下主要职能工作部门。

## 1.4.1　战略研究与综合事务管理部

简称"综合管理部"。全面负责技术转移中心业务经营与发展方面所涉战略问题的研究与咨询和技术转移中心的日常办公及行政事务处理、人才资源管理、财务管理、文档管理和公共关系建设、法律事务处理方面的工作。

综合管理部下设以下工作岗位：

（1）部长。负责综合管理部的经营管理工作，兼任行政经管和战略研究与咨询两个岗位的部分具体的业务性工作。

（2）人事助理。负责中心的人力资源管理工作，兼任战略研究与咨询岗位的部分工作。

（3）文员。中心日常办公事务处理，文档管理、对外接待、打字复印、印信管理等。

## 1.4.2　技术转移促进部

负责技术转移中心科技研发及其成果信息的收集、整理、传播和技术成果的转让与应用推广方面的工作。

技术转移部下设以下工作岗位：

（1）部长。负责技术转移促进部的经营与管理工作，同时兼任技术成果应用推广的部分具体业务工作。

（2）信息工程师。负责科技信息的收集、整理、传播，科技成果集聚，技术成果委托转让市场的开发与经营，信息系统管理等。

（3）客户经理。负责科技成果应用市场的开发与经营，包括技术交易咨询、客户开发、技术经纪队伍的建设与管理、技术交易促进等。

## 1.4.3　项目管理部

为技术成果产业转化项目的建设投资与经营活动等提供技术咨询指导和融资服务。

项目管理部下设以下工作岗位:

(1) 部长。负责项目管理部的经营与管理工作,同时兼任项目营运服务的部分具体业务工作。

(2) 项目助理。负责技术成果产业转化项目营运服务的各项具体的业务工作。

技术转移中心初创期阶段设立的 3 个职能工作部门,在技术转移中心进入相对成熟的经营阶段后,均一分为二,分别设立两个相对独立并存的职能机构。

技术转移中心初创期阶段和进入正常发展期阶段的部门及岗位设置和人员编制计划如表 1—1 所示。

表 1—1　依托高校建立的技术转移中心部门及岗位设置与编制计划表

| 初　创　期 | | | 正常运营期 | | |
|---|---|---|---|---|---|
| 部门名称 | 岗位名称 | 人员编制 | 部门名称 | 岗位名称 | 人员编制 |
| 技术转移中心 | 主任 | 1 | 技术转移中心 | 主任 | 1 |
| | 主任助理 | 1 | | 主任助理 | 2 |
| | 小计 | 2 | | 小计 | 3 |
| 技术转移促进部 | 部长 | 1 | 技术信息管理部 | 部长 | 1 |
| | 客户经理 | 1 | | 客户经理 | 1 |
| | 信息工程师 | 1 | | 网络工程师 | 1 |
| | | | | 小计 | 3 |
| | | | 技术转移促进部 | 技术转移监理 | 1 |
| | | | | 客户经理 | 2~3 |
| | 小计 | 3 | | 小计 | 3~4 |
| 项目管理部 | 部长 | 1 | 项目运行管理部 | 项目监理 | 1 |
| | | | | 项目经理 | 2~3 |
| | | | | 小计 | 3~4 |
| | 项目助理 | 2 | 资金运营部 | 融资监理 | 1 |
| | | | | 客户经理 | 2 |
| | 小计 | 3 | | 小计 | 3 |
| 综合事务管理部 | 部长 | 1 | 战略企划部 | 战略监理助理 | 1 |
| | | | | 企划工程师 | 1 |
| | 文员 | 1 | | 小计 | 2 |
| | | | 综合事务管理部 | 行政监理 | 1 |
| | 人事助理 | 1 | | 文员 | 1 |
| | | | | 人事经理 | 2 |
| | | | | 行政经理 | 1 |
| | 小计 | 3 | | 小计 | 5 |
| 人员合计 | | 11 | 人员合计 | | 22~25 |

# 1.5　岗位描述和制作岗位工作方案

## 1.5.1　岗位描述及其工作职责说明书的作用与性质

岗位描述及其工作说明书，是对组织中各类岗位的工作性质、任务、职责、权限、工作内容和方法、工作环境和条件，以及岗位任职人员的资格条件等所进行的一种规范及要求说明，是组织中人力资源管理最为重要的人事文件之一。

岗位描述及其工作说明书，以"事"为中心，对岗位进行全面、系统、深入的说明，是进行岗位评价、员工招聘、劳动人事管理、工作任务分派、绩效考核和计付工作报酬的重要标准及依据之一。

## 1.5.2　岗位描述及其工作说明书的内容和格式

岗位描述及其工作说明书的基本内容主要包括：

（1）岗位名称；

（2）岗位定员；

（3）岗位性质；

（4）岗位直接上级岗位；

（5）岗位本职；

（6）岗位的直接下级岗位；

（7）岗位工作职责与目标，包括岗位基本职责与工作事项，岗位兼职工作，岗位工作目标等；

（8）岗位工作环境包括同其他直接相关岗位的关系和联系，接受哪些方面的监督与管理和对哪些岗位进行监督与管理，工作条件与工作资源，岗位工作职责的调整与变动计划，工作时间等；

（9）岗位任职资格及条件，包括身体素质要求，文化技术素质要求，工作经验，道德素质要求等。

岗位工作说明书的基本格式如表1-2所示。

## 表1-2 岗位工作说明书

部门: _____                    岗位编号: 岗职字第____号

| 岗位名称 | | | 岗位定员（人） | |
|---|---|---|---|---|
| 岗位性质 | | □ 高层决策岗位　□ 中层管理岗位　□ 基层督导岗位　□ 基层执行岗位 | | |
| 直接上级岗位名称 | | | 岗位工作地点 | |
| 岗位本职 | | | | |
| 直接下级岗位 | 序号 | 岗位名称 | | 岗位定员（人） |
| | 1 | | | |
| | 2 | | | |
| | 3 | | | |
| | 4 | | | |
| | 合计 | | | |
| 岗位工作职责与目标 | 1. 岗位基本职责与工作事项（简述岗位的基本任务和所需要开展的每一项工作） | | | |
| | 2. 岗位兼管工作（暂时由本岗位兼任，未来从本岗位剥离的工作任务及其事项） | | | |
| | 3. 岗位工作目标（工作绩效预期） | | | |
| | 4. 岗位工作举例 | | | |

续表

| | |
|---|---|
| 岗位工作环境 | 1. 与其他相关岗位的关系与联系（主要同哪些岗位打交道，有怎样的一种关系，如何沟通与联系） |
| | 2. 接受哪些方面的监督与管理 |
| | 3. 对哪些岗位进行监督和管理 |
| | 4. 工作条件与资源分析（说明本岗位工作的有利条件与困难所在） |
| | 5. 岗位工作职责的调整与变动计划（说明本岗位已计划的合并与分立、职能调整情况及其依据和目的等） |
| | 6. 工作时间 |

| | 身体素质要求 | | | | | |
|---|---|---|---|---|---|---|
| 岗位任职资格及条件 | 性别 | 年龄 | 身高 | 健康状况 | 体态特征 | 其他 |
| | | | | | | |
| | 文化技术素质要求 | | | | | |
| | 学历 | | 技能（资格证书） | | | |
| | 工作经验 | | | | | |
| | 其他方面的要求（包括必须具备的有关能力、知识结构、道德修养、性格和其他特殊要求等） | | | | | |

| 其他需要说明的问题或要求 |
|---|
| |

制表人姓名：_____　　　制表日期：____年__月__日

所在部门：_____

## 1.5.3　岗位描述及其工作说明书的制作与形成

　　岗位描述及其工作说明书以组织的部门职能设计及其岗位配置为依据，由岗位的直接上级按照规定的格式负责填写制成。范例如表1-3所示。

**表1-3　技术转移服务机构岗位、工作说明书【范例】**

部门：综合事务管理部　　　　　　　　岗位编号：岗职字第＿＿＿号

| 岗位名称 | 行政监理 | 岗位定员（人） | 1 |
|---|---|---|---|
| 岗位性质 | □高层决策岗位　□中层管理岗位　□基层督导岗位　□基层执行岗位 | | |
| 直接上级岗位名称 | 中心主任 | 岗位工作地点 | 中心办公楼 |
| 岗位本职 | 主持中心日常办公管理及行政、人事、财务等管理事务处理 | | |

| 直接下级岗位 | 序号 | 岗位名称 | 岗位定员（人） |
|---|---|---|---|
| | 1 | 行政助理 | 1 |
| | 2 | 人事助理 | 1 |
| | 3 | 文员 | 1 |
| | 4 | | |
| | 合计 | | |

| | |
|---|---|
| 岗位工作职责与目标 | （一）岗位基本职责与工作事项（简述岗位的基本任务和所需要开展的每一项工作）<br>　1. 部门管理工作<br>　（1）主持综合事务管理部日常工作，传达和执行中心主任指标，制订综合事务部日常工作计划；<br>　（2）制定直属下级岗位职责，确立下属岗位人员的工作目标及业绩标准；<br>　（3）指导、协调和监督、检查下属岗位人员的日常工作，解决下属岗位人员工作过程中提出的需要上级予以解决和协调的问题或困难；<br>　（4）定期考评下属岗位人员的工作及其业绩；<br>　（5）培训和提高下属岗位人员的实际工作能力；<br>　（6）组织、指导、督促、检查下属岗位人员积极参与各种集体活动，自觉遵守、执行各种规章制度；<br>　（7）及时发现和纠正下属岗位人员的违规、违章行为；<br>　（8）组织本部门的卫生清扫工作，保持办公室和本部门公共卫生责任区的干净、整洁和有序；<br>　（9）定期总结本部门的工作，并向中心主任作出汇报和提交工作总结报告；<br>　（10）向上级反映本部门员工的意见和建议。<br>　2. 业务工作<br>　（1）拟订中心的各种办公管理及行政事务管理制度，上报中心主任或经营 |

| | |
|---|---|
| 岗位工作职责与目标 | 工作委员会审核批准后，组织实施、执行；<br>（2）负责中心的所有重要会议的会前准备、日程安排和召集、通知等具体工作，以及会议记录和纪要整理等；<br>（3）组织文件的拟、发、收、存工作和亲自起草、拟订重要文件；<br>（4）沟通、协调各部门、各单位之间的工作联系和与上级单位（学校、政府主管部门等）的办公及行政工作联系；<br>（5）安排中心主任的集体活动及办公日程，随时提醒中心主任所需处理的重要事务；<br>（6）跟踪检查各部门、单位落实、执行中心主任指示及经营工作委员会会议决议事项的情况及其结果，并及时向中心主任作出汇报；<br>（7）收集各部门、单位对中心工作的意见和建议，同时向中心主任作出及时的汇报和反映；<br>（8）中心工作大事记；<br>（9）印鉴、印信保管；<br>（10）对外应酬、联络、接待；<br>（11）安排值班事宜；<br>（12）完成中心主任交办的其他事务。<br>3. 其他工作<br>（1）参与"经营工作委员会"工作及活动，并就中心日常经营与管理的有关问题发表意见和建议；<br>（2）组织、指导中心人力资源管理方面的具体工作；<br>（3）协助中心主任做好财务收支计划与管理工作。 |
| | （二）岗位兼管工作（暂时由本岗位兼任，未来从本岗位剥离的工作任务及其事项）<br>（1）人力资源管理工作的组织、指导、监督、检查；<br>（2）财务管理事项的办理和处理。 |
| | （三）岗位工作目标（工作绩效预期）<br>（1）整个中心的办公秩序良好，行政及人力资源管理无事故；<br>（2）下属岗位能够如期保质保量地完成其工作任务；<br>（3）如期保质保量完成其工作目标及任务。 |
| | （四）岗位工作举例<br>负责综合事务管理部的日常管理及部分的办公、行政事务处理工作，包括：<br>（1）部门工作计划及规章制度建设；<br>（2）指挥、指导、监督、检查下属岗位人员的工作；<br>（3）各种信息及资料的编辑、汇总、归类、分析；<br>（4）各种报告、请示、公文、函件、通知、公告、工作总结的起草与呈报；<br>（5）会议事务、记录、纪要整理等；<br>（6）中心大事记；<br>（7）建立并维护日常办公秩序；<br>（8）人力资源管理的组织与指导。 |

续表

| | |
|---|---|
| 岗位工作环境 | 1. 与其他相关岗位的关系与联系（主要同哪些岗位打交道，有怎样的一种关系，如何沟通与联系）<br>（1）与中心主任和直接下属岗位（行政助理、人事助理、文员）构成领导与被领导的相互依存关系，以指挥线进行沟通和联系；<br>（2）同中心其他职能部门负责人构成互惠式和合作式、联营式的相互依存关系，通过横向信息交换，保持经常的沟通和联系。<br><br>2. 接受哪些方面的监督与管理<br>（1）直接接受中心主任的指令和监督；<br>（2）在规定的权限范围内，例行事务可独立处理，重大事项须向中心主任请示，经批准后方可行动。<br><br>3. 对哪些岗位进行监督和管理<br>具有指挥、管理直接下属岗位和监督、检查中心各部门及其工作人员执行、落实办公管理规章制度的权力。<br><br>4. 工作条件与资源分析（说明本岗位工作的有利条件与困难所在）<br>（1）中心主任授予与其工作相适应的各种权限；<br>（2）办公室内工作，出差较少；<br>（3）工作较为繁杂；<br>（4）工作时间比一般职工长，需每天提前半小时上班和推迟半小时下班，有时需要加班、加点工作。<br><br>5. 岗位工作职责的调整与变动计划（说明本岗位已计划的合并与分立、职能调整情况及其依据和目的等）<br><br>6. 工作时间<br>一般在制度时间内完成工作，上班时间为 7：30 至 17：30，有时需要延长工作时间。 |

| 身体素质要求 | | | | | |
|---|---|---|---|---|---|
| 性别 | 年龄 | 身高 | 健康状况 | 体态特征 | 其他 |
| 男女不限 | 35 岁以上 | —— | 身体健康 | —— | —— |

文化技术素质要求

| 岗位任职及资格 | 学历 | 大学本科毕业以上学历 | 技能（资格证书） | 管理类专业专业毕业 |
|---|---|---|---|---|
| | 工作经验 | 具有在企事业单位行政管理部门任职的实际工作经历及经验，熟悉办公及行政管理工作业务。 | | |

其他方面的要求（包括必须具备的有关能力、知识结构、道德修养、性格和其他特殊要求等）
（1）具有良好的组织协调能力、信息沟通能力和文字、语言表达能力，以及人际交往和公共关系能力；
（2）性格开朗、随和、办事稳重、干练，待人热情，举止端庄，气质良好；
（3）工作责任心强；
（4）纪律观念和保密意识强。

其他需要特别说明的问题或要求

制表人姓名：＿＿＿＿＿＿＿＿＿　　　　所在部门：＿＿＿＿＿＿＿＿＿

制表日期：＿＿＿年＿＿＿月＿＿＿日

# 第二章　人力资源与工作计划管理

技术服务产业的人力资源具有单位人力资本投入成本高、人力资本投入比重大、劳动生产率计量复杂等特点。相对于物质投入比重很大的工业企业，技术转移机构无需厂房场地、机器设备等的高额投资，人力资源的投资比重远远高于物质投入；相对于同为劳动密集型的农业产业，技术转移机构的单位人力资源成本，数倍甚至数十倍于农业产业。而与传统商业服务产业相比，由于技术服务产业专业领域广，技术含量高，服务业务多样化，因而造成个体劳动生产率计量异常复杂。技术转移服务机构人力资源的特点，给人力资源管理工作提出了全新要求和挑战，要求人力资源管理需投入更多的精力和财力，遵循新型行业的发展规律，调整视觉与观念，应用新的管理方式和管理手段。

技术的转让与受让双方面对预期利益的同时，还要面对相应的风险，技术转移服务机构需要的是复合型的高素质员工，既要有自己的专业技术，又要懂项目团队的协调管理和业务管理。有高教育资历和工作经验的专门人才原本就严重短缺，随着技术转移服务产业的快速发展，这种矛盾就更加突出。如何在竞争中招聘到理想的专业人才是服务机构面临的挑战之一。刚走出校门的专业技术人员，精力充沛，年轻有活力。但是，除了缺乏工作经历中的管理知识外，年轻员工在人际关系、团队合作等很多方面都需要有一个培训与实践的机会，刚毕业的专业管理人员亦然。服务机构为新聘员工付出培训、培养的巨大成本是面临的挑战之二。在高新技术产业和技术服务产业，人力资源的高流动性已成为确定不疑的趋势，包括微软、联想这样的超级企业，高层主管的"辞职"、"跳槽"亦成业界"常态"。原因之一，在特定管理体制下，一些垄断行业以及金融保险等高收入低风险的行业诱惑力在增强。原因之二，新型就业观念中，频繁的工作变换由原来的"不安分"劣势转换为"阅历"的优势。技术服务产业中优秀人才大多已无"生计"之忧，纷纷为实现自我的人生价值而另谋高就或自行创业。在对企业的依赖性减少、人才竞争激烈情况下，企业如何留住杰出员工，是人力资源管理面临的最大挑战。

工业化时代的人力资源与机器设备等劳动资料共同在生产线上发挥作用，高科技企业的员工可以不依赖企业提供的劳动工具，以个人的知识和智商独自或与其他员工合作完成企业的目标任务。员工拥有尽管是虚拟的但又是切实有效的劳动工具的所有权，使得企业的独立性和对员工的控制力大打折扣。技术转移范服务机构自身没有技术和资金的优势，解决上述矛盾的出路在于构建与行业特点相适应的人力资源管理模式，采用绩效与薪金联结、增加员工培养投入、股份期权等新的管理方式、手段，直至合伙人制等创新体制。

本章的主要内容有：技术转移服务机构职员的薪酬管理；技术转移组织的业绩管理；技术转移工作的计划管理。

# 2.1　员工的任职与解职

## 2.1.1　任职管理

1. 任职资格

技术转移服务机构招聘的各级工作人员，应具有以下的任职资格：

（1）部门经理以上职位。大学本科以上学历，精通应聘岗位业务工作所必备的专业理论业务知识和娴熟的岗位技能，应具有科技咨询师、融资师等中级以上职业资格，还应具有几年以上的实际工作经验，设置一定的年龄低限。

（2）专业工作人员。大学本科以上学历或同等学力，精通应聘岗位业务工作所必备的专业基础理论和专业业务工作知识，熟悉岗位工作所必须掌握的各种技能，具有良好的社会交往能力，通常须有 3 年以上的实际工作经验，设置一定的年龄高限。

（3）一般工作人员。大专毕业以上学历或同等学力，有能力胜任应聘岗位工作，年龄要求应趋向年轻化。

2. 招聘工作程序

技术转移服务机构按编制规定需要增添的工作人员，条件公开，面向社会公开招聘，招聘工作方案由综合事务管理部经管人事的人员拟订，经行政监理审定，呈报中心主任核准后组织执行。招聘工作程序如图 2-1 所示。

3. 提交应聘材料

应聘录用人员应在规定的时限内报到，并办理有关手续。报到时应提交以下材料：

（1）身份证原件及复印件；

（2）能够认证的学历及学位证书原件及其复印件；

（3）近期免冠照片；

（4）推介资料和个人工作简历。

4. 办理手续

（1）填写人事登记表；

（2）与中心签订聘用合同（或协议书）；

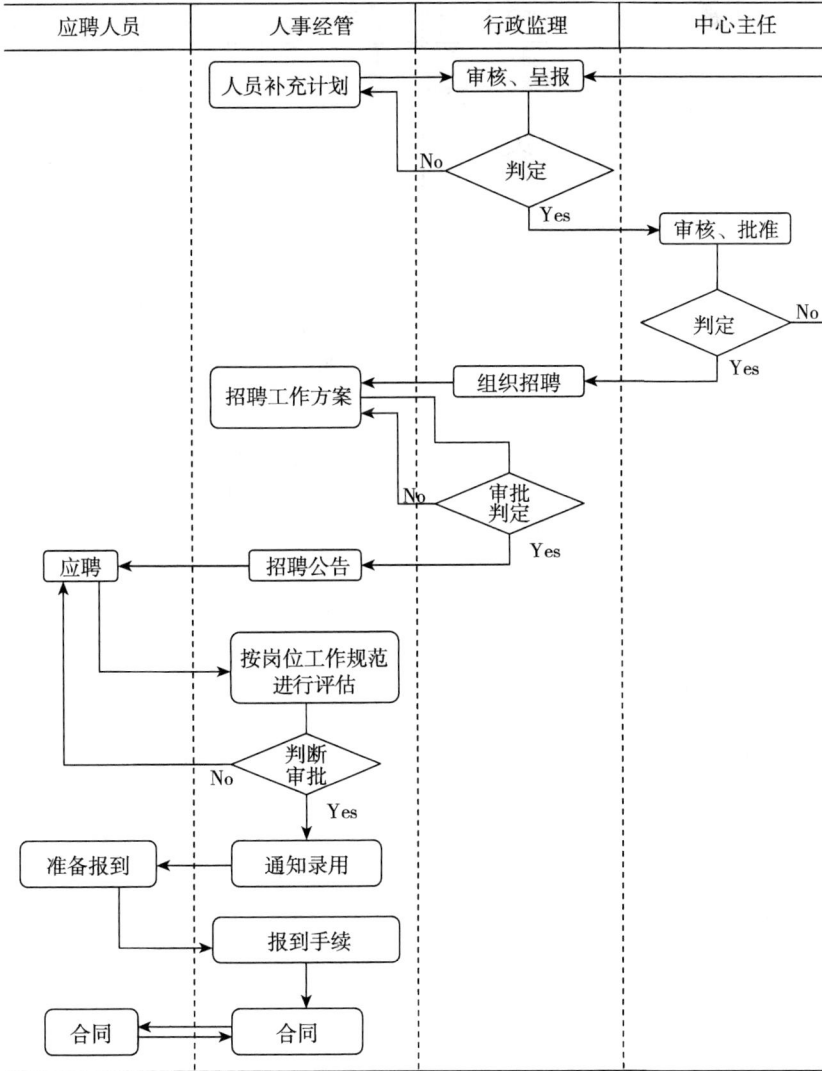

**图 2－1　人员招聘确定程序**

（3）其他事项。

5. 录用

（1）录用人员未按时报到并办理相关手续的，视为自动放弃，中心安排补充招聘。

（2）录用人员试用期为 3 个月，期满经考核合格的转为正式职工，工作程序如图 2－2 所示。转正后的工作期限由聘用合同规定。

（3）录用人员在试用期内，经试用证明不适合其岗位工作的，可随时解聘。

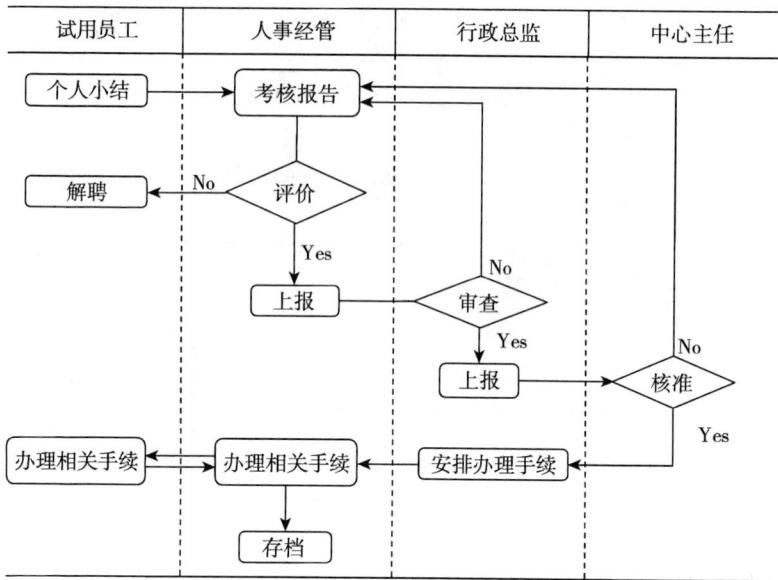

图 2－2　试用员工转正工作程序

## 2.1.2　解职管理

员工解职包括辞职、辞退、遣退 3 种形式。不同形式的解职，采用不同的方法办理和管理

1. 辞职

（1）员工享有辞职的权利，员工因故可以申请辞去其职务。对于员工的辞职请求，无正当理由，中心应当予以批准，特殊情况除外。

（2）员工因故辞职，应提前 1 个月提出书面申请，经主管领导签准后，上报中心主任批准。未获批准并办理相关手续而擅自离职的，以渎职论，必须承担由此而造成的相应后果。

（3）员工辞职经批准后，由行政管理部人事经管负责相关事务的办理及处理，包括负责以下重要资料、财产、物品的移交监交：

现金、有价证券、账单、凭证等；

印信戳记；

仪器、设备、公用物品、器材等；

图书、图纸、技术资料、技术报告、软件等技术资料；

档案文件、客户档案和其他重要经营资料等。

（4）员工辞职程序如图 2－3 所示。

（5）中心拥有在有正当理由情况下不批准职工辞职申请的权利和对擅自离职员工追究其责任权利。

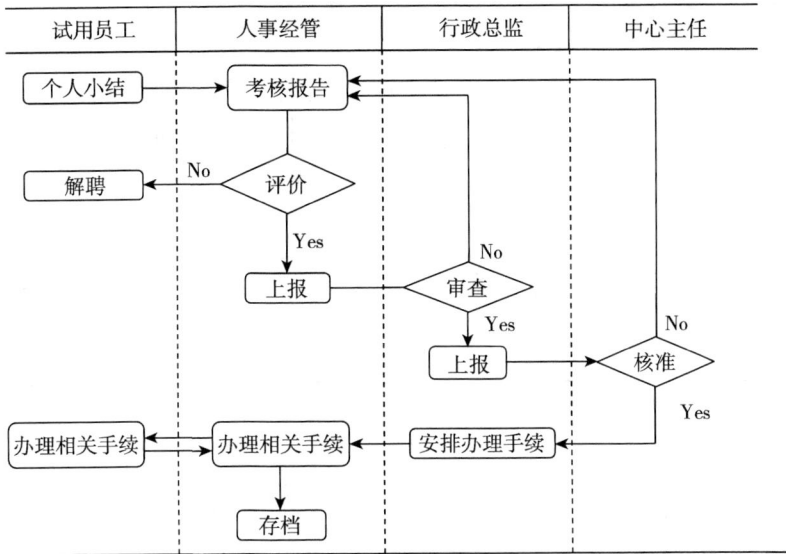

**图 2—3　职工辞职程序**

2. 辞退

中心依据与员工订立的劳动合同及国家法律的有关规定，具有在合理、合法情况下辞退职员的权利。

员工具有下列行为之一者，中心予以辞退：

（1）年度绩效考核不合格，工作能力及效率低下，改进和提高的可能性低；

（2）营私舞弊，利用职务（职位）谋取私利，情节严重；

（3）挪用公款，窃取公物或故意毁损公共资产；

（4）模仿主管签字或盗用中心印信或擅用中心名义制作虚假文书、合同、凭证及其他重要文案；

（5）玩忽职守，办事不力，或擅离职守，失职行为严重；

（6）不服从主管的指挥调遣和上级的监督检查，拒绝完成主管安排的任务及工作指令；

（7）人际关系紧张，缺乏团队合作精神；

（8）泄露中心机密和客户的技术及商业秘密，造成中心或客户的重大损失；

（9）擅自在外兼职，严重影响中心应有权益的获取或直接侵害中心权益；

（10）行为不端，对中心的形象、信誉造成恶劣影响。

员工的辞退程序如下图 2—4 所示。

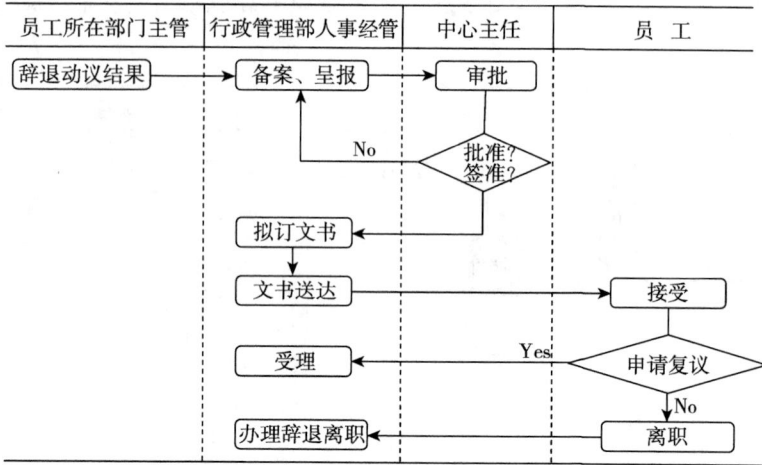

**图 2－4　员工辞退程**

员工对辞退有异议，可在辞退通知送达后的 5 个工作日内向单位提出复议申请。对复议结果不服的，可向北京市劳动仲裁机构申请按仲裁程序进行仲裁。仲裁机构的裁决是终局决定，对中心和员工双方均具有约束力。复议、仲裁程序如图 2－5 所示。

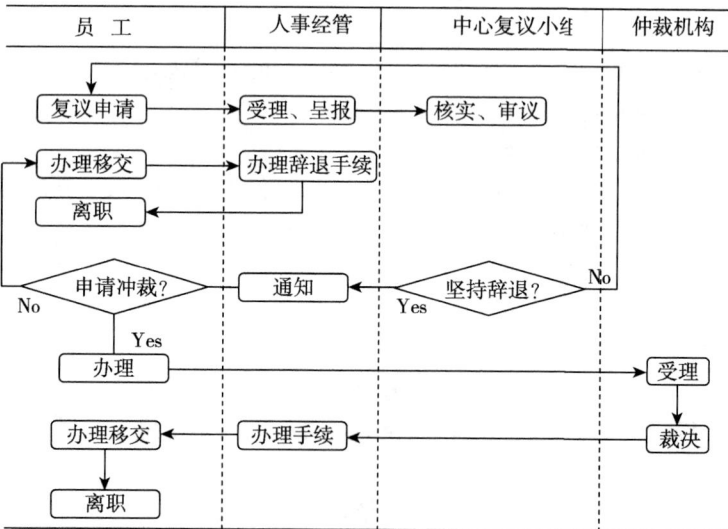

**图 2－5　员工辞退复议、仲裁程序**

**3. 遣退**

中心具有遣退员工的权利。遣退与辞退、解聘不同。对员工的遣退不是由于员工个人的不当行为或过失而采取的一种人力调整活动，而是中心根据其经营状态而采取的主动与员工解除劳动契约的一种不得已的选择。

当出现下列情况之一时，中心可以对员工作出遣退选择：

（1）中心业务紧缩，必须裁员；

（2）由于不可抗力事件的影响，导致服务机构停业或部分停业；

（3）员工患病，经医院证明不宜继续工作；

（4）其他理由。

中心因故对员工采取遣退手段，必须在采取行动之前的15日内告知被遣退者本人。

对员工的遣退方案由行政管理部人事经管提出，经与遣退员工所在部门主管磋商达成共识后，报中心主任核定，确定遣退名单，以书面形式通知本人，经被遣退员工本人确认后，办理相关手续。

被遣退员工对中心的遣退持有异议的得以书面形式要求中心复议。对复议结果不满的，可申请劳动仲裁机构按仲裁程序进行仲裁。申请复议、仲裁的程序与辞退相同。

中心对被遣退的员工按照国家及省市劳动人事部门的相关规定发给一定数额的遣退费用以示补偿。遣退费发放标准执行政府的规定。

# 2.2　收入分配和员工薪酬管理

## 2.2.1　工作薪酬的形成依据

1. 理论假定

基于技术转移服务机构"组织模式公司化"、"运营方法市场化"、"管理团队专业化"、"资金来源多元化"和"政府指导规制化"的组织运营规则，其收入分配及其下属员工劳动报酬的确立与确定必须体现以下方面的基本特质。

（1）技术转移服务机构作为一个创新体制，建设期实行项目管理核算模式，经过一段时期的建设发展逐步实行独立核算自求平衡、自我发展的财务收支，要求在其运营过程中必须建立其收入的积累机制，以保证其可持续发展的运营需要。

（2）技术转移服务机构高素质、专业化的经营团队成员，其知识和技能实际上也是一种资本，即以知识、智力为主体的人力资本，这种资本在中心的整个经营与发展过程中具有决定性的作用和意义，而与之对应的物力及财力资本在这一过程中则处于相对次要的位置。

（3）由于经营团队成员的知识和能力是一种资本，因此，团队成员的工作过程，即体现为一种同财力及物力资本紧密结合的人力资本投入与消费过程，而不是一种简单的体力和脑力的支出过程。

（4）经营团队成员的人力资本与技术转移服务机构拥有的物力及财力资本的结合过程，不可能也不应该理解为是一种物力及财力资本拥有者与人力资本拥有者之间雇用与被雇佣的劳资关系或过程，而是二者之间的合资合作过程，双方必须按照利益均沾、风险共担的基本原则来处理相互间的责、权、利关系。

2．工作薪酬形成要素

（1）岗位价值。即技术转移服务机构提供的工作岗位作为一种资本而具有的市场价值或价格。这一价值或价格是招聘岗位工作人员的出价基准。

（2）知识（技能）资本价值。即技术转移服务机构经营团队所要求的特定人才的工作能力即其知识、技能等所具有的市场价值或价格。这一价值或价格是应聘人员应聘目标岗位的出价基准。

（3）岗位资本与知识资本的结合及使用过程。由于岗位价值和知识资本的价值都必须在实践之后才能最终确定，而这种实践即体现为岗位资本与知识资本的结合与使用过程，反映技术转移服务机构经营团队成员与其工作岗位的结合方式与运营办法、特点等问题。

（4）经营业绩及其分配的方式与比例。经营组织的经营业绩，即组织通过其经营活动实现的价值增值，这种价值的增值如何在岗位资本和知识资本之间按照预先规定的分享办法及其比例进行分割，对员工工作薪酬数额的多少及其结构具有重大影响。

3．工作报酬确定的具体要求

根据产业及其人力资源特点，技术转移服务机构经营团队成员工作报酬的确定与给付，必须考虑以下方面的具体要求。

（1）技术转移服务的经营收入在中心与其员工集体之间进行合理的分配。中心的分配所得体现为一种积累，即中心的利润，员工集体的分配所得体现为经营团队的工作报酬，即人力资本报酬。

（2）中心、部门、个人利益有效地捆绑在一起，互为因果和制约、互进互动，形成中心和员工的"双赢"局面。

（3）团队工作报酬的给付与管理动态化、过程化、实时化，以便最大限度地调动和最为充分地发挥经营团队成员的工作积极性。

（4）团队工作报酬的决定与计付市场化、效益化，将市场原则引入到中心的内部。

（5）以全息性的绩效考核为前提，团队工作报酬的决定与实际给付全息化、全面反映经营团队成员的工作绩效。

（6）团队成员的工作报酬决定和管理主体行为互动化、透明化，经营团队成员的每一个人都能准确地计算出自己的应得报酬，清楚自己的工作及其绩效存在的问题及今后努力的方向。

4. 工作薪酬形成过程

技术转移服务机构员工工作薪酬的形成过程如图 2—6、图 2—7、图 2—8 所示。

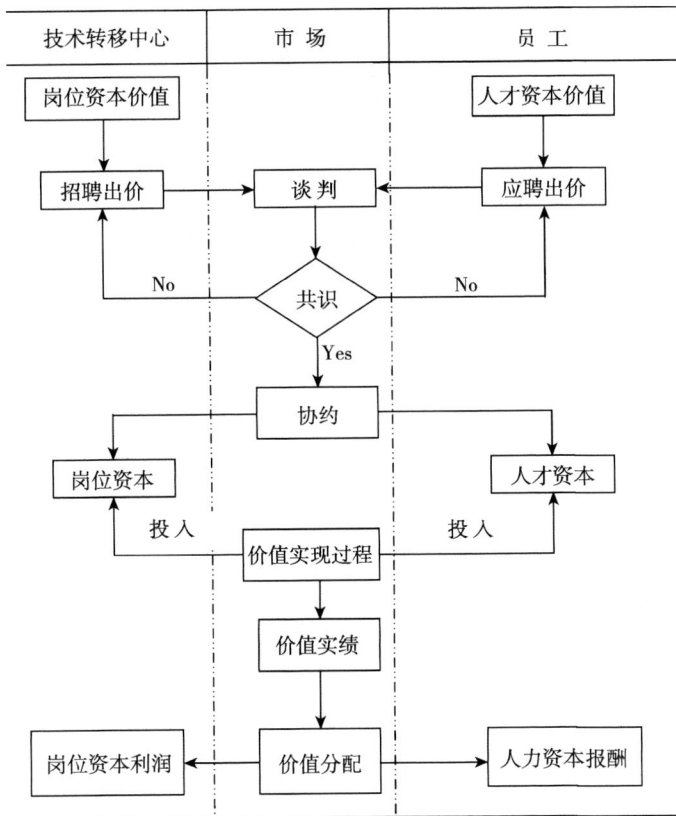

图 2—6　员工工作薪酬形成过程

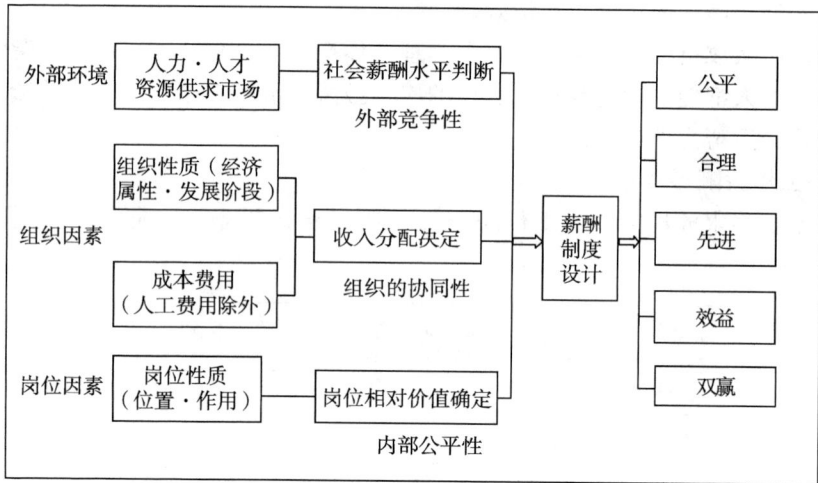

**图 2—7　员工工作薪酬设计的逻辑思路**

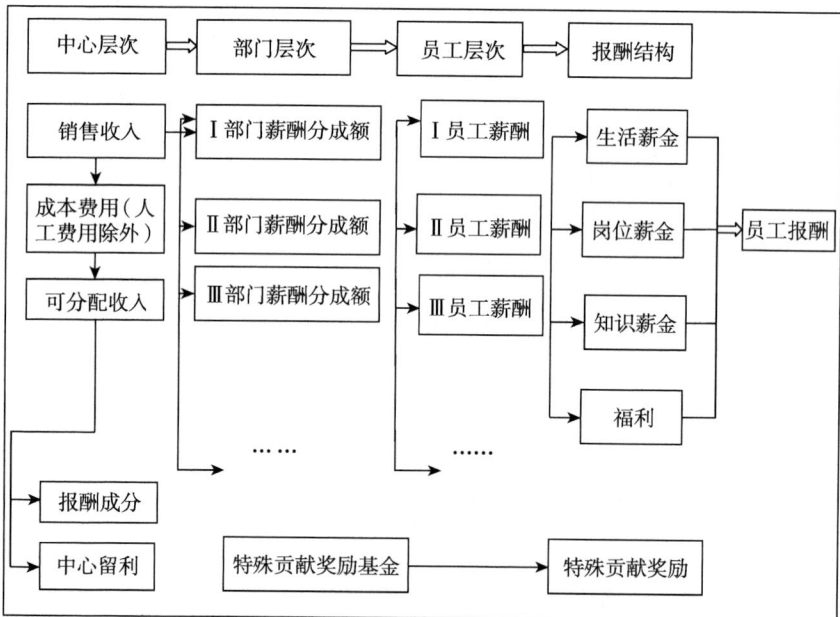

**图 2—8　中心的经营收入分配过程及其结构**

5. 薪酬确定的几个关键点

（1）报酬结构。工作报酬的组成部分及其结合的方式状态。

（2）岗位市场价值。内部经营状况与社会同业平均薪酬水平的均衡结果。

（3）岗位相对价值。员工知识与技能、环境条件与绩效的比较结果。

（4）经营绩效。包括中心的整体绩效、部门绩效、员工个人工作业绩3个层次。

（5）创新要求。创新要求也是行业竞争要求和可持续发展要求。

## 2.2.2　工作报酬结构

1．工作报酬构成

由以下3个部分所组成：

（1）薪酬。以工资形式定期计发。

（2）福利。按国家法律和中心规定赋予员工的各种福利待遇，是否计发给员工本人根据具体情况确定。

（3）特殊贡献奖励。对作出特别贡献的人员所给予的一种劳动报酬或奖金。

2．薪酬构成

（1）生活薪金

特征：

a．受聘期间，无论工作与否，均定期发给，数量不变；

b．以省、市政府规定的人均最低生活保障线为底线，不得低于该水平；

c．所有岗位及人员大体一致，但特殊岗位及人员除外。

（2）岗位薪金

特征：

a．由岗位价值（市场价值和相对价值）决定，不同岗位，岗位薪金的数额标准不同；

b．岗位薪金的实际给付额由该岗位、部门、企业绩效情况决定；

c．修正系数，对按岗位相对价值所确定的岗位薪金进行必要修正的一个重要参数，以百分数表示，由决定岗位相对价值的例外因素所决定，如工龄。

（3）知识薪金

特征：

a．知识薪金是薪酬结构设计的重要创新，适宜于知识更新快、服务业务广的新兴产业人力资源管理；

b．是为了鼓励员工不断学习多学科、多层次的不同结构知识，激励员工的工作潜能，而与员工的现实绩效无关。

c．知识薪金方案相对比较简单，薪酬比重视机构岗位需求和学习内容而定，与员工个体无直接联系，因此，容易保证激励政策的客观公正性。

3．福利

员工福利所以必须作为工作报酬的一个组成部分，是因为中心已实际支付，员工从中得到了实惠。

员工福利包括：

（1）安全与健康福利

①养老金　　　　　　　　②人寿保险

③医疗保险　　　　　　　④意外事故伤残保险

⑤失业保险　　　　　　　⑥劳动保护

⑦住院补贴或补助　　　　⑧保健计划

⑨病假、产假　　　　　　⑩遣退费

（2）非工作时间报酬

①休假　　　　　　　　　②节假日

③请假缺勤　　　　　　　④旅游休假

（3）为员工提供服务

①培训　　　　　　　　　②学费资助

③交通补助　　　　　　　④午餐补助

⑤通信费补助　　　　　　⑥购房补贴

⑦子女入托　　　　　　　⑧工作调转补助

⑨购物折扣　　　　　　　⑩其他补贴或补助

4. 工作报酬确定

（1）员工基本薪酬按下式计算并给出

基本薪酬＝生活薪金＋岗位薪金×修正系数＋知识薪金＋福利的薪酬附加部分

（2）工作报酬由下式计算并给出

工作报酬＝基本薪酬＋福利不计发给个人部分＋特别贡献奖励

员工工作报酬计算明细如表2-2所示。

表2-2　工作报酬计算明细表

| 岗位 | 生活薪金（元） | 岗位薪金（元、%） | | | 福利（元） | | | | | | 合计 |
|---|---|---|---|---|---|---|---|---|---|---|---|
| | | 标准额 | 修正系数 | 实际金额 | 交通补助 | 午餐补助 | 通信补助 | 保险、公积金 | 其他 | 小计 | |
| | | | | | | | | | | | |
| | | | | | | | | | | | |
| | | | | | | | | | | | |
| | | | | | | | | | | | |
| | | | | | | | | | | | |
| 合计 | | | | | | | | | | | |

## 2.2.3 岗位价值确定

1. 岗位市场价值确定

中心为其岗位规定的一种市场标准价格，是决定该岗位人员工作薪酬水平和中心业务净收入中工作薪酬与中心利润分配比例的基准。

（1）决定岗位市场价值的主要因素

①中心的经营潜力

即技术转移服务机构在一定时期内可望实现的业务收入总额。

②中心可分配收入

技术转移服务机构业务总收入减去除本中心职工人工费用外的所有费用（包括劳务支出费用）支出后的余额。

③工作报酬系数

全部工作报酬额在中心可分配收入中所能够占有的比例或份额。

④岗位报酬分配系数

岗位相对价值在全部岗位相对总价值中的所占比重。

（2）确定岗位市场价值的程序与步骤

第一步：确定技术转移服务机构可望实现的经营能力（业务收入）；

第二步：确定中心的成本费用水平及其结构（本中心人工费用除外），计算可望实现的可分配收入；

第三步：规定可分配收入的分配结构及其比例，确定可分配的工作报酬总额；

第四步：根据岗位相对价值，计算岗位报酬分配系数；

第五步：确定岗位市场价值，编制岗位市场价值表。

（3）经营潜力预测与确定

主要方法包括以下两种：

①设计能力法

$$可望实现的业务收入 = （\sum_{i=1}^{n}预计业务量 \times 业务费收入） \times 业务能力利用率$$
$$= 预计收入 \times 业务能力利用率 \quad （i=1, 2, \cdots\cdots, n）$$

②增长能力法

计算期收入＝基期收入×（1＋计划增长率）

（4）成本费用预算与确定

包括以下成本费用：

①物耗成本

②业务费用（不包括本中心员工的人工费用）

③管理费用（不包括人工费用）

④财务费用

（5）工作报酬系数确定

应综合考虑以下因素的影响与作用：

①社会工资水平（外部竞争性）

②物力资本报酬水平（社会平均资金利润率）

③物力资本与人力资本报酬比例（组织内部的协调性）

（6）岗位市场价值确定

岗位市场价值＝业务总收入－成本费用支出×员工报酬系数×岗位分配系数

＝中心可分配收入×员工报酬系数×岗位分配系数

＝中心员工报酬总额×岗位分配系数

$$岗位分配系数 = X_i / \sum_{i=1}^{n} X_i \qquad (i=1, 2, \cdots\cdots, n)$$

式中：$X_i$ 为第 $i$ 个岗位的相对价值。

2. 岗位相对价值确定

岗位相对价值是任一岗位相对于其他岗位的价值。表示该岗位在实现组织的价值潜力与目标过程中的重要性程度或影响力，是决定岗位工作报酬分配系数的基本因素，以岗位价值系数表示。岗位价值系数的变化范围为 0～100％。

（1）岗位相对价值的决定因素

①岗位盈利能力

通过岗位对"中心业务收入"、"成本费用控制"的影响程度指标来加以评价、判断。

②岗位素质要求

a. 专业技术知识

b. 沟通技能

③岗位工作性质

a. 岗位的工作特点

b. 岗位职责的影响范围及程度

c. 管理幅度与层次

d. 岗位工作责任及难度

④岗位工作环境

由岗位工作条件加以反映。

岗位相对价值各决定因素在决定岗位相对价值时的总成权数根据岗位的具体

情况加以确定。如表 2-1 所示。

表 2-1　岗位相对价值因素权数表

| 因　素 | 权　数 |
| --- | --- |
| 1. 岗位盈利能力 | |
| 　（1）中心业务收入 | 30 |
| 　（2）成本费用控制 | |
| 2. 岗位素质要求 | |
| 　（3）专业技术知识 | 35 |
| 　（4）沟通技能 | |
| 3. 岗位工作性质 | |
| 　（5）岗位工作特点 | |
| 　（6）岗位职责的影响范围及程度 | 25 |
| 　（7）管理幅度与层次 | |
| 　（8）岗位工作责任及难易程度 | |
| 4. 岗位工作环境 | |
| 　（9）岗位工作条件 | 10 |
| 合　　计 | 100 |

（2）岗位相对价值的计算方法

按岗位、按因素分别规定和给出该岗位对该因素的作用指数，然后进行汇总，得出该岗位的相对价值指数。

## 2.2.4　绩效与岗位薪金

岗位薪金的主要形式是奖金。鉴于人力资本在技术转移服务产业中的特别比重和重要地位，以及薪金是工作报酬中最具激励与调节作用的构成部分，因此，薪金支付一直是人力资源管理中最受关注、最为敏感，同时也是最为棘手的问题。全体员工"多多益善"的薪金奢望与机构有限的薪金资源之间的矛盾，需要一种激励机制和分配制度来协调。技术转移服务机构常规的做法是每月将固定的奖金数额汇入员工的户卡，或在年终背靠背发红包。这种传统的薪金支付手段只能提供员工短期的一种满足感，而难以维持调动员工积极性的长期功效，尤其是无法让岗位薪金与机构的战略目标相联结，无法激励优秀人才的工作创造性。

1. 绩效考核模式

绩效考核可供选择的模式有很多种，如：关键绩效指标考核、目标管理法、平衡记分卡、全视角反馈法等。技术转移服务机构具体选择哪种模式，主要取决于机构性质、规模，以及管理者的思维方式和行事风格。

（1）关键绩效指标法（Key Performance Indicator，KPI）

KPI是通过对工作绩效特征的分析，根据组织内部业务流程输入、输出的关键参数进行计算、设置的一系列目标式指标，并以此进行绩效考核的管理模式。KPI通过层层分解，把企业的总体目标分解为可操作的工作目标，把工作目标分解为员工的责任，最终把企业的目标业绩和工作效率与全体员工的奖金收入捆绑在一起。KPI考核依据"不能度量，就不能管理"的前提假设和"二八原理"等基本规律。企业价值创造过程中的"80%/20%"的规律，即20%的骨干人员创造企业80%的价值，80%的工作任务是由20%的关键行为完成的，要求企业管理必须抓住主要矛盾，继而绩效考核要分析度量20%的关键业务。KPI就是建立衡量实施企业战略的关键指标体系，建立一种约束与奖励机制，将企业的战略目标转化为内部的作业过程和竞争活动。

（2）目标管理法（Management By Objective，MBO）

MBO作为一种成熟的绩效考核模式，迄今已有几十年的历史，曾被广泛应用于各个管理领域。MBO始于管理大师彼得·得鲁克的目标管理模式，它将绩效考评与目标管理过程融为一体，在目标管理的计划、执行、检查和反馈中进行绩效管理的计划、指导、考评和激励。企业目标管理的成功与否，关键是目标管理与绩效考核的有机结合：首先，制定目标必须科学、严格，目标管理应该与发展规划、预算计划、人力资源计划、绩效考核、薪金协调统一；明确的管理方式和程序与频繁的反馈相联系；绩效与报酬之间的激励因素与绩效考核的结果相联系；管理者工作的努力程度与人际关系和沟通水平相联系；下期目标管理计划的准备必须在当期目标管理实施的期末之前完成，本期的绩效考评结果列入下期预算计划准备之中。

（3）平衡记分卡（The Balance Score－Card，BSC）

平衡记分卡是从财务、客户、内部业务流程、学习与发展4个方面指标之间的相互驱动的因果关系来衡量绩效。平衡记分法一方面考核企业的产出（上期的结果），另一方面考核企业未来成长的潜力（下期的预测）；再从客户角度和从内部业务流程角度两方面考核企业的运营状况参数，充分把公司的长期战略与公司的短期行动联系起来，把远景目标转化为一套系统的绩效考核指标。BSC是绩效管理中的一种新思路，尤其适合于对部门的团队考核。

（4）全视角反馈（360°Feedback）

全视角反馈即360度反馈，也称多源评估。它不同于自上而下、由上级主管评定下属的传统方式。在全视觉反馈评价中，评价者除了被评介者的上级主管，还包括其他与之有密切关系的人员，如同事、下属、客户等，评价者分别匿名对被评价者进行评价，被评价者同时还要进行自我评价。它基于全方位业务关系的信息资源收集和综合绩效评估，是一种从不同层面的人员中收集考评信息，从多视角对员工进行综合绩效考评并提供反馈的方法，是旨在全面改善、全面提高员工素质和积极性的一种新的绩效管理手段。专业人员根据相关人员对被评价者的评价意见，参照被评价者的自我评价向被评价者提供反馈，以帮助被评价者明了自己的优势和短处，提高其能力水平和业绩。由于能够有效提高工作业绩，全视觉反馈评价得到了广泛的应用。世界 500 强中的很多企业采用了这种评价方法。在国内也正被越来越多的企业所使用。

不同的绩效考核模式有其不同的特征和优点，有其不同的适配对象。KPI 模式强调抓住企业运营中能够有效量化的指标，将主要指标和责任落实到每个岗位，提高了绩效考核的可操作性与客观性，比较适合大中型企业制造加工、市场营销等易量化考核的部门应用。MBO 模式将企业目标管理与计划、财务、薪酬等部门职能互动，强化了企业的监控与可执行性，比较适合中小企业追求创新成长的策略要求。BSC 模式是从企业战略出发，既要考核现在，还要考核未来；不仅考核结果，还要考核过程，适应了企业长远规划与战略发展的要求。全视觉绩效反馈评价体现公平、公正，有利于克服单一评价的局限，适合大企业保持组织活力、鼓励淘汰竞争的管理要求；但如果反馈评价仅应用于行政管理而忽略了员工的能力培养，则会因人际关系紧张而走向反面。企业应根据自己的具体情况和目的性选择有效的绩效考核模式，或者综合多种模式的长处加以改进、创新。

无论哪一种绩效考核模式，都可以灵活选择不同的绩效考核方法，最常用的绩效考核方法，主要有以下几种：

等级评定法：是根据一定的标准给被考核者评出等级，例如优等、良好、及格、不合格等。

排名法：是通过打分或一一评价等方式给被考核者排出名次，例如 A、B、C、D、E 等。

目标与标准评定法：是对照考核期初制定的目标标准对绩效考核指标进行评价。

主管述职评价法：在对部门的计划、任务、目标全面了解的基础上，对述职者个人职责、业绩能力进行全面认识。

2. 关键绩效指标（Key Performance Indicators，KPI）的应用

仅以有企业级管理层、中层、基层三级管理结构的企业为例，每个管理层面都有自己不同的岗位职责，规模较大的公司甚至会有成百上千种职责分类，人力资源管理部门不可能设计出成百上千种薪金挂钩指标，从上至下，越向基层指标会逐步细化。管理部门只需设计出关键绩效指标（KPI）。薪金报酬指标层层切

块，交由下级部门具体细分到员工个人。例如某技术中介机构受到委托方之托，全面评估某除锈剂专利产品的技术经济效益。该产品为新兴化工产品合成，与传统的盐酸、硫酸除锈产品相比具有成本大幅下降、对人体无刺激等特点。公司的 KPI 是在规定的时间内提交该专利产品技术、经济、环保三方面的全面书面报告，给出 Yes 或 No 的确切结论；技术专家组需给出除锈金属件残留液对烤漆工艺的中长期影响，对操作工人和环境的中短期影响的分析和实验；成本组专家需考察原料供应渠道、供求关系、采购价格变动趋势，市场组的 KPI 则是不同行业除锈剂用户使用该产品替代传统产品的困难和阻力调研；行政辅助部门如何在最短时间内为相关部门提供支持与帮助，以提高技术业务部门员工的满意度。

（1）KPI 要点分析

首先是明确组织的整体战略目标，公布可分解的目标数据，这意味着，组织内所有工作职位，所体现的绩效内容都必须服务于公司的战略目标。关键绩效指标是组织战略目标的补充与延伸，具有鲜明的目的性和功效性，对上更多的是体现一种保障手段，对下则是展示以约束和激励为主的开发功能。它所衡量的职位以实现组织战略目标的相关部分作为自身的主要职责；如果 KPI 脱离公司战略目标，则它所衡量的职位的努力方向也将与公司战略目标的实现产生分歧。

其次是关键指标要适度。KPI 是对公司战略目标的分解和细化，但是，其要点是指标设计的"关键"与"适度"。组织的战略目标规划是中长期的、概括集中的，而绩效考核指标的考察和实施一般都是在年度周期以内，各职位的关键绩效指标内容是具体分散的。KPI 就是通过适度的关键指标来处理长期与短期、集中与分散、概括与具体这些管理矛盾的。通过具有可度量性的指标分解，寻求能够真正保障公司战略目标实现的具体要素，寻求真正能够刺激每个职位工作积极性的具体办法。指标既不能事无巨细、面面俱到，又不能茫无着落、无从下手，要抓大促小，起到纲举目张的作用。

再次是实施过程中的修订与完善。关键绩效指标的设计必须留有一定的弹性空间，当组织战略目标的发展有所调整，当公司战略侧重点转移时，关键绩效指标必须有一个顺应过渡，并在尽可能短的时间内作出修订，与总的目标调整保持高度的一致性，体现公司新的战略目标内容。

因此，关键绩效指标是对绩效构成中可量化、可分解、可控制部分的确定和考核。技术转移服务活动的效果是内因外因综合作用的结果，内因是各职位员工可控制和影响的部分，也是关键绩效指标所衡量的潜力部分。关键绩效指标应尽量反映员工工作的直接可控效果，剔除他人或环境造成的其他方面影响。例如，客户总量与市场份额都是衡量营销部门市场开发能力的标准，而营销量是市场总规模与市场份额相乘的结果，其中市场总规模则是不可控变量。在这种情况下，两者相比，市场份额更体现了职位绩效的核心内容，更适于作为关键绩效指标。

KPI 是对重点经营活动的衡量，而不是对所有操作过程的反映。每个职位的工作内容都涉及不同的方面，高层管理人员的工作任务更复杂，但 KPI 只对其中对公司整体战略目标影响较大、对战略目标实现起到不可或缺作用的工作进行衡量。

KPI 是组织上下认同的，不是由上级强行确定下发的，也不是由本职职位自行制定的，它的制定过程由上级与员工共同参与完成，是双方所达成的一致意见的体现。它不是以上压下的工具，而是组织中相关人员对职位工作绩效要求的共同认识。

KPI 所具备的特点，决定了 KPI 在组织人力资源管理中具有举足轻重的作用。

第一，作为公司战略目标的分解，KPI 的制定能推动公司战略在各单位各部门的有效执行；第二，KPI 为上下级对职位工作职责和关键绩效要求有了清晰的共识，确保各层各类人员努力方向的一致性；第三，KPI 为绩效管理提供了透明、客观、可衡量的基础；第四，作为关键经营活动的绩效的反映，KPI 帮助各职位员工集中精力处理对公司战略有最大驱动力的方面；第五，通过定期计算和回顾 KPI 执行结果，管理人员能清晰了解经营领域中的关键绩效参数，并及时诊断存在的问题，采取行动予以改进。表 2-2 给出了 KPI 绩效考核体系与传统绩效考核体系的区别。

**表 2-2　KPI 绩效考核体系与传统绩效考核体系的区别**

|  | KPI 绩效考核体系 | 传统绩效考核体系 |
|---|---|---|
| 假设前提 | 假设绩效与薪酬的合理挂钩能够调动一切积极性和能动性，实现事先确定的目标 | 假设事前的承诺与约束、事后的奖励刺激能够保证员工的积极性，发展战略、组织目标与普通员工无关 |
| 考核目的 | 以战略目标为中心，指标体系的设计与实施服务于战略目标的实现 | 以管理与控制个体为中心，指标体系的设计与运用源于更有效规范个体行为服从于组织集体利益 |
| 指标制定 | 组织内部自上而下对战略目标进行层层职位分解 | 管理层自上而下根据岗位能力下达 |
| 指标依据 | 来自于组织战略目标与竞争要求的需要 | 来源于既有的流程，或上期业绩的综合与修订 |
| 指标构成及作用 | 通过财务与非财务指标相结合，体现关注短期效益，兼顾长期发展的原则。指标本身不仅传达了结果，也传递了产生结果的过程 | 以财务指标为主，非财务指标为辅。注重对过去绩效的评价，且指导绩效改进的出发点是过去的绩效存在的问题，绩效改进行动与战略需要脱钩 |

（2）KPI 绩效考核的基本要求

①确定机构的业务重点

组织的战略目标确定之后，利用头脑风暴法和鱼骨分析法，找出企业的业务重点。这些业务重点是企业的关键考核领域，也是评估企业价值的标准。确定业务重点以后，再用头脑风暴法找出这些关键结果领域的关键业绩指标（KPI），这些关键业绩指标定为企业级 KPI。各系统的主管对相应系统的 KPI 进行分解，确定相关的要素目标，分析绩效驱动因素（技术、组织、人），确定实现目标的工作流程，分解各系统部门科室级的 KPI，确定评价指标体系。各系统的主管和部门的 KPI 人员一起将 KPI 进一步细分，分解为更细的班组级 KPI 及个人职位的业绩衡量指标，这些业绩衡量指标就是员工考核的要素和依据。绩效管理最基本的要求是让各级员工清楚自己的具体任务，以及他将如何开展工作和改进工作，完成任务后，他将获取什么样的薪酬。同理，管理者在回答下属这些问题时，他也必须清楚组织对自己的具体要求，对他所在部门的具体要求，不同的是，业务主管还要了解属下员工的基本素质和业务专长，以便有针对性地安排岗位与分解目标。对 KPI 体系的建立和测评工作过程本身，就是统一全体员工朝着企业战略目标努力的过程，这将对各部门管理者的绩效管理工作起到很大的促进作用。

②设计可以测量的绩效指标

绩效管理是管理双方就目标及如何实现目标达成共识的过程，也是增强员工成功地达到目标的管理方法。建立 KPI 的要点在于流程性、计划性和系统性，要按照定性和定量相结合原则，使指标之间具有相对独立性和一定的层次性。明晰 KPI 概念、作用、可否量化、用于衡量谁、对 KPI 是否有控制作用、所选的 KPI 是否有重合等问题。管理者给下属订立工作目标的依据来自部门的 KPI，部门的 KPI 来自上级部门的 KPI，上级部门的 KPI 来自企业级 KPI。企业级 KPI 要能够引导每个职位按照企业要求的方向去努力。每一个职位都影响某项业务流程的一个过程，或间接影响整个过程中的某个阶段。但是越到基层，职位越难与部门 KPI 和企业级直接相关联，为保证业务之间、部门之间的横向联系与沟通，在订立目标及进行绩效考核时，应考虑职位的任职者是否能控制该指标的结果，如果任职者没有完成任务的客观条件，则该项指标就不能作为任职者的业绩衡量标准。如跨部门的指标应是本部门主管或更高层主管考核的指标，而不是基层员工所考核的指标。优化的 KPI 能够精减不必要的机构、不必要的流程以及不必要的系统，最终能够提高企业组织结构集成化，提高企业的整体效率。相同的职位可以有很多个，但相同职位的 KPI 指标体系只有一套，性质相同的不同职位可以利用相同的 KPI 指标。

③通过绩效考评，建立团队伙伴关系

在某些绩效考核方法中，考评者与被考评者出于一种对立地位，考核等级比例有盲目的限制、考评述语总有讨价还价的漏洞、处罚形式经济利害关系过分等。其结果不但达不到考评的目的，还严重影响到组织文化和团队思想建设。考评者与被考评的利益关系应该具有一致性。考评者作为监督者、评判者，被考评者作为执行者、被评者，其地位一开始就是不平等的，如果没有客观公正的协调方式和交流渠道，自然会出现劳资关系、劳劳关系的两重矛盾与多种分歧。KPI考评办法中，使考评者与被考评者成为一种平等的考评伙伴关系，大家共同学习，共同进步，目的都是为了使被考评者尽快提高能力，达到业绩标准要求。这种伙伴关系首先表现在制订考评计划方面，KPI强调任何一个考评计划必须是经过双方共同讨论达成一致后的结果。通过探讨业绩标准的内涵，使双方有了统一的、共同的理解，便于被考评者建立明确目标，能够按照标准要求去开展自己的本职工作，也便于日后对照标准作相应的判定。取得证据的方式、时间、证据类型及数量等内容也是事先由双方商定的，连取得证据之后，将履行什么样的判定程序和方法，都是事先沟通约定的。这种通过绩效面谈制订考评计划的全过程，充分体现了考核双方相互信赖、团结合作的精神。

在考评者对被考评者进行现场观察后，及时总结，告诉观察结果，包括做得好的方面及不足之处，在一个要素或一个期间考评结束之后，考评者还要将所有的相关信息通过合适的方式及时反馈给被考评者。反馈员工的工作表现，可以充分体现主管的管理艺术。因为主管的目标和员工的目标是一致的，且员工的成绩也是主管的成绩，这样，主管和员工的关系就比较融洽。主管在工作过程中与下属不断沟通，不断辅导与帮助下属，不断记录员工的工作数据或事实依据，这比考核本身更重要。反馈方式是一种人性化管理，能使被考评者乐于接受和真正受益。这种考评法的本质特征，在于对员工率真本性的假设，人都是有自尊的，有成就感的，在员工工作与协作中出现失误时，要肯定成绩，善意批评，对事不对人地指出完成岗位职责还应注意的事项和努力的方向，并帮助其制订改进计划。同时多种形式的培训和宣传有助于KPI应用工作的展开。总之，借鉴KPI标准及其考评方法的核心思想和方法，不但有助于管理优化，而且有助于完善考核体系和考核制度。

④落实绩效考核的目的

绩效考核是绩效管理循环中的一个环节，绩效考核主要实现两个目的：一是绩效改进，二是价值评价。面向绩效改进的考核是遵循PDCA循环模式的，它的重点是问题的解决及方法的改进，建立起KPI指标应用的管理模式，从而实现绩效的改进。它往往不和薪酬直接挂钩，但可以为价值评价提供依据。KPI注重工作任务完成结果，重视事前影响因素而不采信事后客观原因，通过被考评者在稳定状态下的工作表现肯定其实际能力。在服务管理过程中，每一个职位的安排实质上都是考评与被考评者双方对任职者能力预期的确认，能完成预定的工作目标，KPI 才具有实际意义。KPI 标准的考评则采用循环修正形式，把员工具体的工作结果作为业绩考核的依据，一个考核期结束，既完成了当期考评任务，又找出了下期业绩标准调整的波动数据，这是一种非常客观、公正、有效的办法。评价要有专人负责，KPI 指标的定义、多维数据统计、客观的分析以及持续改进的理念是 KPI 指标应用成功的基础。考核中主管对员工的评价两者都是很宝贵的。在整个考评过程中，考评者严格把握标准，并尽可能帮助被考评者朝着业绩标准的要求努力，通过观察、取证，使被考评者知道自己在做什么，是怎么做的，与标准的差距有多少，怎么样改进才能尽快达标等。考评的真正目的是明确考评双方之间的伙伴关系，实现相互学习，整体促进，共同进步。面向价值评价的绩效考核，强调的重点是公正与公平，因为它和员工的利益直接挂钩。这种考核要求主管的评价要比较准确，而且对同类人员的考核要严格把握同一尺度，这对于行政服务人员、具体业务人员操作比较简单。因为这种职位的标准比较明确，价值创造周期比较短，工作的重复性也较强，很快就可以体现出他们的行动结果。但对于职位内容变动较大，或价值创造周期较长的职位来说，这种评价操作就比较困难。将二者统一起来的方法，就是在日常的考核中强调绩效的持续改进，而在需要进行价值评价的时候，由人力资源部门制定全企业统一的评价标准尺度。这样，一方面，评价的结果会比较公平；另一方面，员工的绩效改进也已达到较高水平，员工可以凭借自己出色的工作表现获得较高的报酬与认可。评价员工的绩效改进情况及绩效结果，KPI 是基础性依据，它提供评价的方向、数据及事实依据。

3. 动态薪金制

在关键指标分析的基础上，我们还可以设计一种动态薪金制，从纵向、横向两方面把人力资源的创造性与机构的绩效相联结，把员工的个人努力与机构的工作任务相捆绑。采用目标细分公示、薪金切块分解、责任落实到人的分配形式，长流水、不间断的透明公正薪金支付方式。

设计变动性薪金采用纵向与横向两方面交叉联动，纵向联动是指机构组织结构的上下交流，即机构整体、中层部门、员工个人 3 个层面连接挂钩；横向联动是指企业的财务成本与薪金分支的连接挂钩。

纵向联动的第一层面是服务机构整体或能够单独核算的项目经理部，服务机构根据整体发展战略和年度经营目标确定整体薪金总额提取依据分配计划，薪金总额的变动和分配计划的变动必须与所有部门和全体员工都有连结，从一线业务部门到行政辅助部门，从项目组的技术人员到后勤部门的勤杂人员，无一例外，当然上下连结会有紧密与疏松之分。

第二层面是所属的部门或项目分组，第二层面向上是责任保障，完成机构营业额和利润指标。向下是调动积极性和创造性，监督和控制员工的工作数量、工作进度和工作质量。部门和项目组的责任是合理分配工作任务，科学核定薪金分值，按分值比例将薪金落实到整个工作流程。

第三层面是员工个人。在技术服务过程中要让全体员工清楚地知道，当机构的经营收入和利润达到何种水平薪金就会相应地达到何种水平，如果机构业绩达不到预期值，薪金会降低到什么程度。薪金分值与财务支出横向联动。员工的薪金收入对机构而言就是费用成本，薪金收入越高，费用成本就越大。薪金收入与财务支出的横向联动就是要解决员工收入与机构支出的对立矛盾，通过动态的薪金管理，既增加了员工收入，总费用不增长或少增长，机构的成本达到员工收入与企业利润同步或同向增长，保持员工和机构利益上的高度一致。如果 KPI 设计不当，就会出现机构营业额增长、利润额下降、员工薪金增长、机构利润下降的现象。或者因为薪金收入等财务支出横向联动不科学，而出现薪金收入下降10％、利润额下降15％、薪金增长30％、利润增长10％等现象。

动态薪金制的纵向与横向联结见表 2—3。

**表 2—3　动态薪金表**

| 关键绩效指标（KPI） | 薪金分值与财务成本 |
| --- | --- |
| 机构：总体营业额、年利润率、客户增长百分比等 | 机构达到预定的 KPI，以固定工资的30％左右为变动薪金的给付总额，或以 3 个月左右的月平均工资列支财务成本，以此作为薪金支付总额 |
| 部门：阶段工作进度、客户满意度（产品合格率）、新增客户、费用节约、任务目标等 | 达到部门的 KPI，以机构薪金额中 2～4 个月的数额，确定部门薪金总额 |
| 员工：工作定额、出勤率、客户投诉、年度考评等 | 员工个人可以从部门的薪金中获得 0～6 个月的薪金 |

## 2.2.5　创新与知识薪金

知识薪金（pay for knowledge）是将部分薪酬与知识或技能相结合，意在保障组织可持续发展和技术创新的一种工作报酬结构。有时也称技能薪金（pay for skills）。知识薪金是员工在岗位以外与机构发展战略、任务目标有关联的潜在技能资质薪酬，包括能胜任其他岗位的能力、法律法规要求的岗位任职资格、组织机构认可的培训证书、技术创新与发明创造等符合鼓励引导条件的薪酬类型。知识薪金与岗位薪金有关但没有必然联系。

1. 知识薪金的类型

（1）阶梯模型

阶梯模型是指用简单的知识分层确定薪金类别的递进型薪酬奖励办法。多作为传统岗位薪金制的补充，同一岗位系列的职位薪金差别较小。在此模型中，职位从起步职位到高级职位被划定为若干梯阶，每个梯阶相对于一个知识层面或意味着具体工作职位技能不同的复杂程度，员工每完成一个梯阶的知识学习，视同知识和技能的相应增长，职位薪金就会上升到这个梯阶对应的水平。如科技咨询岗位员工的执业资格证书的获取，梯阶有咨询员、初级咨询师、中级咨询师、高级咨询师等 4 级。持有不同证书的员工即使从事相同的工作，也会体现出不同知识薪金的岗位差别。阶梯类型知识薪金能够鼓励员工学习的纵向深入，强调本职岗位技能的专业与精深。

（2）技术单元模型

技术单元模型适用于业务性质类同的部门或团队。与阶梯模型相比，技术单元模型把知识或技能层面相近的不同专业岗位归类同一技术单元，将选定的知识或技术标准分成若干个单元，一个技术单元层次对应若干的等级，每个职位都有一个等级对应。最常见的是将全部职位分成 3 等 9 级或 3 等 12 级技术资质，相对应的是知识薪金 3 个薪级和 9 个或 12 个薪档。员工就职由初级向高级过渡，但是员工聘任职位不是渐进式的阶梯型，在同一技术单元，只要学习到位或技术达标就可以跨越一定级别的职位。例如在 3 薪级 12 薪档技术技能中，员工达到 3 等薪级技能水平，就可以任意选择学习其中另外的 11、10、9 薪档职位所规范的技能。一般来说，各级薪金会有不同的级差，具体数值视各机构的知识需求导向而定。技术单元类型知识薪金鼓励员工知识面或岗位技能的横向扩展，一专多能。技术单元模型与阶梯模型有相似之处，但是它们的重要区别是阶梯模型强调知识或技术深度的发展，而技术单元模型则是强调水平和垂直技术。

（3）累积模型

这种模型旨在鼓励员工提高技术和学习完成不同工作组的工作。如果组织机构中一专多能和多专多能的需求比较突出，有太多的职位且有太多的技能需要员工学习掌握，就可以考虑利用传统的岗位工资制中的工作分析法来分析每个职位，给每个职位进行评分后，技能与职位相对应，收入与技能相对应。学习合格或能胜任几类职位，就能获取相应的知识薪金薪级，员工对知识的学习及对技能的掌握如同高等学历的学分制，一定的学分累计意味着允许一定职位的交叉顶替。如技术信息录入水平与客户信函回复质量经定性和定量的综合评定，原本不可同比的职位能够以一定的比分进行比评。该模型和技术单元模型的区别就是员工学习的内容会比较具体，必须由组织安排要学习的知识和技能，如不能选择与本职工作无关的学历的教育或职业资质培训等。累积模型能够通过对员工学习的鼓励直接增强组织机构的竞争优势。

（4）T态模型

T态模型是指为鼓励机构内部全员交叉流动而设计的知识薪金制度。员工通过学习和培训，掌握了跨学科、跨专业的知识和技能，从事技术管理岗位又能胜任经营管理岗位，技术岗位可以跨专业做研究，管理岗位可以跨学科做市场，这种复合型知识人才能够在组织专项任务突击时，保障人员安排上的灵活性，在阶段性、季节性业务低谷时，维持人力资源的均衡性。如某公司软件研发项目的构架师在程序设计完工后，又顺利完成软件著作权的申报登记；持有会计证同时又有报关员证等。得益于跨部门培训制度的最好案例是在节假日公休时间，生产部门的工人能够与销售部门的工作人员一起参加展销会等促销工作。

2. 知识薪金制的应用

随着技术转移服务机构信息平台的建设，办公自动化系统的应用，以及市场竞争条件下技术转移服务业务分类的多元化趋势，技术转移服务工作呈现出典型的创新特征。工作特征理论认为，核心特征程度越高的工作越能激励员工去完成工作。核心特征包括：技术多样性，要求员工完成这些工作任务需要不同的知识、能力和综合素质；作业关联性，指同一作业业务不仅对操作者本人很重要，对信息平台上的其他人如其所服务的客户对象和为其提供保障的后台工作人员也同样重要；运行独立性，指员工在完成工作过程中拥有既定流程下的决策自主权、独立处置权；反馈透明性，指自上而下及时向员工提供的有关工作结果、考核业绩与劳动者的知识技能有直接清晰的关联。

（1）知识薪金的激励要点

①鼓励创新。知识学习是多层面的，从战略性的发明创造到熟能生巧的操作技能，知识薪金不仅仅是一种物质刺激，还要体现出明白无疑的创新激励导向，这是技术转移服务工作的特性所决定的。传统生产制造业以计件制绩效岗位薪金为主要报酬构成，知识薪金制旨在创新，是绩效薪金的重要完善与补充。

②在竞争激烈的产业背景下为员工提供更好的就业保障。知识薪金制使员工增加了岗位调整的灵活性和主动性，这实际上是通过知识薪金制增加了不景气就业条件下员工的工作保障。员工通过知识薪金方案获得技术，当机构裁减冗员或者员工退休、辞职而出现临时空岗时，会体现出明显的转岗优势；当机构业务扩张时，掌握了最新知识技能的员工也会比新的就业者更有竞争力。

③提高全体员工的综合素质。知识薪金对提高员工工作的数量和质量都有着

多方面的潜在影响，实践也证实知识薪金制能够长时期保证企业较高的劳动生产率，因为对整个业务程序的全面了解、作业的关联性有利于培养团队精神，能够让员工体会出自己工作的重要性，增加责任感，在激励导向的作用下，可以自觉挖掘潜力寻找到更多的快捷作业方式，最终提高独立决断、应变处置的工作能力。

④丰富和活跃员工的工作环境。现代化的作业程序高速运转，分工过细，操作简单、枯燥乏味。员工心身高度紧张的背后往往伴随着许多不合人性的意外结果。新的工作岗位能够激励人的创造欲望，增加传统作业的创新机会，能够调剂沉闷呆板的工作环境，丰富员工的工作兴趣。如因事假、病假或会议、脱产培训等原因造成的停工停产，临时承接的项目任务，知识技术全面的员工通过调岗、调班能自然地替代缺编缺勤的人员。知识薪金结构创造的灵活性，在大多时候都能满足组织机构的人力资源需求。

（2）知识薪金采用的影响因素

首先，要与先前的工资制度相融合。在知识薪金制度下，工作报酬不仅仅是员工的一种应有权利，而且还是对员工成功获取和运用与团队业务相关的知识或技能的一种重要奖励。但是，知识薪金在整个工作报酬中占有多大比重则需慎重试行。因为实施知识薪金必须重新划分工作范围，而先前的工资制度是在既定的工作范围和岗位设置基础上设计的。例如，由于信息化办公系统的引入，一个员工需要承担比过去更多的工作内容，同时需要学习更多的技能。有些岗位需要合并，如资料员与录入员；有些职责则需要细化，如财务会计细分出成本会计、税务会计。毫无疑问，岗位的合并以及业务职责的拓展，必然涉及工资制度调整与改革，原有的工资制度是基础，调整与改革应该是渐进的。

其次，知识薪金成本增加财务承受能力。知识薪金占工作报酬的比例越大，培训费用和管理费用就会越多。不论学习和培训费用是由员工自己支付还是由中心统一负担，薪金支出则必然加大人工成本。知识薪金设计时要充分考虑财务承受能力，确定人工成本增减的弹性幅度，在弹性上下限度内确定知识薪金比重、学习方式、培训机构等。因为知识的学习或技能的培训可以由组织机构内部安排，也可以由社会上的职业培训机构完成，另有一部分内容可由政府有关部门确定的职业资质规定，其学习和培训由指定部门举办。所以就一般情况而言，组织内部的专门业务培训是由技术转移服务机构自己承担，而一般比较普及和特定的知识学习则可以由外部的专门机构或由有关的制定部门承担。

知识薪金制度的初始设计是经济高速增长时期保证企业生产的连续性，为提高出勤率，企业允许员工跨岗承担其他缺勤员工的空置工作。当更多员工不得不学会其他工作所需的知识和技能时，知识薪金不仅满足了设计初衷，还带来了员工自觉学习的积极性，并且大大提高了知识学习者的工作绩效和成就感。金融危机的另类影响是间接推进了落后产能和产业的淘汰，推动了高新技术产业发展进程。技术创新的竞争导致高端知识人才短缺，知识薪金激励员工的学习和培训，知识与技能的获取推动了企业的技术创新和全球竞争力，知识薪金制度最终促成了技术转移创新的良性循环。

## 2.2.6　工作报酬给付

1. 报酬承诺与报酬的实际给付

（1）报酬承诺

发生在岗位业务工作开始之前，是中心对该岗位可望获得的报酬水平的一种出价。

（2）报酬给付

发生在岗位业务工作告一段落之后，是中心根据该岗位绩效而向其实际支付的一个报酬额。

报酬的承诺额与实际支付额可以是等量的，也可以是不等量的。取决于技术转移服务机构及其所在部门和该岗位绩效是否与中心的预期要求相一致。

2. 报酬给付的制约因素

（1）中心业务活动收入及其盈利水平；

（2）部门、单位绩效；

（3）个人工作业绩。

上述 3 个因素可确保团队精神与个人努力的统一与平衡。

3. 工作报酬实际给付的确定步骤及方法

第一步：中心财务部门计算并确定当月可分配报酬总额，并通知人事经管（根据可能分配报酬总额计算表确定）。

第二步：人事经管根据绩效考核结果，确定中心各部门、单位的当月绩效情况。

第三步：人事经管核定员工当月的绩效系数，计算和确定所有员工的应得报酬，送中心主任审批后，由财务部门核准、计发。

员工应得报酬按下式确定：

应得报酬 ＝［中心可分配报酬总额×（部门报酬基准系数×部门绩效系数）］×（员工报酬基准系数×员工绩效系数）＝部门可分配报酬总额×（员工报酬基准系数×员工绩效系数）

式中：

部门报酬基准系数 ＝（部门基准报酬总额/企业基准报酬总额）×100%

员工报酬基准系数＝（员工基准报酬总额/部门基准报酬总额）×100％

部门和企业基准报酬总额为编制内员工基准报酬的总和。

4. 报酬给付计算表

如表2－3、表2－4、表2－5所示。

表 2－3　可分配报酬总额计算表

| 项　目 | | 序　号 | 金额（元） |
|---|---|---|---|
| 目标规定 | 业务收入 | （1） | |
| | 成本费用 | （2） | |
| | 盈利额 | （3）＝（1）－（2） | |
| | 工作报酬系数 | （4） | |
| 实际完成 | 业务收入 | （5） | |
| | 成本费用 | （6） | |
| | 盈利额 | （7）＝（5）－（6） | |
| 可分配报酬额 | | （8）＝（7）×（4） | |
| 中心利润 | | （9）＝（7）－（8） | |

表 2－4　可分配报酬部门分配计算表

| 序号 $(x_i)$ | 部门 | 报　酬 | | | | 基本报酬系数（％） | 绩效系数（％） | 可分配报酬总额（元） | 备注 |
|---|---|---|---|---|---|---|---|---|---|
| | | 生活薪金 | 岗位薪金 | 福利 | 合计 | | | | |
| | | （1） | （2） | （3） | （4）＝（1）＋（2）＋（3） | （5）＝ $x_{i(2)}/x_{0(2)}$ | （6） | （7）＝ $x_{0(2)}$ $x_{i(5)}$ $x_{i(6)}$ | |
| 0 | 中心 | | | | | | | | |
| 1 | | | | | | | | | |
| 2 | | | | | | | | | |
| 3 | | | | | | | | | |
| 4 | | | | | | | | | |
| 5 | | | | | | | | | |
| 6 | | | | | | | | | |
| 7 | | | | | | | | | |
| 8 | | | | | | | | | |
| 9 | | | | | | | | | |
| 10 | | | | | | | | | |

表 2-5　员工工作报酬给付计算表

| 部门 | 姓名 | 部门可分配报酬额（元） | 报酬基准系数（％） | 绩效系数（％） | 报酬额（元） |
|---|---|---|---|---|---|
| | | (1) | (2) | (3) | (4)＝(1)×(2)×(3) |
| | | | | | |
| | | | | | |
| | | | | | |
| | | | | | |
| | | | | | |
| | | | | | |
| | | | | | |
| | | | | | |

## 2.2.7　特殊贡献奖励

奖励方式包括：

（1）奖金方式。适用于数额较小的一次性奖励。

（2）工资方式。适用于数额较大需要采用持续方式的奖励。可按月或按季度给付，纳入结构报酬体系。

（3）提成方式。适用于对某些特殊岗位的奖励，按季度/月度计付，年终结算。

上述方式可以同时并用。

# 2.3　启动期员工工资报酬方案

## 2.3.1　适用期限

本工资报酬方案仅适用于技术转移服务机构启动期阶段。启动期结束后，本方案不再使用，而采用《收入分配和员工报酬管理》中规定的模式及办法计付员工工资报酬。

技术转移服务机构启动期结束的标志为中心业务经营进入正常状态，具体时间根据中心业务运营的发展情况另行确定。

### 2.3.2 工资计付的基本规则及办法

启动期员工工资报酬按照"以岗位的标准报酬为基准，上不封顶，下不保底"的原则及办法计付。

岗位标准报酬为岗位就职人员在规定的时期内完成所在岗位应该完成的核定工作任务的数量与质量而应该得到的工作报酬额。

岗位标准报酬的确定，由以下因素的综合作用所决定：

（1）岗位工作对其从业人员的素质要求；

（2）岗位工作的特点、责任及其难易程度；

（3）岗位工作环境及条件；

（4）社会上同类或相近岗位（职位）的现有平均报酬水平。

员工在规定的时期内超额完成所在岗位的核定工作任务量，所得工作报酬按下式确定：

实得报酬＝岗位标准报酬＋超工作量报酬

上式中的超工作量报酬由下式确定：

$$超工作量报酬＝\frac{岗位标准报酬额}{岗位工作计划任务量}×超额完成的工作任务量$$

员工在规定的时期内未能足量保质完成所在岗位的核定工作任务的，所得工作报酬为：

实得报酬＝岗位标准报酬－未完工作量应扣报酬

未完工作量应扣报酬由下式给出：

$$应扣报酬＝\frac{岗位标准报酬额}{岗位工作计划任务量}×完成的岗位工作任务量$$

### 2.3.3 岗位工作任务的计量办法及计量单位

岗位工作任务的计量单位，根据不同任务的具体情况，可分别采用：

（1）时间单位：小时、工作日等；

（2）数量单位：件、千字等；

（3）价值单位：金额（元）等；

（4）无名单位：指数或百分数。

在实际的计量中，具体采用何种计量单位以及不同质的计量单位如何转化成某一种计量办法，以绩效考核确定的办法为准。

### 2.3.4　岗位标准报酬

启动期各岗位的标准报酬，如表2－6所示。

**表2－6　启动期岗位标准报酬一览表**

| 序号 | 岗　位 | 标准报酬（元/月） |
|---|---|---|
| 1 | 中心主任或主持中心日常工作的副主任 | |
| 2 | 主任助理、技术转移促进部部长、项目管理部剖长 | |
| 3 | 综合事务管理部部长、技术转移促进部客户经理、信息工程部、项目管理部项目助理 | |
| 4 | 业务管理部文员 | |
| 5 | 综合事务管理部文员 | |

## 2.4　技术转移业务计划管理

### 2.4.1　技术转移业务计划的作用

技术转移业务计划是各项工作内容的预先拟订和工作实施步骤的提前安排。它的主要作用有两方面：

（1）确保计划期内技术转移业务按时完成。时间的严格约束，各个部门、各个环节所有工作能够按时完成，意味着技术转移业务的有序开展，意味着对客户工期的商业信誉，间接地避免了内部机构的"误工"损失和客户"误期"损失。

（2）确保计划期内技术转移机构人、财、物力资源在不同时段的合理利用和科学调配。人尽其力、物尽其用的计划原则保证了资源使用的轻重缓急，最大限度地降低了费用成本，意味着直接保证了机构利润的最大化。

影响技术转移业务计划作用正常发挥的因素很多，研究分析这些影响因素，对及时修订、调整、完善业务计划具有重要意义。常见的主要影响因素如：客户要求的交付时间提前，市场调研失误，不可预料或不可抗力条件的发生等。

## 2.4.2　技术转移业务计划的内容

（1）目标任务计划。计划期内完成技术转移机构目标任务需进行哪些生产作业、进行哪些经营活动、实施哪些服务项目等。

（2）人力调配计划。完成生产作业、经营活动和服务项目计划需要哪些部门参与实施、需要调动多少员工，一线员工、后勤员工需提供哪些特别配合等。

（3）时间进度计划。完成任务需确定哪些关键时间点，需要应用哪些计划方法，有哪些机动时间能够应用，任务时间期限的保障措施等。

（4）物质保障计划。各类工作人员需特别配置何种设备或工具手段，各个阶段需调度资金规模等。

## 2.4.3　计划管理工作程序

1. 计划目标的拟订与确立

计划目标拟订有两种形式：一是计划主管部门根据机构规划、合同、临时客户要求等依据编制计划，拟订目标任务，自上而下，向各个职能部门征询意见，各职能部门根据自己部门人力资源的实际情况征询员工的意见，汇总上报计划管理部门，最终得以确立。二是由员工提出计划期（月、季、年）的工作目标预想，上报所在部门。部门对下属员工的工作预想进行综合，提出本部门的计划工作目标，上报中心计划主管部门。由计划主管部门综合平衡，最终得以确定。

中心计划部门综合各职能部门的计划目标，提出中心在计划期所要达到的目标，然后加以分解，下达到各职能部门。各职能部门据此拟订计划期的计划方案。

2. 计划方案的拟订与分解

职能部门根据中心计划主管部门下达的目标控制计划，拟订本部门的工作计划，上报中心计划主管部门审查，经核准后下达到职能部门组织实施。

职能部门对经中心计划主管部门核准后的工作计划加以细化、分解，将相关任务落实到人。

员工根据所在部门的细化方案，拟订具体的工作计划，上报所在部门。职能部门汇总下属员工的工作计划，并上报中心计划主管部门备案。

3. 计划实施

员工按计划开展工作，职能部门对下属员工的计划实施提供指导、服务，并随时对下属员工的计划执行情况进行检查、督导，发现问题，及时纠正。

4. 工作总结

计划期末，员工对自己的工作进行总结，并提出下一个计划期的工作预想，上报到所在部门。

职能部门对员工的总结进行汇总，在此基础上，形成本部门的工作总结，并向中心计划主管部门作出汇报。计划管理工作流程如图2—9所示。

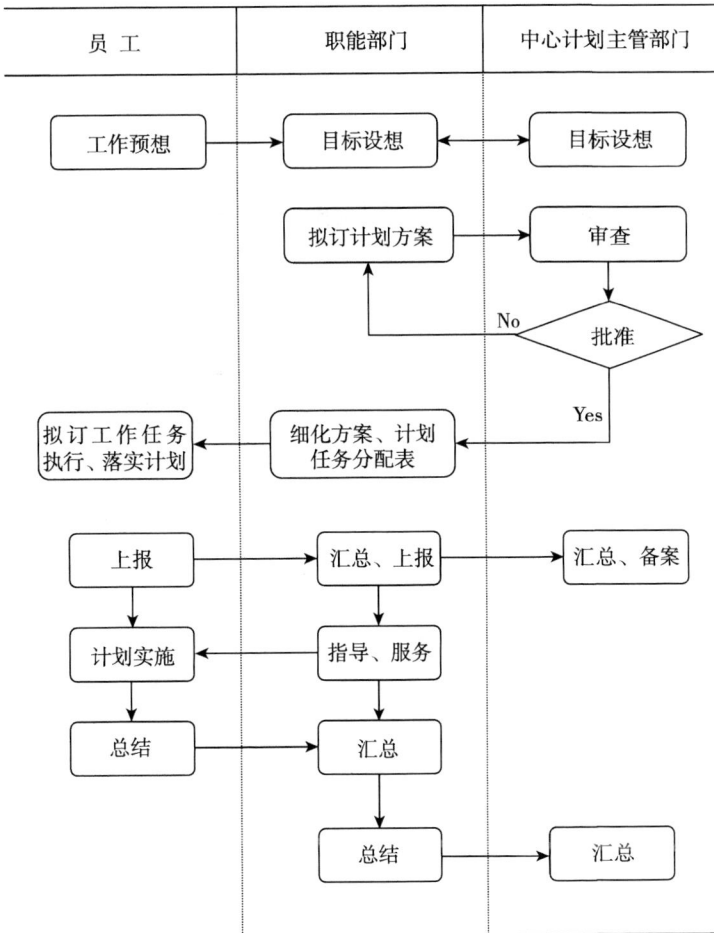

**图2—9 计划管理工作流程**

## 2.4.4 部门月（季）度工作计划及任务分配表

部门月（季）度工作计划及任务分配表

（　　年　　月）

部门：＿＿＿＿＿＿＿＿＿＿＿＿＿　　制表日期：＿＿年＿月＿日

| 本月（季）工作方针、目标和主要工作任务及其重点 | | | | | |
|---|---|---|---|---|---|
| | | | | | |

| 指标 | 入网企业（个） | 入网研发机构（个） | 技术经纪机构（个） | 可转移的技术成果（项） | 服务领域 | |
|---|---|---|---|---|---|---|
| | | | | | 地区 | 行业 |
| 保有量 | | | | | | |
| 新增量 | | | | | | |

| 指标 | 单位 | 技术转让合同 | 技术服务与咨询合同 | 技术交流活动 | |
|---|---|---|---|---|---|
| | | | | 指标名称 | 指标值 |
| 数量 | 项 | | | 次数 | |
| 金额 | 万元 | | | 参加企业数（个/次） | |

| 责任人（部门或个人） | 工作任务、内容、实现要求及目标 | | 完成时限 |
|---|---|---|---|
| | 1 | | |
| | 2 | | |
| | 3 | | |
| | 1 | | |
| | 2 | | |
| | 3 | | |
| | 1 | | |
| | 2 | | |
| | 3 | | |

制表人：　　　　　　　　　　　　　　部门主管：

【制表说明】

（1）本表用于反映各职能部门计划期所必须完成的工作任务和工作任务的分配落实情况。

（2）本表中的"入网企业"，系指已经或有望成为本技术转移服务机构技术需求客户的企业；"入网研发机构"，系指能够为本中心提供技术成果的研发机构；"技术经纪机构"，系指已与本中心签约，经本中心授权从事技术经纪业务的单位和（或）个人；"可转移的技术成果"，系指经协议确定可由本中心进行出让的科技成果。

## 2.4.5　员工月度工作计划活动安排表

**员工月度工作计划活动安排表**

（　　年　　月）

姓名：_____　　　　　　　　　制表日期：____年__月__日

| | 序号 | 任务名称 | 主要内容、要求、目标 | 完成时限 |
|---|---|---|---|---|
| 本月工作任务及要求 | 1 | | | |
| | 2 | | | |
| | 3 | | | |
| | 4 | | | |
| | 5 | | | |
| 落实、完成本月工作任务的措施及条件保障 | 主要措施、工作重点 | | 要求单位提供的条件保障 | |
| | | | | |
| 时间安排 | 工作活动内容及其方式、目标 | | 工作目标的实现程度、状况 | |
| 上旬 | | | | |
| 中旬 | | | | |
| 下旬 | | | | |

【制表说明】

本表由员工根据所在部门分配给本人的计划工作任务进行制定，并上交所在部门备案。

## 2.4.6　员工月度工作总结表

**员工月度工作总结表**

（　　年　　月）

姓名：_____　　　　　　　　　　制表日期：　　年　月　日

| 计划工作任务 | | | 工作任务完成情况、目标实现程度 |
|---|---|---|---|
| 序号 | 名　称 | 内容、要求、目标 | |
| 1 | | | |
| 2 | | | |
| 3 | | | |
| 本月工作的主要特点、业绩和存在的主要问题 | | | |
| 下月工作预想 | | | |
| 部门主管意见 | 主管_____（签章）　____年__月__日 | | |

## 2.4.7　月（季）度工作总结表

**部门月（季）度工作总结表**

（　　　年　　　月第　　　周）

部门：_____　　　　　制表日期：____年__月__日

| 责任单位（或个人） | 名称及计划要求 | 工作任务 | |
|---|---|---|---|
| | | 完成状态、程度 | 完成（或预计完成）时间 |
| | | | |
| | | | |
| | | | |
| | | | |
| 本部门本月（季）工作的主要特点、业绩与存在的主要问题，下月（周）工作计划、计划预想 | | | |
| | | | |

制表人：　　　　　　　　　　　　　　部门主管：

# 第三章　技术资源信息的开发与整合

技术资源信息是指具有潜在利用价值，但未进入技术转移环节的各类技术信息和与之相关的管理信息。各种不同形态的技术成果只要存在转让或交易的可能，对于技术转让方、技术受让方以及技术中介机构三方来说都是一种资源，这种资源在技术转移活动中会给相关各方带来预期中的经济效益或社会效益。开发整合技术资源信息是技术转移工作的基础和前提，在技术转移活动中具有重要意义。

本章的主要内容有：技术资源信息的调查分析；技术资源信息的开发和利用；技术资源的信息化整合与管理。

## 3.1　技术信息与待转让技术成果聚集程序

### 3.1.1　技术资源信息的来源

1. 技术研究和开发（R&D）的机构和主要参与者

2007 年我国 R&D 人员总量为 173.6 万人，其中科学家、工程师为 142.3 万人。这是技术资源信息的基础源头。

2. 技术开发机构和技术开发人员

我国 40 多万专业科技人员总量中，科技活动从业人员近 500 万人，其中大中型企业科技活动人员占 5％左右。"973 计划"中 92.5％的项目由科研院所和高等学校主持，　"863 计划"中，企业主持项目占 12.4％，企业参与项目占 17.1％，企业与科研院所或高等学校合作项目占 29.9％，星火计划和火炬计划项目以企业为主体实施，企业主持项目占 82.7％，产学研合作项目占 12.4％。

技术开发机构和技术开发人员是技术信息的重要掌控者，很多机构和人员同时还是该技术的产权拥有者。技术资源信息可以按国家级、省部级科技计划实施项目统计整理，也可以按各级政府和大中型企业技术研发经费去向调查汇总，根据需要还可以按社会上不同时期的焦点、热点技术攻关课题等不同渠道跟踪收集。

3. 公共图书馆和资料室

图书馆、资料室、信息中心、技术推广中心、技术公告和技术标准发布机构等不以营利为目的的政府部门和公益事业单位，分类存储着大量的技术信息，这是技术转移服务机构技术资源信息的重要来源。

4. 新闻媒体

通过最新的报刊、广播、电视传媒以及互联网大量的专业网络能获取很多有针对性的技术信息。

5. 产品样本

很多中小企业或个体技术发明者开发出的新产品，由于市场推广不力，或批量生产资金不足等各种原因，未实现量产或根本未进入市场。非产品自身原因而未真正进入流通领域的各类产品约占新产品开发总量的80%。通过搜集样机、样品加以完善或改造是中小企业获取技术信息的捷径之一。

6. 博览会（展销会）等

这是获取信息的最直接方式。大型技术博览会或新产品展销会一般都有广泛区域内行业最新的技术或产品参展。影响力广泛的博览会所展出的新技术、新产品往往能起到引导市场需求的作用，同时也能反映出技术研发的前沿动态。

### 3.1.2 技术成果集聚运行模式及程序

获取科技信息和技术转移所需要的科技研发成果的作业过程，即技术成果集聚运行模式及程序如图3-1所示。这一作业过程的主要环节及任务是：

（1）研发机构调查，搜集和掌握研发机构的基本情况，建立研发机构档案及其预研项目及在研项目信息数据库；

（2）搜集已结项的科技研发成果，对初步掌握的技术成果进行商业评估；

（3）同具有商业价值及推广前景的技术成果持有人进行获取协商，以获取实施技术转移所必需的权利；

（4）同技术成果持有人订立技术成果委（受）托转移协议。

### 3.1.3 技术资源信息的整合

技术资源信息的整合，就是将分散于不同时空的各类技术，经搜集、加工、处理后，形成能够实现最大经济价值和转移效率的全新的资源要素。资源要素的整合过程必须遵从以计算机为管理手段的全新技术信息管理系统规范。新的信息管理系统具有处理手段的快捷性、要素内涵的完整性、转移目的的针对性等特点，技术资源信息的整合是在一定框架条件下，具有一定目标要求的信息资源储备过程。

1. 技术资源信息调查

（1）研发机构调查

①调查内容

搜集并掌握能够切实反映研发机构现状、特征及其科技研发能力的基本情

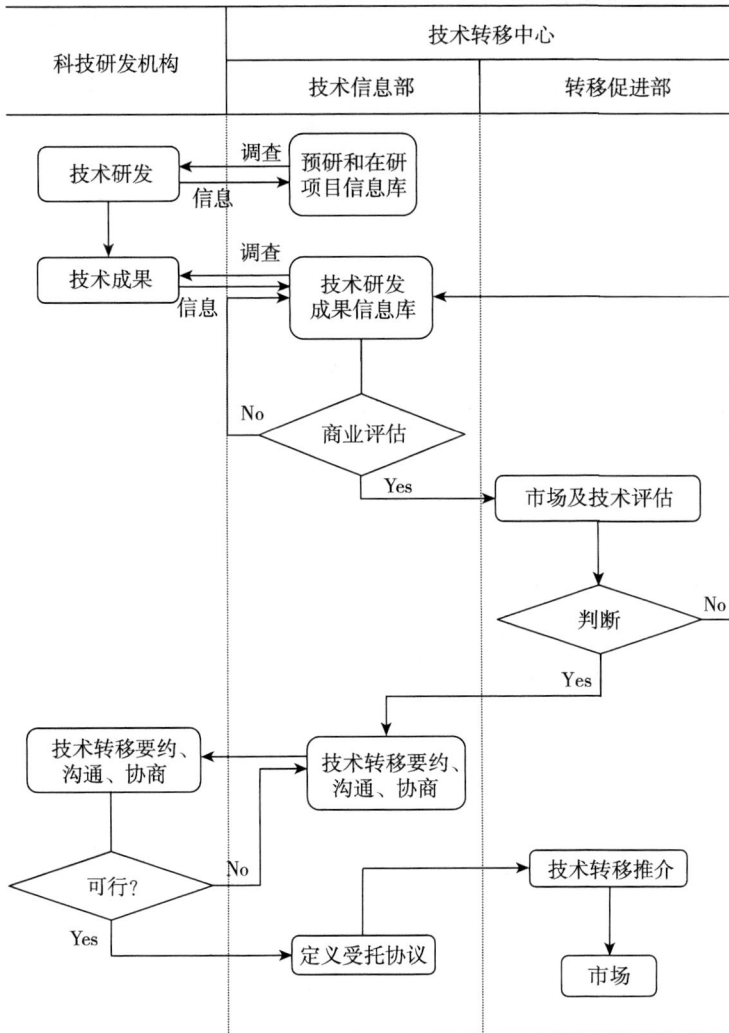

**图3—1　技术成果集聚运行模式及程序**

况，具体内容包括：

　　a. 机构概况。即研发机构的自然情况，包括机构名称、住所、设立时间、办公电话、主要学科方向、主要研发人员姓名及其已有的研发成果业绩等。

　　b. 机构特征。包括机构的性质与权属、研发方向与能力、服务领域、已有研发成果水平及获奖情况、研发资金的主要来源、技术研发及其成果特点等。

　　c. 预研及在研项目情况。包括项目名称、项目性质、特征及内容，研发进度及预期的结项时间和有望实现的技术成果水平等。

②调查方法

安排专人通过以下渠道及办法搜集目标区域技术研发机构的情况：

a. 专访；

b. 信函；

c. 电子邮件；

d. 查询；

e. 其他。

③调查成果整理

对搜集到的研发机构情报资料进行有效疏理，制成研发机构登记表、预研项目登记表和在研项目登记表，以文案方式存档备查，并输入计算机管理信息系统。

（2）企业技术需求信息调查

①调查渠道

a. 技术中介专业网站的需求登记。在大量的需求登记中，按地域、产业等限制条件选取技术转移服务机构感兴趣的需求信息，然后由专业人员根据有效性原则，有针对性地进行信息开发整理。

b. 行业主管机关或行业协会的需求统计。有技术需求的企业往往会求助于行业主管机关或行业协会，很多行业主管部门自身也具有企业技术需求统计的职能。

c. 向市场调查公司（事务所）和经济统计部门进行资料搜集。随着技术转移业务的不断增长，技术转让如同其他商品交易，市场化程度越来越高，市场调查机构和有关的经济统计部门统计整理的技术供、需信息也会越来越多。

d. 向企业进行直接调查。直接调查是技术转移机构获取企业技术需求最常见的方式。由于人力成本等方面原因，这种方式只能在一定的地域范围内进行。

②调查内容

了解和掌握企业发展对技术需求的动态信息，是有效转让目标技术、成功实施技术转移的关键性环节之一。为此，技术转移服务机构在日常运营中即应通过有效的途径及办法，设法搜集目标区域内有关企业发展对各种技术需求的动态信息，建立企业技术需求信息库，为日后技术转移、转让的顺利展开与实施提供良好的基础条件。

企业技术需求信息由技术转移促进部负责收集，内容包括企业以下方面的基本信息：

a. 企业自然状况。包括企业名称、住所、联系电话、企业设立时间、企业组织形式、所在行业、经营业务、服务地域等。

b. 企业的发展特征。包括企业资产及生产能力规模、技术装备的新旧及先进性程度、企业经济实力与发展潜力等。

c. 企业中近期的技术需求状态。包括企业科技进步计划和中近期内准备解决的主要技术课题与解决的途径、方法等。

d. 企业技术引入能力。包括企业技术引入的经济实力、交易条件、信用状况和技术实施能力等。

2. 技术资源信息分析

技术资源信息分析。是指技术转移服务机构以自身需要和应客户的特定要求，以定性和定量的研究方法，通过对技术资源信息的搜集、整理、评价、研究等系列加工，形成新的信息产品的业务过程。信息分析是满足技术转移特定需求、对各类相关信息的深度加工服务活动。

（1）技术资源信息分析的功能

从信息分析的整个业务流程来看，信息分析具有分类、评价、预测和反馈 4 项基本功能。信息分析的基本功能决定了其在技术资源信息开发与整合工作中的重要作用。具体来说，整理功能体现在对信息进行收集、分类，使之由分散到集中、由无序到有序、由繁杂到精简；信息分析中的评价功能体现在对信息使用价值进行测定并给出"是与否"、"多与少"、"大与小"等评价结果，达到信息去伪存真、项目决断是否可行的目的；预测功能是通过对已知信息内容的分析获取未知或未来信息以及这些信息有可能的变化趋势；反馈功能体现在根据实际效果对评价和预测结论进行总结、整改和优化。

（2）技术资源信息分析的作用

①从浩瀚的信息中筛选出真实有效的实用信息；

②维护技术转移的服务各方的权责利益；

③技术转移业务正常运转的事前保障；

④技术转移业务运转中的预警与纠偏。

（3）技术资源信息分析的类型

技术资源信息分析涉及不同产业领域不同服务对象的不同需求，多种多样的服务项目和采用不同的研究方法，可以形成各种不同的分类类型。

①按需求主体划分

信息分析是为需求主体解决为谁、为什么、怎么办等问题，不同的信息分析任务，可将信息分类为：客户信息，进一步可分为技术需求方客户信息、技术转让方客户信息、潜在客户信息等；技术信息，进一步可分为工业技术信息、农业技术信息、高新技术信息等；产业信息，进一步可分为传统产业信息、服务贸易信息等。不同的服务对象和不同的信息问题构成按需求主体不同的分析类型。

②按分析功能划分

可分为：基础型信息分析、比较型信息分析、预测型信息分析、评价型信息分析。

基础型信息分析是一项常规性、基础性工作，又是一项前瞻性、创新性工作。主要有技术和政策信息分析等。常规的信息搜集和加工，包括建立文献型、档案型资料室和数值型数据库，有时并没有具体的针对性，但是，连续不间断的资料积累和有重点的定性分析是信息分析工作不可或缺的重要环节。这种类型的信息分析可以随时掌握客户需求的新动向、高新技术的发展趋势，及时了解商品市场与宏观政策的新变化。

比较型信息分析是信息筛选、项目选择的重要工作过程，又是常用的职能手段。通过比较，能够发现类同信息之间的本质差异，发现不同技术对同一需求的适配程度等，从而找出问题、分清优劣、确定预选目标。比较信息分析可以是定性的，也可以是定量的，或者是定性、定量相结合的，许多技术经济分析的定量方法也是信息分析的常用方法。

预测型信息分析需要掌握和利用大量已知的信息，需要信息业务人员具备丰富的实践经验和完备的业务素质，还需要使用先进的分析方法和技术手段。小到普通的技术咨询，大到国家宏观战略项目的决策，预测的准确与否会直接造成实施结果技术经济等多方面的影响，从而造成信息分析机构和客户利益的重大影响。

评价型信息分析是遵循一定的程序和方法对特定技术信息价值大小的评定。技术信息评价一般有以下几个环节：圈定分析前提，确定内在联系；分析评价对象，选定评价项目；选取评价函数，计算评定价值；综合评定结果，提出决策建议。科学的评价分析必须有科学的变量系数和评价指标设计。

③按分析方法划分

信息分析的类型按采用的分析方法来分类，一般可以分为定性信息分析、定量信息分析和综合信息分析。定性分析主要依靠信息业务人员的逻辑思维和实践经验分析问题，一般不运用复杂的数字比较或数学模型变量关系，而使用比较、推理、分析与综合方法等；而定量分析主要依据数学函数形式来进行计算求解。由于信息分析问题往往是经济与技术的综合难题，技术信息分析使用更多的是定性分析和定量分析相结合的方法。

（4）技术资源信息分析方法

①信息联想分析法

作为一种分析方法，联想法通过信息表象联想实质、通过此表象联想彼表象。联想分析不仅需要有全面的综合知识，还要求具备对信息的敏感整合能力。任何表面上看起来有关联的信息之间，从关联程度上可归结为直接关系、间接关系、虚假关系3种情况，利用比较分析、逻辑分析、头脑风暴、强制联想、特性列举、因果关系、关联树、聚类分析、判别分析、路径分析等联想分析法，能够揭示信息之间是否存在具有必然性因果联系的直接关系，或者存在千丝万缕的各种间接关系，以及断定其毫不相干的虚假关系。

②信息综合分析法

综合分析是把分析对象的各个局部特征和影响因素进行有机联系和统一，从整体进行全面考察和研究。常用的信息综合法有：归纳分析法、图谱综合、兼容综合、典型综合、背景分析、环境扫描、系统识别、数据掘挖、态势分析法等。

③信息预测分析法

常用的信息预测分析法有：逻辑推理、趋势外推、回归分析、时间序列、弹性系数法、德尔菲法等。

④信息评估分析法

评估分析法是在对大量相关信息进行综合处理的基础上，经过专业人员优化选择和比较评价，形成新的带有倾向性或结论性信息资料。即利用指标评分、层次分析、价值工程、量本利分析、可行性研究、投入产出分析、系统工程和运筹学等方法，通过技术经济评价、实力水平比较、功能评价、成果评价、综合评估、方案优选等形式，形成系统信息资料，可资技术转移决策之用。

3. 资源信息的管理和利用

（1）资源信息管理的原则

企业技术需求信息按照以下基本规则及原则进行管理。

①动态跟踪、及时更新。对企业情况及其动态变化进行跟踪，随时剔除已经陈旧、过时的信息及资料，及时补充新的信息及资料，保持库容信息的实时、有效、动态等特性。

②整体着眼、突出重点。一是确立重点企业，二是确定重点领域和重点技术，按照"突出重点，照顾一般"的基本思路搜集和管理目标地区内相关企业的相关信息。

③专人负责。企业技术需求信息的搜集、整理、输库和信息库的管理与使用，责任到岗、任务到人。

（2）技术资源信息的管理

技术资源信息管理的服务平台是技术转移服务机构自建的技术资源信息库和科技信息网络。科技信息互联网络以现代通信技术和计算机技术为基础，是跨专业、跨区域技术转移活动重要的保障手段，技术信息资源库只有通过网络的连接和交流才能真正发挥作用。

科技信息网络分公共信息网络和自建信息网络两部分。现代信息技术的飞速发展，使得公共信息网与自建信息网已没有联接与交流上的实质障碍，而只是网络概念和信息内容的区分。

公共科技信息网络一般由政府科技主管部门和行业机构建设和管理。如：国家科技成果推广网、国家科技基础条件平台、科技企业孵化器网、国际技术转移网、上海国际技术转移信息服务平台、TT91 技术转移网等。公共科技信息网络的信息内容一般包括科技新闻、政策法规、科技成果、科技动态、技术转移、技术服务等。这类网络一般都具有权威性、广泛性、公益性等特点。其主要功能是发布国家和行业的科技发展规划、方针政策、经验总结、难题揭示等带有宏观指导性的综合信息。

自建信息网络主要由 IT 企业、行业龙头企业、科技园区、科学院和高校的技术转移服务机构等企业和事业单位建设和管理。如：中国国际化工技术转移网、先进制造北京市技术转移服务机构网、泛球生物技术网等。由企业或科技事业单位自建的网站，其通过互联网链接形式的科技信息网络具有专业性、实用性、局域性等特点，主要功能是发布科技成果、技术转让、中介机构和科技人才、技术转移服务项目等信息。

技术转移机构通过科技信息网络开展信息交流和业务合作，根据自身的人力资源实力和资金实力，决定技术资源信息库的开发规模和优化深度，决定自建网站的信息流量和内容更换频率。规模较小的技术服务机构应尽量利用公共网络开展业务，以节省网站的建设费用和运行费用，节省人力成本开支。有一定资金实力和业务规模的企业和事业单位则可充分利用科技信息网络的便捷优势，把网络作为技术转移活动的主要工具和手段，广泛传播和交流自己搜集、整理、加工的信息成果，尽享互联网低耗、高效之益。

（3）用户资源信息的管理

用户是指技术转移机构的所有服务对象。从技术转移需求分，用户可分为技术转让方和技术受让方用户；从法律权责意义上分，可分为法人用户、自然人用户；从空间上分，可分为国内用户和国际用户；从时间上分，可分为老用户、新用户和潜在用户。

用户资源信息的管理主要是通过用户资源信息库的建立与完善来实现的。建立用户资源信息库之前要先行做好两项工作：一是将研发机构或技术持有人以及有技术需求的企业进行科学分类，对需录入登记的信息内容进行规范摘录。二是要设计好统一的文本，确定符合标准的编码规则。用户信息是技术转移工作中的重要资源，从信息调查开始到分类存储、分析加工，直到预测决策和开发应用，每一个环节都要注入辛勤的劳动和投入大量的资金。这些资源从某种意义上讲决定着技术转移机构在技术转移活动中的地位以及在市场竞争中的能力。因此，用户资源信息库的建设一定要实行分级分层管理。不仅信息库不能与互联网"开放"联结，信息内容不能与其他网站"分享"，即使在技术转移机构内部，也要按照保密等级严格管理。如文献保密等级的国家标准代码便有公开级、国内级、内部级、秘密级、机密级、绝密级共6级，另如某技术转移机构用户资源数据库的保密要求分高保密、保密、确认、无限制共4级。

（4）资源信息的检索利用

信息检索是根据技术转移机构自身的信息需求或应用户的要求，对按一定方式整合存储的信息进行搜寻调取的过程。信息检索有手工检索、机械检索、电子计算机检索等多种方式或手段，如果以不同时期不同手段利用程度加以区别，信息检索则经历了从手工、机械、计算机单机或局域网处理到互联网全球检索这样4个发展阶段。现在，计算机网络已成为信息检索的最主要的方式和手段。

资源信息检索利用的一般程序是：

①明确信息需求。明确信息需求是为技术转移项目服务的，检索信息首先要明确项目宗旨，根据项目宗旨确定项目的主要内容、技术要点，所涉及的产业范围和专业领域，在此基础上确定信息需求的类型、特征和具体内容。如某中介服务企业档案室，输入"LED需求"，资料库会检索出"江苏丹阳××××公司（厂）"等企业若干家，输入"丹阳×××××"企业名称，会显示出"企业概况"、"高层简历"、"财务指标"、"经营分析"、"信用等级"、"股东研究"、"智力结构"、"报道文章"等。

②选择检索系统。信息检索系统是指为满足不同信息用户的信息需求而建立的、存贮经过加工了的信息集合，拥有特定的存贮、检索与传送的技术装备，提供一定存贮与检索方法及检索服务功能的一种相对独立的服务实体，服务人员、检索工具（设备）和信息资料等基本要素构成信息检索系统（Information Retrieval System，简称IRS）。

不同的信息检索系统是针对不同的使用对象而设计的，使用者通过使用目录、索引、工具指南等检索工具，方便、快捷地选择适用的检索系统，如专利库、商标库、域名库等。图书馆目录、期刊索引、计算机检索用的文献数据库都是检索工具，它有目录型、文摘型、题录型等多种类型，不同类型的检索工具应该具备共同的实用特征；体现信息的特征内容；每条记录均有检索标识；能够提供多种检索途径等。

例如，需要查询美国某专利技术信息，通过检索工具检索，可选择美国专利信息网站等，查询到授权专利数据库 [Issued Patents（PatFT）]、公开专利数据库［Published Applications（AppFT）］两个检索系统。授权专利数据库可检索 1790 年以来已授权美国专利，全部免费提供说明书全文，其中 1975 年前的专利只提供图像格式（TIFF 格式）专利说明书，1976 年后还提供文本格式专利全文。

公开专利数据库可检索 2001 年 3 月以来公开的专利申请，全部免费提供图像格式和 HTML 格式全文。专利类型包括：实用专利（Utility Patent）、外观设计专利（Design Patent）、植物专利（Plant Patent）、再公告专利（Reissued Patent）、防卫性公告（Defensive Publication）和依法注册的发明（SIR）。美国专利商标局专利数据库每周更新。

③确定关键词句。所谓的关键词句是指遵循一定原则和规律能够直接、便捷地追寻到信息目标的词语标识。如：规范化的行业用语；专业化的学科分类；国际上通用的拼写；国外文献中频繁出现过的术语；项目涉及的重要标题；技术信息的核心概念；检索词的缩写词、变化词形；时间跨度；流行用语；确切事实等。

④初检信息内容。根据项目对信息的查新、查准、查全要求，确定检索范围。初检信息内容如不符合要求，应分析漏检和误检的原因。漏检、误检的原因非常之多，尤其是信息误检，有时哪怕是字母的大小写区分、检索词与某流行语相同都会产生失之毫厘、谬之千里的结果。提高查全率的主要方法如：选择全字段中检索；减少对文献外表特征的限定；使用逻辑"或"；利用截词检索；使用检索词的上位概念进行检索；把（W）算符改成（1N）、（2N）等。提高查准率的方法如：使用下位概念检索；将检索词的检索范围限定在篇名、叙词和文摘字段；使用逻辑"与"或逻辑"非"；运用限制选择功能；进行进阶检或高级检索。如仍不理想，另选择更合适的数据库查找。

⑤整理信息内容。所获得的信息检索内容经分析研究，须加以系统整理，形成所需要的文本，筛选出符合项目要求的相关技术信息，按一定的格式和载体予以保存或提供给信息使用者。需注明原始出处和保留信息资料全文的，还要通过记录诸如数据库网址、资料室卷宗目录、著作或论文作者、出版发行或信息发布机构等信息，以备扩大和深入检索范围及规避知识产权纠纷所用。

# 3.2　用户及技术需求信息管理

## 3.2.1　用户信息处理工作程序

用户信息处理工作流程如图 3—2 所示。

| 技术信息部 | 责任人 | 技术转移促进部 |
|---|---|---|

```
        ┌──────────┐
        │ 用户调查计划 │
        │（任务、目标）│
        └──────────┘
              │
        ┌──────────┐      ┌──────────┐
        │任务分配、分解│─────→│ 确定目标企业 │
        └──────────┘      └──────────┘
                               │
                          ┌──────────┐
                          │  访问、调查  │
                          └──────────┘
                               │
        ┌──────────┐      ┌──────────────┐
        │ 存档、输机 │←─────│ 调查资料整理、制表 │
        └──────────┘      └──────────────┘
                               │
                          ╱──────────╲
              No         ╱  分析、筛选  ╲
        ┌────────────────│            │
        │                 ╲──────────╱
        │                      │ Yes
        │         ┌──────────┐  ┌──────────────────┐
        │         │ 存档、输机 │←─│ 编制企业技术需求登记表 │
        │         └──────────┘  └──────────────────┘
        │                              │
        │                         ┌──────────┐
        │                         │  跟踪访问  │
        │                         └──────────┘
        │                              │
        │         ┌──────────┐   ╱──────────╲
        │         │ 建档备份 │←No─│  分析、筛选  │
        │         └──────────┘    ╲──────────╱
        │                              │ Yes
        │         ┌──────────┐  ┌──────────────────┐
        │         │ 存档、输机 │←─│ 编制企业技术需求登记表 │
        │         └──────────┘  └──────────────────┘
        │                              │
        │                         ╱──────────╲
        │                        │ 技术需求确定 │
        │                         ╲──────────╱
        │                              │
        │         ┌──────┐      ┌──────┐      ┌──────────┐
        └─────────│ 终止 │      │ 移交 │─────→│ 企业需求管理 │
                  └──────┘      └──────┘      └──────────┘
```

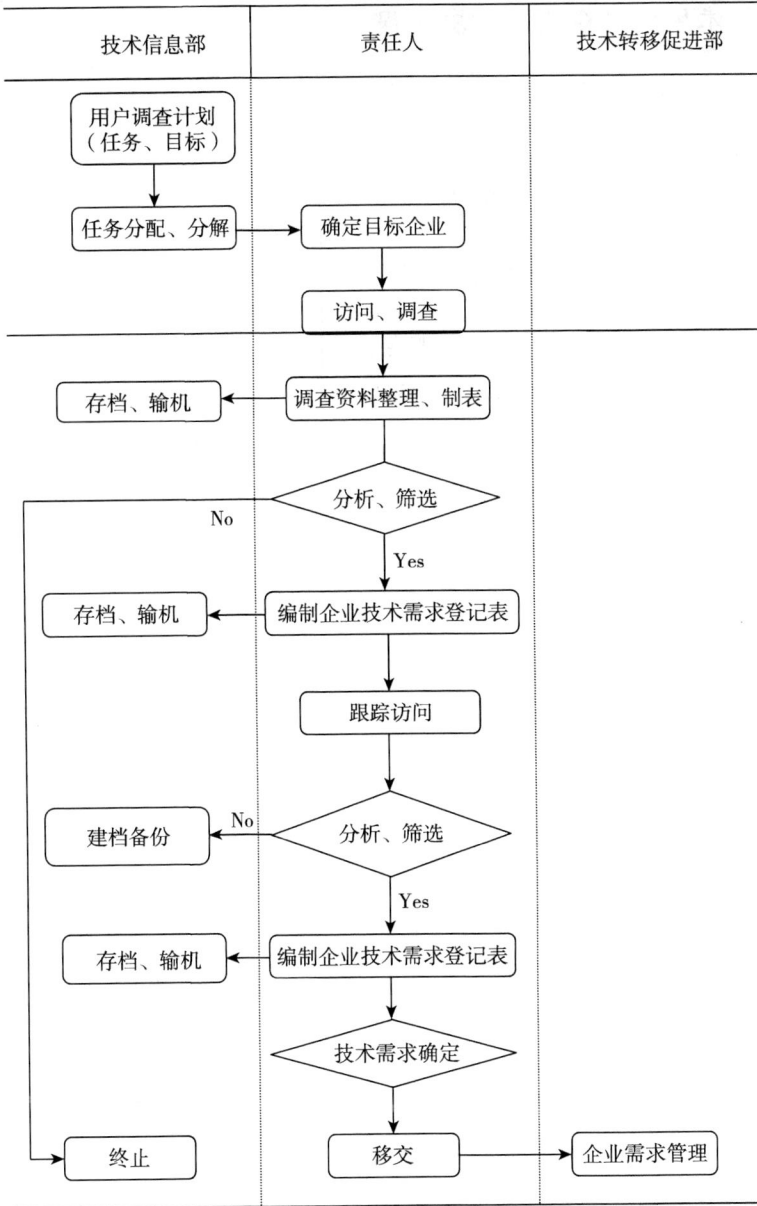

**图 3—2　企业信息处理工作程序**

## 3.2.2　技术用户（企业）开发流程

技术用户（企业）开发流程如图 3—3 所示。

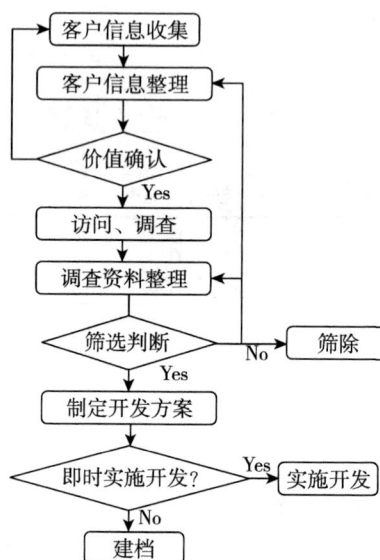

图 3—3　技术用户（企业）开发流程

## 3.2.3　用户调查表

调查日期：　　年　月　日　　　　　　　　　　　编号：

| 用户名称 | | 企业住所 | | | 办公电话 | |
|---|---|---|---|---|---|---|
| 负责人 | 法人代表 | 总经理 | 技术主管（或总工） | | 联系人 | |
| 姓名 | | | | | | |
| 联系电话 | | | | | | |
| 企业规模 | 注册资本(万元) | 总资产(万元) | 年销售收入(万元) | | 年利润额(万元) | |
| | | | | | | |
| 现有主要产品 | | | | | | |
| 产品名称 | | | | | | |
| 设计生产能力 | | | | | | |
| 实际产出能力 | | | | | | |
| 现有技术及其更新预计 | | | | | | |
| 技术名称 | | | | | | |
| 技术水平 | | | | | | |

续表

| | | | |
|---|---|---|---|
| 技术新旧程度 | | | |
| 技术研发单位来源 | | | |
| 预计更新时间 | | | |
| 进入可能性程度 | | | |
| 新技术引进预计 | | | |
| 技术名称 | | | |
| 拟引进时间 | | | |
| 进入可能性程度 | | | |
| 其他事项 | | | |
| 下次访问 | 时间： 年 月；内容： | | |

调查人： _____ 部门主管： _____

【制表说明】

(1) 本表用于反映、记载被调查企业的基本信息情况 。

(2) 本表由调查人负责填写，并归档备案。

(3) 本表中的"技术水平"，按"国际领先"、"国际先进"、"国内领先"、"国内先进"、"一般水平"、"落后技术"加以界定。

(4) 本表中的"进入可能性程度"，按"高"、"中"、"低"加以界定。

## 3.2.4 用户名册表

| 序号 | 用户名称 | 企业住所 | 行业 | 调查、访问时间 | 调查人 | 业务意向 | 下次访问时间 | 联系方式 | |
|---|---|---|---|---|---|---|---|---|---|
| | | | | | | | | 电话 | E-mail |
| 1 | | | | | | | | | |
| 2 | | | | | | | | | |
| 3 | | | | | | | | | |
| 4 | | | | | | | | | |
| 5 | | | | | | | | | |
| 6 | | | | | | | | | |
| 7 | | | | | | | | | |
| 8 | | | | | | | | | |
| 9 | | | | | | | | | |
| 10 | | | | | | | | | |
| …… | | | | | | | | | |
| …… | | | | | | | | | |

【制表说明】

(1) 本表根据"用户调查表"填制。凡已调查的企业，均列入本名册。

(2) 表中"业务意向"，记载、反映企业有无技术引进或（和）进行咨询等方面的需求意向。

### 3.2.5　技术转移潜在用户登记表

| 序号 | 企业名称 | 企业住所 | 可能的技术需求 | | 联系办法 | | 落实责任人 |
|---|---|---|---|---|---|---|---|
| | | | 名称 | 时间 | 联系人 | 电话 | |
| 1 | | | | | | | |
| 2 | | | | | | | |
| 3 | | | | | | | |
| 4 | | | | | | | |
| 5 | | | | | | | |
| 6 | | | | | | | |
| 7 | | | | | | | |
| 8 | | | | | | | |
| 9 | | | | | | | |
| 10 | | | | | | | |
| ... | | | | | | | |
| ... | | | | | | | |
| ... | | | | | | | |
| ... | | | | | | | |

【制表说明】

（1）本表用于记载、反映企业的技术需求信息。

（2）凡具有技术需求意向的企业，均在本表加以登记，并确定具体的责任人加以跟踪。

### 3.2.6　企业技术需求信息表

需求技术名称：　　　　　　　　　　　　登记日期：　　年　　月　　日

| | | | | | | |
|---|---|---|---|---|---|---|
| 企业自然状况 | 企业名称 | | 企业住所 | | 联系电话 | |
| | 企业组织形式 | □股份有限公司　□有限责任公司　□企业　□其他 | | | | |
| | 企业性质 | □国有企业　□外商投资企业　□乡镇企业　□民营企业 | | | | |
| | 注册资本（万元） | | 资产总额<br>（万元） | | 年销售收入<br>（万元） | |
| | 现有主要产品 | | | | | |
| | 产品名称 | | | | | |
| | 产出规模 | | | | | |
| 需求技术简介 | 需求技术主要技术经济参数、要求等 | | | | | |

续表

| 交易条件 | 受让方式 | | 受让价格 | | 付款方式 | |
|---|---|---|---|---|---|---|
| | 服务要求 | | | | | |
| | 其他限定条件 | | | | | |
| 要求提供的帮助 | □融资　　□投资策划　　□管理咨询　　□人才招聘与培训<br>□市场策划　　□政策咨询　　□其他 | | | | | |
| | 帮助的具体要求及内容 | | | | | |

制表人：_____　　　　　部门主管：_____

## 3.2.7　企业技术需求信息汇总统计表

| 序号 | 企业名称 | 技术名称 | 主要技术经济参数 | 交易条件 | | |
|---|---|---|---|---|---|---|
| | | | | 受让方式 | 受让价格 | 其他限定条件 |
| 1 | | | | | | |
| 2 | | | | | | |
| 3 | | | | | | |
| 4 | | | | | | |
| 5 | | | | | | |
| 6 | | | | | | |
| 7 | | | | | | |
| 8 | | | | | | |
| 9 | | | | | | |
| 10 | | | | | | |
| …… | | | | | | |
| …… | | | | | | |
| …… | | | | | | |

# 3.3　研发机构及技术成果信息管理

## 3.3.1　研发机构技术研发信息搜集、处理流程

研发机构技术研发信息搜集、处理流程如图3-4所示。

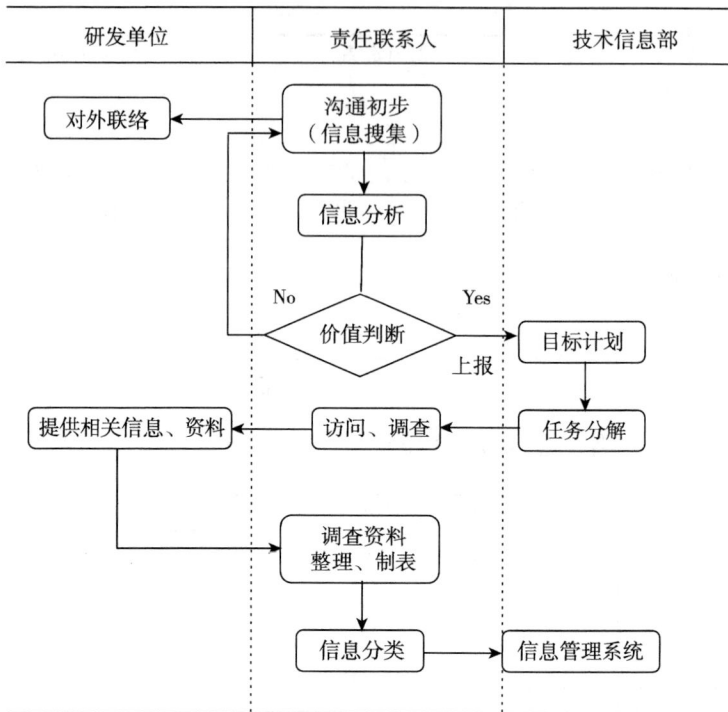

**图 3—4　技术研发信息搜集、处理流程**

## 3.3.2　技术研发机构调查表

调查日期：　　　　年　　月　　日　　　　　　　　编号：

| 机构名称 | | | 住所 | | |
|---|---|---|---|---|---|
| 设立时间 | 年　　月 | 办公电话 | | E - mail | |
| 机构类别 | □独立科研院所 | | □大专院校 | | □企业下设机构 |
| 机构性质 | □国家级重点研究室 | | □省、部级重点研究室 | | □一般研发机构 |
| 主要学科方向 | | | | | |
| 研发人数量（人） | 近 3 年已完成的技术成果数量（项） | | | 在研项目数量（项） | |
| 已转化 | | 未转化 | | | |
| 主要研发人员 | | | | | |

| 序号 | 姓名 | 职称 | 学科方向 | 最高奖项名称 | 研发成果 | 在研项目 |
|---|---|---|---|---|---|---|
| 1 | | | | | | |

续表

| | | | | |
|---|---|---|---|---|
| 2 | | | | |
| 3 | | | | |
| 4 | | | | |
| 5 | | | | |
| 6 | | | | |
| 7 | | | | |
| 8 | | | | |
| 9 | | | | |

| 主要研发成果 | | | | |
|---|---|---|---|---|
| 序号 | 研发成果名称 | 成果水平 | 项目来源 | 获奖情况 | 技术应用与生产转化情况 |
| 1 | | | | |
| 2 | | | | |
| 3 | | | | |
| 4 | | | | |
| 5 | | | | |
| 6 | | | | |

| 在研项目 | | | | |
|---|---|---|---|---|
| 序号 | 项目名称 | 项目来源 | 项目技术内容与最终成果形态 | 进度 | 预计结项时间 |
| 1 | | | | |
| 2 | | | | |
| 3 | | | | |
| 4 | | | | |
| 5 | | | | |

调查负责人：　　　　　　　　　　　　部门主管：

【制表说明】

（1）学科方向，系指技术学科方向，如电子信息技术、计算机技术、机电一体化技术等。

（2）项目来源，分为国家计划项目，省、部计划项目，横向委托项目，自选项目，其他项目。

（3）成果获奖情况，限于由各级政府授权组织评定的各种奖项和由国际公认的权威机构组织评定的非商业性奖项，包括自然科学奖、技术发明奖、科技进步奖（一、二、三等）、科技合作奖及其他。除此之外的奖励不纳入填报范围。

### 3.3.3 技术研发机构名册

| 序号 | 单位名称 | 登记表编号 | 住所 | 联系方式 | | 业务主管 | | 已结项技术成果 | 在研项目 | |
|---|---|---|---|---|---|---|---|---|---|---|
| | | | | 电话 | E-mail | 姓名 | 电话 | | 名称 | 预计完成时间 |
| 1 | | | | | | | | | | |
| 2 | | | | | | | | | | |
| 3 | | | | | | | | | | |
| 4 | | | | | | | | | | |
| 5 | | | | | | | | | | |
| 6 | | | | | | | | | | |
| 7 | | | | | | | | | | |
| 8 | | | | | | | | | | |
| 9 | | | | | | | | | | |
| 10 | | | | | | | | | | |
| ... | | | | | | | | | | |
| ... | | | | | | | | | | |

### 3.3.4 在研项目登记表

登记日期：　　年　月　日　　　　　　　　　　　编号：

| 项目名称 | | | | | |
|---|---|---|---|---|---|
| 研发单位 | | 项目研发负责人 | | | |
| 课题立项时间 | | 姓名 | 职称 | 联系电话 | E-mail |
| 课题编号 | | | | | |
| 项目来源 | □ 国家计划项目　　　□ 省、部计划项目　　　□ 自选项目 | | | | |
| 项目性质 | □ 国家重点项目　　　□ 省、部重点项目　　　□ 一般项目 | | | | |
| 项目成果用途、使用方向、主要技术特点 | | | | | |
| 技术领先程度 | □ 国际领先　　□ 国际先进　　□ 国内领先　　□ 国内先进<br>□ 重大突破　　□ 技术改进、补充 | | | | |
| 项目成果应用的主要技术经济效果预计 | | | | | |
| 项目研发进度 | | 预计结项时间：　　　　　年　　　月 | | | |

调查负责人：　　　　　　　　　　　　部门主管：

### 3.3.5 在研项目统计表

| 序号 | 项目名称 | 项目单位 | 项目来源 | 项目性质 | 项目成果应用方向 | 预计完成时间 |
|------|----------|----------|----------|----------|------------------|--------------|
| 1 | | | | | | |
| 2 | | | | | | |
| 3 | | | | | | |
| 4 | | | | | | |
| 5 | | | | | | |
| 6 | | | | | | |
| 7 | | | | | | |
| 8 | | | | | | |
| 9 | | | | | | |
| 10 | | | | | | |
| ... | | | | | | |
| ... | | | | | | |
| ... | | | | | | |

### 3.3.6 待转让项目登记表

【例1】技术成果信息登记表

| 技术持有单位 | 北京工业大学 | | |
|--------------|--------------|---|---|
| 项目名称 | 风电机组超级电容储能电动变桨距系统 | | |
| 项目负责人 | | 联系方式 | |
| 技术说明 | 技术属性说明<br>• 国内 2008 年风电装机达 12 GW，居世界第四位，预计全球 2020 年风电总装机容量达 353 GW。<br>• 电动变桨距系统是大型风电机组的核心系统之一，可改善桨叶受力状况、保证机组获取最大风能、实现快速无冲击并网，并在超高风速等情况下紧急顺桨以保证风机安全运行。<br>• 该产品目前仅为少数国外公司所拥有，如 MOOG、SSB 公司。<br>北京工业大学与企业合作，研发出具有自主知识产权的兆瓦级风电机组电动变桨距系统。 | | |

| | |
|---|---|
| 技术说明 | **技术创新点**<br>• 电动变桨距系统由伺服电机、伺服驱动器、PLC 控制单元、电源系统、传感器等组成。<br>• 变桨距控制柜、电机和减速机放置于轮毂处，每支桨叶一套，实现了三支桨叶独立调节。<br>• 伺服电机通过主动齿轮与轮毂内齿圈啮合，传感器采集桨叶节距角从而构成闭环控制系统。<br>• 能够快速响应主控制器的命令，正常工作时实现自动闭环角度跟踪；紧急顺桨时由备用电源供电把桨叶转到初始位置。<br>实用新型：超级电容储能的直流变桨距系统（200920108068.6）<br>实用新型：超级电容储能的直流变桨距系统（200920108068.6）<br>发明专利：直流电机变桨距系统及其控制方法（200910084274.2）<br>发明专利：永磁同步电机直接转矩控制装置及方法（200910086992.3）<br> |
| | **技术成熟度**<br>• 实验室样机 |
| 实用价值 | **技术的实用性和适用领域**<br>• 风力发电<br> |
| | **技术的性能和适用领域**<br>• 供电电源：$3\times400$ V AC，50 Hz；<br>• 电机系统：5 kW，3000 r/min，F 级绝缘；<br>• 防护等级：IP 54；<br>• 工作温度：$-30℃\sim+50℃$；<br>• 正常变桨速度：$7°/s$；<br>• 紧急顺桨速度：$9°/s$。 |

续表

| | |
|---|---|
| 实用价值 | |
| | 项目实施的重大前提条件 |
| | 适宜推广的地区<br>• 国内各省市 |
| 合作方式 | 对合作单位的基本要求<br>• 国内风电机组超级电容储能电动变桨距设备生产企业，具有电动变桨距设备生产实力 |
| | 合作内容<br>• 技术开发、中试融资 |

【例2】技术成果信息登记表

| 技术持有单位 | 上海工程技术大学 | | |
|---|---|---|---|
| 项目名称 | 全数字高能量密度微束等离子焊机的产品化 | | |
| 项目负责人 | | 联系方式 | |
| 技术说明 | 技术属性说明<br>• 新装备 | | |
| | 技术创新点<br>• 1. 全数字化高能量密度微束等离子焊机，最小输出焊接电流达0.05A，在技术指标和研究水平上均具有一定的国际竞争力。<br>　2. 微束等离子弧焊电弧稳定燃烧的最小焊接电流为0.05A，可靠引弧的最小焊接电流亦为0.05A，达到国际水平。<br>　3. 数字式人机交互系统，使整个微束等离子弧焊机的用户操作和现场监控在外观人机操作界面上实现了数字化，促进了此类设备的产品化。<br>　4. 超薄板微束等离子弧焊机精密工装系统和工艺问题研究，从高性能技术的微束等离子弧焊机、微束等离子弧焊精密工装系统以及工艺实验相结合的较全面的角度研究解决超薄板微束等离子弧焊精密焊接的易变形/易烧穿的工艺问题。 | | |

| 技术说明 | 技术成熟度<br>• 实验室研发 |
|---|---|
| 实用价值 | **技术的实用性和适用领域**<br>　　• 先进制造业的精密加工迫切需要高效节能型微束等离子弧焊精密加工技术，特别是高新技术产业中多种特殊功能的新型材料、新结构精密器件等的精细焊接，这种精细焊接更多地集中在对超薄、超细等精密结构件的焊接。如：医疗、设备、真空装置、薄板加工、波纹管、仪表、传感器、汽车部件、化工密封件等。可用于大多数金属的焊接，如铝及其合金、不锈钢、康铜、铁/镍、白铜、镍银、钛/钽/锆、金等。 |
| | **技术的性能和适用领域**<br>　　• 本技术主要针对以下市场：<br>　　（1）微束等离子弧焊机产品市场，特别是在技术性能指标、技术含量等方面具有国际竞争能力的微束等离子弧焊机产品市场；<br>　　（2）微束等离子弧焊技术小电流问题以及薄细结构件易烧穿变形问题解决后在精密焊接领域的广泛应用市场；<br>　　（3）微束等离子弧焊技术在材料表面改性的熔覆、重熔、喷涂等的拓展性广泛应用市场；<br>　　（4）微束等离子弧焊的系统平台的产品市场，特别是集微束等离子弧焊机、精密结构件的工装夹具、精密平稳的行走机构为一体的微束离子弧焊系统平台的产品市场。<br>　　• 本技术预计能达到的经济指标及前景如下：<br>　　（1）本项目完成的全数字微束等离子弧焊机，在技术性能指标上，电弧稳定燃烧的最小电流达 0.05A，该指标超过了国外同类产品的电弧稳定燃烧的最小电流指标（法国 SAF 公司的微束等离子弧焊机输出的电弧稳定燃烧的最小电流为 0.08A）；在技术含量上，本项目完成的微束等离子弧焊机实现了全数字化；同时，本研究完成的全数字微束等离子焊机严格按照电焊机产品制造的要求进行研制，从设备的角度具备了产品化的条件，可直接供应企业使用。因此，本项目完成的全数字微束等离子弧焊机，无论从技术性能指标上，还是从技术含量上，具有一定的国际竞争能力。<br>　　（2）目前国际最先进的微束等离子弧焊机系统是法国 SAF 公司的微束等离子弧焊机系统，在我国境内的每套销售价格为 23 万元，国内尚缺乏同时具备成熟的、高技术性能指标、高技术含量等条件的微束等离子弧焊机系统。本项目完成的全数字微束等离子弧焊机系统，每套价值 3 万元，考虑到我国国内目前对此类微束等离子弧焊机系统的需求主要靠进口，若本项目完成的全数字微束等离子弧焊机系统投入生产进入市场后，每套可为国家节省 20 万元，当形成相当的生产规模后，预计第一年国产数字化微束等离子弧焊机系统需求量超过 1000 套（占整个国内市场需求量 20%，目前国内市场全部靠进口），第一年可为国家节省超过 2 亿元，对生产企业而言，预计第一年新增产值超过 3 千万元，净利润超过 600 万元；以本项目完成的全数字微束等离子弧焊机系统的价格比优势和我国产品的出口势头，按 20%出口计算，预计每年出口额 85 万美元， |

| | |
|---|---|
| 实用价值 | 每年的税金总额 240 万元。<br>　　（3）本项目微束等离子弧焊技术小电流问题以及薄细结构件易烧穿变形问题的研究和解决，为精密焊接领域的广泛应用开辟了一定市场，主要在两个方面：一是取代 TIG 焊接工艺的薄板焊接，TIG 焊接工艺的薄板焊接的缺陷在于无法解决小电流电弧稳定性和焊接设备问题，并且 TIG 焊接工艺很难进行除薄板以外的其他精细结构件的焊接以及如钛等新型特种材料的精密焊接；二是超薄细结构（最小尺寸达 0.1mm 甚至更小）的精密焊接。<br>　　（4）本项目完成的微束等离子弧焊的高新材料精密加工和研发平台为微束等离子弧焊技术在材料表面改性的熔覆、重熔、喷涂等拓展了广泛应用市场。在实际生产中，零件因表面破坏而失效占有相当的比例，据统计，每年国内因腐蚀每年损失 100 亿～150 亿之多。微束等离子弧焊的基体材料表面抗腐蚀、耐磨、耐高温等的热喷涂、熔覆、重熔，可对小型零件通过强化表面性能而防止表面破坏或进行表面修复，减少经济损失。因此，本项目完成的微束等离子弧焊的高新材料精密加工和研发平台的拓展性广泛应用，预计每年挽回国内因腐蚀损失 100 亿～150 亿元。<br>　　（5）本项目完成的全数字微束等离子弧焊机价值在 3 万元，激光焊和电子束焊机的价值均在几百万元，小电流领域的微束等离子弧焊机可取代小功率的激光焊机和电子束焊机，每套设备可为国家节省上百万元，并且其维护成本远低于激光焊机和电子束焊机。 |
| | 项目实施的重大前提条件<br>　•　该项目是节能环保型微束等离子弧焊精密加工技术，是对新型材料、新结构、精密器件等的精细焊接 |
| 合作方式 | 适宜推广的地区<br>　•　国内各省市 |
| | 对合作单位的基本要求<br>国内焊接设备生产企业，具有焊接设备生产实力 |
| | 合作内容<br>　•　（1）技术转让；<br>（2）合作生产；<br>（3）技术服务。 |

## 3.4　科技专家信息管理

### 3.4.1　科技专家信息管理流程

科技专家信息管理流程如图 3—5 所示。

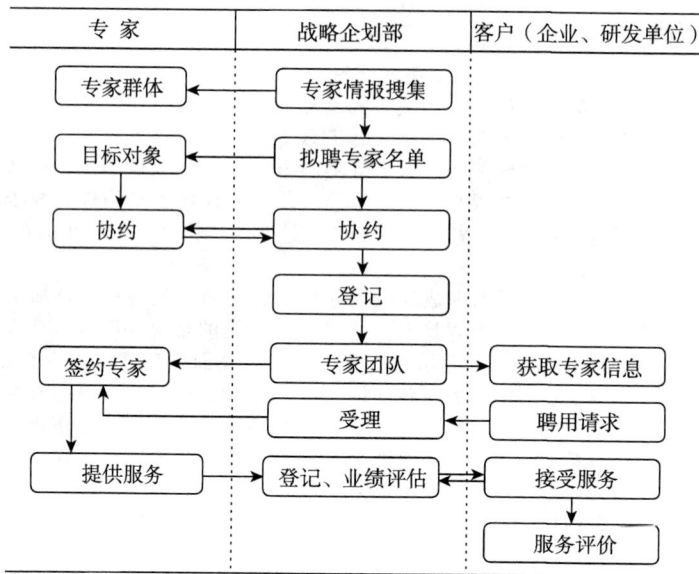

图 3－5　科技专家信息管理流程

## 3.4.2　科技专家登记表

登记日期：　　年　月　日　　　　　　　　编号：＿＿＿＿＿＿＿＿＿＿

| 姓名 | | 职称 | | 学科方向 | 专业特长 | |
|---|---|---|---|---|---|---|
| 工作单位名称 | | | 联系方式 | 联系电话 | 传真 | E－mail |
| | | | | | | |
| 业务工作阅历 | | | | | | |
| 主要业务工作成果 | | | | | | |
| 代表性研发成果的技术经济特点及其效应 | | | | | | |
| 其他相关事项说明 | | | | | | |

【制表说明】

（1）本表用以记载、反映专家的个人专业水平及其已有业绩情况。

（2）本表由专家自己或由技术转移服务机构战略企划部人员代为填写。

（3）本表由战略企划部输机归档管理。

## 3.4.3 科技专家名册

统计日期： 年 月 日

| 序号 | 姓名 | 职称 | 学科方向 | 专业特长 | 代表性重大成果 | 备注 |
|------|------|------|----------|----------|----------------|------|
| 1 | | | | | | |
| 2 | | | | | | |
| 3 | | | | | | |
| 4 | | | | | | |
| 5 | | | | | | |
| 6 | | | | | | |
| 7 | | | | | | |
| 8 | | | | | | |
| 9 | | | | | | |
| 10 | | | | | | |
| … | | | | | | |
| … | | | | | | |

制表人： 部门主管：

【制表说明】

（1）本表用以反映技术转移服务机构的专家队伍情况。

（2）本表由战略企划部负责编制，并进行跟踪管理。

## 3.4.4 科技专家服务报告表

登记日期： 年 月 日 编号：

| 专家姓名 | | 职称 | | 学科领域 | | 专长 | |
|----------|--|------|--|----------|--|------|--|
| 接受服务的单位 | | | 服务地区 | | 服务日期 | | |
| 求解问题的名称、内容、重点、难点和所属学科领域 | | | | | | | |
| 问题的解决过程及其效果 | | | | | | | |
| 接受服务单位、业界反映 | | | | | | | |

制表人： 部门主管：

【制表说明】

（1）本表用于记载、反映委派专家外出从事相关专业服务及其效果情况。

（2）专家外出从事的专业服务包括技术服务、技术咨询、经济与管理咨询、专题报告及讲学等。

（3）凡经由技术转移服务机构委派有关专家从事专门服务的，均由本表加以登记。

（4）本表由技术转移服务机构战略企划部负责填写。

## 3.4.5　科技专家服务统计表

（起止日期：自　　年　月　　日至　　月　　　日）

登记日期：年　　月　　　日

| 序号 | 专家姓名 | 职称 | 服务对象、时间 | | | 问题名称 | 学科 | 备注 |
|---|---|---|---|---|---|---|---|---|
| | | | 单位名称 | 地区 | 日期 | | | |
| 1 | | | | | | | | |
| 2 | | | | | | | | |
| 3 | | | | | | | | |
| 4 | | | | | | | | |
| 5 | | | | | | | | |
| 6 | | | | | | | | |
| 7 | | | | | | | | |
| 8 | | | | | | | | |
| 9 | | | | | | | | |
| 10 | | | | | | | | |
| ... | | | | | | | | |
| ... | | | | | | | | |

制表人：　　　　　　　　　　　部门主管：

【制表说明】

（1）本表用以记录和反映报告期内（月、季、年度）委派专家外出从事专业服务的情况。

（2）本表由技术转移服务机构战略企划部定期（月、季、年度）进行编制。

## 3.4.6  科技专家求助表

制表日期：    年    月    日

| 求助单位名称 | | | 住所 | | |
|---|---|---|---|---|---|
| 联系方式 | 联系人姓名 | 办公电话 | 移动电话 | 传真 | E - mail |
| 需要专家解决的问题 | 问题类别 | ☐ 技术服务  ☐ 技术咨询  ☐ 管理研究与咨询<br>☐ 战略咨询  ☐ 市场策划<br>☐ 专题报告  ☐ 专业培训  ☐ 法律咨询<br>☐ 政策咨询  ☐ 发展研究与咨询 | | | |
| | 问题的具体内容、难点、重点 | | | | |
| 解决问题的时间、地点 | | | | | |
| 对专家的特别要求（理论功底、解决实际问题的能力、工作风格等） | | | | | |

【制表说明】

有求助专家的单位，填写本表，以传真或 E - mail 方式传递到技术转移服务机构战略企划部，战略企业划部即根据求助单位的需求、特点，安排专家前往帮助企业解决有关问题。

# 第四章 技术转移成果评估

技术转移成果评估，是根据技术转移的目的，由技术转移机构或委托机构的专业人员对行将转让的技术进行客观、公正的综合评价和估算。技术评估也称技术评价，其概念和内涵因技术评估的目的不同而有较大差异。如企业购买专利技术和研究机构科研项目结题，列入产业规划中的发明技术和为缩短项目周期采用的管理技术，所进行的技术评估会在评估范围、评估内容、评估方法等方面有各自不同的侧重点要求，有各自不同的深度、广度要求。

本章的主要内容有：技术转移成果评估的内容特点；技术转移成果评估的服务流程；技术转移成果商业价值的评估。

## 4.1 技术转移成果评估的内容

### 4.1.1 技术转移成果评估的特点

技术转移成果评估尽管包含技术主体自身，但技术主体绝不是技术评估的主要内容。技术评估的对象是技术转移过程中的技术活动，技术评估的主要内容是通过专门的机构和人员，依据客观事实和数据资料，按照专门的规范、程序，遵循适用的原则和标准，运用科学的方法，对运用该技术而实施的项目的综合评判。宏观意义上的技术评估不仅包括技术可行性、经济效益、市场环境和环保资源制约等硬性指标的评价，还要对相关联的法律、政治、伦理、习俗、物候、灾患等难以预见的软性问题进行预估，同时还包括制定有关评估政策、研究评估标准、选择评估方法和建立监控系统等。

科学技术管理中特定概念的技术评估（Technology Assessment），源自美国未来学家丹尼尔·贝尔《后工业社会的来临——对社会预测的一项探索》一书。由于很多新技术的应用在创造社会财富和满足人类各种需求的同时，对人们的道德观念、心理、生理，对人类的生存环境及可持续发展等多方面产生了日益严重的负面影响，很多生态危机甚至是"不可逆的非容忍性的"，为了对科学技术发展的各种负面影响进行全面的宏观研究，早在 20 世纪 60 年代，西方国家就开始技术评估体系的全面建设，从组织、规划、立法等多方面规范和细化了技术评估活动。技术评估成为特定概念，它既是科学技术管理不可或缺的环节，又是技术转移工作的重要组成部分和运行保障。

技术评估的目的性决定了技术评估的差异性。技术评估应遵循的原则，实施的基本程序和基本要求，不受技术类别差异、技术价值差异的影响。技术评估的目的性受制于国家、社会、经济的发展目标和国家的政治经济管理体制。我国与西方发达国家在技术评估的差异影响因素中，就业、生态、资源利用、环境保护、产业结构、税收政策、评估机构隶属等宏观因素，影响最为明显，技术应用的效率和后续影响的巨大差异也是显而易见的。而在以中小企业为服务主体的微观层面，我国技术转移工作中的技术评估，更多的是面向产学研技术转移链条中技术的商业价值。由于利润是企业的第一追求目标，以及微观层面技术评估的行业垄断性相对松懈，委托方明确的目的性和受委托方行业的竞争性，使得我国微观层面的技术评估活动与国际先进水平的差距日渐消失。

技术转移成果评估是通过筛选技术交易项目所涉及的技术，分析其是否有市场前瞻性、有创新性，所进行的商业化评估，为技术的进一步配套、分环节、分产业、分类型集成开发、中试、产业化打下基础。

技术转移中的技术评估对象主要是具有商业价值和转移推介前景的技术成果。技术评估的主要内容是技术的可行性、经济性、安全性等方面的价值利益分析和技术的非常规及负面影响研究。

简单的技术评估就是企业内部为研制开发符合市场需要、有竞争力、有生命力的新技术产品，对技术预测所提供的不同课题和方案的技术经济评价。随着科学技术的高速发展和经济规模的膨胀，资源的严重短缺和经济全球化带来的激烈竞争，使企业自行研发使用新产品、新技术的技术评估活动扩展到技术转让、技术购买、技术合作等多种形式的技术转移过程中，企业技术评估的目的自然地转向调度使用自己有限的人、财、物力资源，最大限度地优化企业的经营环境，谋求长期经济利益的最大化。技术评估的委托方通常是技术转移的受让方，但技术评估也是技术转让的双方共同面向市场、谋求最大预期利益及减少推广或应用该技术风险的过程。

技术进步是一面双刃剑，全球性的生产过剩与粮食危机、能源危机等矛盾并存，发达国家乳腺癌、肥胖症等发病率居高不下，发展中国家环境污染程度大大超过 GDP 的增长速度。社会的进步越来越重视技术应用过程中对人类的身心健康、生态环境和社会政治经济体系的影响问题，并找出对策和替代方案。

从纵向层面划分，有企业（民间团体）、国家（政府）、国际（跨国集团）等不同层面的技术评估。企业的技术评估，多以商业价值为核心目标，以单一的技术为评判对象。国家层面技术评估则从全民整体利益出发，凡关系到国计民生的重大技术项目的立项和实施都应进行技术评估。除重大技术项目评估外，国家层面的技术评估范围还应包括科技规划、科技机构、科技布局、科技政策、科技队伍等多方面的专业评估和综合评估。全球的技术评估，有联合国及其下属组织委托的技术评估，有国际联盟组织机构进行的技术评估，有跨国公司组织的技术评估，国际技术评估就是打破地域界限，从跨国、全球乃至外太空的视野，评估技术方案的预前、预中、预后结果，如温室效应的碳交易因应技术评估，H1N1 流感防控技术评估，北约的防导技术评估，中欧 GPS 铱星系统技术评估等。西方国家有很多所谓的技术创新，实质上是一种观念创新，是一种强势经济和强权政治背景下的知识产权战略。VCD、DVD 编解码格式，GMS 电信标准，金融衍生工具等，这些支付巨额代价引进和使用的创新技术，有一部分类同于抢注域名，再高价转手获利一样简单；有一部分是国家和行业先行一步制定的技术标准。技术标准既不是"专有技术"，更不属技术发明，技术所有者利用低价或免费策略在产品占领市场后再另行收费或获取产品的超额利润；更有一部分所谓的创新技术，从一开始便是精心设计的"陷阱"。汹涌自 2007 年的金融"海啸"，就不乏"推波助澜"的高新技术。国际技术评估中的不公正、不对等现象，多与国家的宏观技术、经济、法律政策有关，技术评估机构应尽到中立、科学、前瞻等全方位的责任。

从横向板块划分，有产业、区域、联盟等不同板块的技术评估。产业的技术评估，如农业、工业、贸易等传统产业，多是产业升级、技术改造、成套设备引进中的技术评估，评估内容多有据可依，有章可循。新兴产业的评估内容增加了知识产权类的诸多复杂问题。归类评估，可以节省很多共性问题的研究成本，可以利用很多成熟的技术经济资料，可以积累前沿的学科案例和创新的工作实践。区域的技术评估，如环渤海区、长江三角区、泛珠江三角区等。在同一产业导向、区域资源、经营环境条件下集中的产业园区，社会化、专业化的优势体现在方方面面，技术评估也不例外，区域性的科技产业园区，技术评估亦事半功倍，绩效卓然。联盟是一种流行的、疏密结合的新型托拉斯。从松散联合的产学研联盟到实体性的奶业、啤酒业等联盟，大量新型联盟摆脱了原有的条块分割管理体制。由养殖业、互联网业、证券保险业、传媒娱乐业等多领域、多专业相互渗透持股的高新技术企业，比比皆是。这些以新科学、新技术、新概念、新模式为纽带的新兴经济载体，给技术评估工作带来新的研究课题和严峻的实践挑战。新型联盟技术评估真正的工作难点不在于转移技术的自身评价，相关的科技政策、产权结构、收益界定、权责关联等众多新概念、新法规的理解认定，潜在风险的揭示化解，空白法理的诠释规避，这一系列的新问题才是技术评估人员面临的考验。

技术转移成果评估的具体内容包括技术可行性评估、经济效益评估、专题技术的综合评估等内容。

## 4.1.2 技术可行性评估

包括的内容有：

（1）技术的任务依据及来源。是源于自主研发还是合作开发或国外引进；是国家或省部级的科研课题还是企业的研发项目；是重点项目还是一般项目，如系重点项目，是哪一个层面、级别的项目。

（2）技术的主要性能指标、参数和技术的成熟程度及水平层级。

（3）技术及产品的标准化程度及水平。是否符合国家或行业的有关技术标准及产品标准的要求，新产品与其达到的标准化系数和对材料及元器件的标准化要求等。

（4）技术应用及其产品生产的难易程度

（5）技术的适用程度。主要评价内容是技术与技术使用方的经营条件和经营环境是否适配。由于不同的国家和地区普遍存在着政治、经济、文化差异，存在着配套技术和技术人员水平的差异。不同的企业要因地制宜，选择与自身技术力量、基础设施、产业配套能力、资金实力和管理敬业等方面条件相适应的技术。要全面权衡高新技术、先进技术、适用技术和拥有自主知识产权的原创技术之间的应用利弊。不可盲目追求最新技术和最新设备。

高新技术（High Technology）。是指在特定时间内反映科技发展最高水平，能够带来高效益，并能够向经济、社会领域广泛渗透的技术。高新技术是处于科学、技术和工程前沿的科技群体。当今重点开发的高新技术领域主要有信息技术、生物技术、新材料技术、能源技术、空间技术、海洋技术等。高新技术应用的高收益和高风险成正比。

先进技术（Advanced Technology）。先进技术是指在当代世界范围对推动生产力发展起主导作用，且居于领先地位的技术。先进技术是相对于中间技术、落后技术、淘汰技术而言的，是在一定时间、空间条件下的一个动态概念。先进技术通常有较高的人员素质要求和配套条件要求，且转让价格较高。

适用技术（Applicable Technology）。是指技术受让方为了达到一定的目的，在可能选择的多种技术中最适合自己企业人、财、物力条件，并能实现最佳经济效果和其他社会效果的技术。适用技术既包括高新技术概念的先进技术，也包括中等水平的中间技术和落后技术中的改良技术或组合技术。适用技术其性价比最高。

原创技术（Originality Technology）。是技术持有人自主研究、开发或受让的，有市场竞争性垄断潜力的新技术。原创技术可以是随设备、项目一起转移的专有技术，也可以是经注册形成工业产权或著作权的垄断技术。重视和选择原创技术的重要意义在于自主知识产权。知识产权不仅自身可以作为商品进行买卖交易，还可以带来更多的其他权利和利益。除专有技术、专利技术外，原创技术可以获得诸如著作权及邻接权、商标权、地理标志权、工业品外观设计权、集成电路布图设计权、商业秘密保护权等多种知识产权的保护。原创技术的垄断优势演化为市场竞争优势后，将最有潜力成为产业核心技术和国际主导技术。关键领域前沿的原创技术不仅能主导一个企业的经济命脉，还能影响到一个国家在世界上的竞争地位。

## 4.1.3　经济效益评估

技术是手段，经济效益是目的。技术转移的最终目的是通过增强竞争能力来实现最佳的经济效益。现代市场中，企业的竞争已由货物贸易、服务贸易、技术贸易的市场领域迁移至知识的累积和技术的创新研究领域。

经济效益是人们在生产经营活动中，为达到一定经济目的，所投入资源与所产生成果的比较。工农业生产、服务和物流等领域的经营活动有很明确、很直接的效益目的，而军事、教育、民政等政府与部门以及慈善、行业协会等民众组织的投入产出是以社会效益和工作效率等指标体系来比较分析的，它不直接产生科技量的经济效益，我国大量存在的企业化管理的事业单位则另当别论。

1. 经济效益评估的主要内容

（1）技术及其产品的用途、使用范围；

（2）技术及其产品的发展前景及其市场适应与竞争能力；

（3）技术及其产品预期的生产建设投资规模；

（4）技术及其产品的经济、社会效益等。

2. 经济效益的经济指标的衡量

从成本和效益的角度分析，技术转移的经济效益和财务表现的主要作用，一是规避投资风险、减少盲目投资，投资回报是决定技术是否能转移的首要指标。二是保障投资项目的正常运行，如项目的投融资规模、资金的均衡调度、投资的回收期限分析等是保证项目正常运行的基本条件。三是追求利益最大化。通过盈亏平衡点、需求弹性、风险系数等真实的数据和科学的指标分析，帮助提高决策水平和管理层次，通过挖潜增收、节流减损，最终实现经济利益最大化。

经济效益可以用不同的经济指标来衡量。主要指标有成本效益分析、投资收益率、投资回收期、内部收益率、净现值、盈亏平衡点分析等。最常用也是最直观的指标是成本效益分析和投资收益率分析。

（1）成本效益分析（Cost Benefit Analysis）

成本效益分析可以分两个侧重角度，一是在既定的效益预期下，合理利用资源和实现投入最少；二是在既定的投入条件下，实现的产出最大。投入即成本，是投入项目中的人工、材料等方面的总成本。产出即效益，是项目所产出的所有有形和无形收益，可直接计算和需通过折算的收益。分析测算的结果，理想的投资方案应该是收益大于其成本，并且应该超过金融机构有保障储蓄的平均利率。成本、收益比较如表 4－1 所示。

表 4－1　成本效益分析表

| 成　本 | 效　益 |
|---|---|
| 费用类别： | 效益类别： |
| 人工费 | 增加产量 |
| 材料费 | 提高质量 |
| 设备费 | 节约水电 |
| …… | 减少管理费用 |
| 费用细化： | 品牌知名度 |
| 生产人员费用 | 延期交货损失（负面效益） |
| 管理人员费用 | 环境污染罚款（负面效益） |
| …… | …… |

（2）投资收益率（Return on Investment，ROI）

即项目在整个收益期内的年收益和投资总额的比值，其一般表达式为：

$$ROI = NB/K$$

其中，$NB$ 为正常年份的净收益，可以是年利润额或年利税总额；$K$ 表示投资总额；$K = \sum Kt$，$Kt$ 为第 $t$ 年的投资额，$K$ 可以是全部投资额，也可以是合作投资所得权益投资额。

投资收益率的基本表达式可以引申出多角度的各种计算方法，如内部收益率、外部收益率等。不同投资规模的项目，使用的分析指标繁简不一，高新技术项目中，创投风险、权益认定、融资能力、现金流、税负分类、分红方式等分析内容日趋复杂。

## 4.1.4　技术转移中的农业技术评估

农业技术评估相对于工业技术转移和服务贸易中的技术评估，有很大的难度，这种困难既不在于农业技术自身的特点，也不在于农业技术评估机构和人员在整个技术评估行业中仍处于一种"短板"地位，而是在于农业技术（项目）转移关联性因素的复杂性和政府产业结构和利益分配的宏观调整能力的不确定性。

表面上看，世界大多数国家都给予农业高度重视，给予农产品生产和销售等环节以免征税收和财政补贴的优惠政策，而实质上是由于农业自身的地域特性和农民自身的传统局限性决定了农产品能够长期以微利或低于成本的价格进行市场交易。当今世界存在着机械化、生物化的现代农业的同时，还存在着刀耕火种的落后自然经济农业。农业的土壤、气候等地域特性决定了农产品品种和产量调整的被动性，一个地区范围内的作物品种无法随市场需求的变化做大的替换，如小麦与水稻，苹果与香蕉，产量也无法与投资量成比例地增减。现代物流发达的农产品市场价格的大起大落，主要取决于政府的调控能力和商业的投机行为，而与农产品的成本和农民销售意愿关联很小。丧失确定农产品品种、产量、价格主动权的农民，长期的习惯、观念、素质，默认了农产品在市场经济条件下价值与价格的长期背离。从 20 世纪 50 年代起，政府管理机构和学术界一直致力于消灭三大差别，但工农产品剪刀差却不但没有缩小反而成扩大趋势（城乡差别 1978 年为 1：1.6，2010 年为 1：3.2）。由于价格不能真实反映价值，农业技术的评估出现严重背离现实的现象，如同同一地段小产权房与大产权房价格与价值严重背离一样，直接成本与经济效益往往不能说明实质问题。

近年来很多热点农业技术引起了重新评估的争议，如转基因技术、太空失重育种技术、辐射育种技术、食用油脂浸出技术等。农业技术评估的热议除了由农业技术自身的重要性而引发的之外，更重要的是某些发达国家基于自身利益的长期战略，利用各种农业先进技术已经染指并控制了中国的部分种植、加工产业以及相关的消费市场，如从黑龙江的大豆开始，到华北的玉米、直到全国的棉花。外资企业巨头从种植、收购、加工可随心所欲地掌控战略实施的时间和市场额度，如国外垄断资本控制了中国 66％的食用油脂加工企业，控制了全国 85％的生产加工能力，曾经全面掌控过中国的棉花种子市场。

1. 社会影响的评估问题（以对人体健康的影响为例）

尽管我国建立对转基因动、植物品种授予专利的制度，但以往引进国外的产品和品种权方面的评估论证，主要是从其环境适应性、品种质量、单位产量等经济成本指标着眼。其实专项科学技术与项目评估应更多地着眼于中长期利益，更多地着眼于潜在的负面影响和对人类身心健康存在的影响。

如著名经济学家、地缘政治学家威廉·恩道尔曾说过：尽管很多的科学家声称转基因作物其实对我们是有好处的，但实际上很多独立科研机构的研究结果都不被公布。在我调查的每一个案例当中，都显示转基因作物是有害的。不仅对动物像牛犊有影响，甚至会对怀孕中的妇女带来危险。

一些独立研究机构的科学研究显示，转基因作物可能对人类健康有以下影响：

（1）转基因产品可能会对人体机能产生负面影响。转基因作物的组成物质与非转基因作物相比有较大变化，如转基因大豆，植物凝血素提高了约 1 倍，蛋白酶抑制剂高 26.7%，而蛋白质和苯丙氨酸明显下降，维生素 B2 复合体胆碱的含量低 29% 等，这些组成物质的变化可能会导致人体生长缓慢；转基因大豆还含有一种类似雌性激素的化学物质，它会影响人体荷尔蒙，并可能损害免疫系统。此外，有证据表明，转基因大豆食品与非霍奇淋巴瘤发病率的升高就有一定的相关性。

（2）转基因大豆及其产品可能对人体产生过敏反应。全世界有近 2% 的成年人和 4%～6% 的儿童发生过食品过敏，而 90% 的过敏是由蛋、鱼、贝壳、奶、花生、大豆、坚果和小麦 8 种食物引起的，转基因大豆由于其引入外部基因，所以可能对人体更容易产生过敏反应。世界上一些国家也证实了转基因大豆存在一定过敏性。

（3）转基因产品可能会影响人体对抗生素产生抗性。转基因作物中引入了外部基因，如果这些抗生素标记基因进入人体，则有可能转移到有害的致病菌中，从而使它们产生耐抗生素的能力，降低抗生素的临床有效性，也可能使人体对很多抗生素产生抗性。

（4）转基因产品可能引起跨物种感染，使人类感染动物的疾病，带来严重灾难。转基因食品中引入特定的基因或病毒，为跨物种感染埋下了通道。尽管转基因食品引起跨物种感染的发生概率非常小，但考虑到它的破坏性之大，不得不加倍慎重对待。

（5）转基因作物存在未知 DNA，可能带来新的不安全。人类对转基因作物的研究很可能超出人类控制的范围，转基因作物很可能发生人类没有预料到的变化，当然也可能给人类健康安全带来新的风险。

2. 环境和生态影响的评估问题

转基因生物有可能对生态环境造成影响。

（1）对生物多样性的潜在影响。能够大面积推广种植、养殖的转基因生物，必定有其看得见的品种优势、摸得着的经济效益，经济利益会排斥或减少非转基因的种植、养殖。

（2）品种优势的间接影响。我国引进的转基因棉花新种 33B，最受棉农欢迎的是其抗棉铃虫特性，因为棉花质量不出 3 年便会衰减，其衣分率由 40% 左右降至 30% 多一点，所以质量优势不是最主要的。但 33B 棉花抗棉铃虫而不抗蚜虫、红蜘蛛等其他害虫，没有了棉铃虫，其他害虫则大量出现。防棉铃虫的成本与防其他大量害虫的成本，在转移因棉花出现之前是无法评估的。另外如转基因大豆，一个主要品种优势是耐除草剂。这意味着可以使用更大剂量的除草剂灭草，从而节省人工除草成本，以及杀灭更多种类的杂草。阿根廷全国几乎全部种植转基因大豆，除草剂用量多在11％以上，这无疑会增加抗性杂草的蔓延。

（3）种植、养殖条件对生态系统的直接影响。如新品种的杀虫剂对环境的影响，除草剂在土壤、水系中存留的直接影响。有研究证实，草柑膦（除草剂成分）融入地下水系，当温度升高，pH值超过7.5时，会对水生态系统产生毒副作用。

3. 植物品种权转移的经济效益评估问题

植物新品种权（Plant Variety Right）又称育种者权利，是国家授予植物新品种的培育者（单位或个人）利用其品种而获得利益的权利。植物品种权转移有一次性交易，即商品化转让和资本化投资，即品种权作价入股，从而形成使用权部分或全部转移等形式。

植物的种权入股是指持有人（或出资人）以其拥有的植物品种权（所有权、使用权、生产经营权、销售权）作为无形资产折价入股，与其他资本融合投入到生产经营，共担风险，共享利润。植物种权入股后，原品种权取得股东地位，相应的植物品种权转归公司享有。从实施角度看，是把知识形态的农业知识产权转变为生产力的过程，从经营角度看，它是拥有者为获取更大收益而参与企业投资的行为。

植物新品种在使用权行使过程中还能衍生出新的育种技术〔如延迟退化技术、加速度退化技术（种子垄断）〕与相应的植保技术、水肥技术、储运技术、加工技术等一系列新知识、新技术、新专利。

表 4—2　中国 1999～2008 年不同性质单位植物品种权申请与授权总量情况

| 单位性质 | 申请总量（件） | 授权总量（件） | 授权数占总授权量的比例（％） |
|---|---|---|---|
| 国内科研 | 2773 | 1023 | 54.82 |
| 国内教学 | 425 | 180 | 9.65 |
| 国内企业 | 1783 | 561 | 30.06 |
| 国内个人 | 309 | 24 | 4.18 |
| 国外企业 | 245 | 24 | 1.29 |
| 国外个人 | 15 | 0 | 0 |

资料来源：农业部植物新品种保护办公室，1999～2008 年品种权申请登记情况汇总表（2008 汇编）。

近几年植物品种权申请量越来越大，不论是商品化转让或资本化投资，植物品种权转移的速度都在明显加快，尤其是国外的植物品种权在我国农业技术转移活动中占有举足轻重的地位。

植物品种权转移的经济效益评估的最为简单的计算方式是：

对植物品种权人，入股项目可行的最低条件是：

期望收益 $E = P(r)\left(\dfrac{rR}{1-i} - A\right) \geqslant 0$，即 $P(r)\left(\dfrac{rT/P(r)}{1-i} - A\right) \geqslant 0$

由此可得 $P(r) \leqslant \dfrac{Tr}{A(1-i)} = P*$

由上式得出品种权人入股的条件为：$r \geqslant \dfrac{P(r)A(1-i)}{T} = \dfrac{A(1-i)}{R}$。令

$R/A = \lambda$，则有 $r \geqslant \dfrac{1-i}{\lambda}$。$\lambda$ 反映了品种权入股预期未来的获利能力，入股项目收益 $R$ 越大，$\lambda$ 越大，植物品种权的入股比例 $r$ 越小。

由上述公式可以看出：

需求方可以通过植物品种权入股方提出的股份比例要求识别出入股植物品种权的质量。优质植物品种权资本产生的长期收益可以补偿低股利支付率带来的损失，而表现不是很良好的植物品种权则恰恰相反，必须通过提高合作初期入股比例来弥补因获利潜力和持续获利能力不足导致的低收益。

对表现不良好的植物品种权来说，更倾向于采取一次性交易的方式进行合作，可以一次性收回确定数额资金弥补研发投入。

对于优质的植物品种权，入股合作也因此逐渐取代植物品种权一次性交易，成为植物品种权实施的主要方式。

4. 主要风险及应对措施的评估问题（技术性贸易壁垒案例）

农产品技术贸易壁垒（Technical Barriers to Trade，TBT）在全世界技术贸易壁垒影响的所有产品中，中国的农产品受害最为严重。随着经济全球化的迅速发展和 WTO 成员构成格局的改变，国际贸易中传统的关税壁垒和非关税壁垒摩擦呈现出缓和与减少趋势，而技术型贸易壁垒则愈演愈烈，后果日趋严重，这不仅成为发展中国家国际贸易中平等竞争的主要障碍，更成为发展中国家技术转移中的诱饵和陷阱。通过对 TBT 原因、经济、政治本质及其形成过程进行的背景分析就不难发现，发达国家设置技术贸易壁垒除了正当的竞争保护外，还存在很多精心设计的诱饵和陷阱，如美国的孟山都、法国利马格兰、瑞士先正达等大型种子公司，这些公司在销售种子牟取暴利的同时，还能根据基因图谱随时握有发达国家进口标准，并随时握有何时追究引进方繁育种子侵权的把柄。

针对 TBT 内容上的广泛性、形式上的合法性、方式上的隐蔽性、对应上的不公平性，我们在进行技术评估时一定要从主动性和应对性两方面做好防范和应对措施。

（1）被动应对措施

a. 建立技术性贸易措施预警机制，使企业及时了解国外的技术要求。如了解国外农药、食品添加剂、重金属、天然毒素及工业污染物等最大限量要求等。

b. 建立便于企业查询的国外市场技术准入数据库以及歧视性的技术法规和标准要求档案库。

c. 鉴于国外技术法规、标准、检验认证等要求更新、变化快，难以跟踪，应由专门的技术评估队伍有针对性地对进口国新的技术要求进行调研分析，并对相关企业进行培训服务。

d. 在中国建立和完善国际认可的实验室测试设施。

（2）主动性应对措施

a. 拒绝引进产品不能返销的农业技术和动植物品种权。这是主动防范陷阱的有效办法之一。

b. 以欧美发达国家的通用技术标准为基础建立合资、合作企业，以全球性市场为基础进行技术引进和技术出口。

## 4.2　技术转移成果评估的服务流程

### 4.2.1　委托沟通

委托沟通是一项从双方接触即行开始的工作。委托人多为技术引进方即技术购进方，买方市场条件下，技术评估方只是委托方众多合作对象的选择之一，技术评估方需凭借自己的技术经济实力和品牌信誉来取得委托方的初步信任。在达成基本共识的前提下，委托方向评估方提出委托，并就技术类别、评估要求、进度、收费标准等基本事项进行沟通商谈。

### 4.2.2　明确目标

明确评估的目的，是整个评估工作的起步前提，是决定工作成败的关键，否则会失之毫厘、谬之千里。评估的根本目的是客观公正地对委托方给予专业的科学评估，从而实现委托方技术转移的期望目标，确保转移绩效。不同类型的技术转移及技术应用的不同阶段，评估目的不同。评估目的应由委托方提出，受托方可协助厘清评估的根本目的、分类目的，共同探讨目的是否切合实际，是否与经济技术规律相背离。只有双方达成共识，技术评估才能进入下一服务流程。

## 4.2.3 签订合同

合同（或协议）是技术评估机构与委托方合作的依据和双方权责利关系的法律保障。评估合同首先必须保证不违反国家和行业的法律法规，遵守基本的行业惯例和社会道德伦理，公平公正。工期进度、费用支付、保密义务等重要条款必须详尽、明确。

## 4.2.4 方案设计

评估机构按照评估目的和协议要求，确定评估重点和评估程序，选择评估标准、评估指标和评估方法；设计团队管理模式和保障体系；形成评估实施方案。

## 4.2.5 调研咨询

确认委托方提供的相关资料的真实、完整；分类收集、整理所需的信息、数据、资料；开展技术发展力、市场需求等方面的调查研究，重点关注其变化趋势；分析国际国内重大的政治、经济自然影响因素；咨询行业专家和专业组织，沟通相关的政府行政机构和业务管理部门。

## 4.2.6 报告撰写

由各项目分组先行完成资料归类，统一讨论意见，形成各自的分类报告，然后由各分项负责人集中研讨，整体修订，最后由评估项目负责人总撰成稿。一份完整的评估报告一般由以下分类内容组成：

（1）委托单位及项目概况；

（2）发展规划、产业政策和行业准入评估；

（3）资源开发及综合利用评估；

（4）节能方案评估；

（5）建设用地、征地拆迁及移民安置评估；

（6）环境和生态影响评估；

（7）经济影响评估；

（8）社会影响评估；

（9）主要风险及应对措施评估；

（10）主要结论和建议 。

### 4.2.7　结论初评

形成初步结论的评估草稿，要征询外聘评议专家的评审意见。行业专家的选择，是保证技术评估公正性、客观性的重要因素，也是评估工作的组成部分。包含了评议专家评审意见的初步评估报告还要征求委托方的看法和意见。征求评议专家和委托方的意见是评估程序的常规环节，必须以会议的形式予以规范，这不单纯是一种责任问题，而是保障评估结果科学性的一项重要举措。

### 4.2.8　反馈定稿

综合了反馈意见的评估初稿，根据原来的内容分工，各负其责，进行调整补充、加工整理。完善后的定稿是项目团队全体成员的劳动成果，也是技术转移服务结论的认定。

### 4.2.9　提交报告

提交报告意味着评估整体工作结束但并不是全部工作的完结。报告使用人要在第一时间审视报告内容，理解评估要点，并启动后续工作程序。报告提交人在得到"签收"后，对委托方还要安排后续服务的交接，安排约定服务费用的结算，厘清追加服务的权责利益；评估报告撰写团队内部要界定最终工作业绩，兑现利益承诺，落实后续责任。

### 4.2.10　总结归档

评估报告提交后，在用户没有重大异议的前提下，报告项目团队要及时进行业务内容总结，吸取经验，总结教训，积累技术知识。档案管理人员应按业务规范，整理分类，归档保存，部分后续服务所需的资料也应集中存放，单独保管，项目结束后统一归档。

## 4.3　技术成果商业价值评估

### 4.3.1　技术成果的商业价值构成

技术成果的商业价值可以从技术形态、技术实用性、经济效果、转让方式及价格等4个方面，分三级指标进行评价，技术成果商业价值构成如图4—1所示。

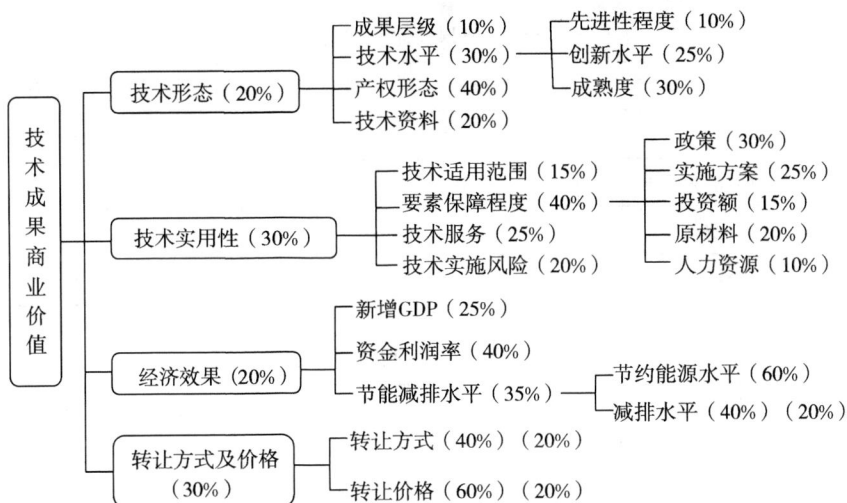

**图 4—1 技术成果评价指标体系**

## 4.3.2 技术成果商业价值评估表

**表 4—3 技术成果商业价值综合评价表**

| 序号 | 指标名称 | 定性分析 | 评估值 | 权数（%） | 加权评估值 |
|---|---|---|---|---|---|
| 1 | 技术形态 | | | 20 | |
| 2 | 技术实用性 | | | 30 | |
| 3 | 实施经济效果 | | | 20 | |
| 4 | 转让方式与价格 | | | 30 | |
| 合　计 | | | — | 100 | |

**表 4—4 成果技术形态评价表**

| 序号 | 指标名称 | 定性分析 | 评估值 | 权数（%） | 加权评估值 |
|---|---|---|---|---|---|
| 1.1 | 成果层级 | | | 10 | |
| 1.2 | 技术水平 | | | 30 | |
| 1.3 | 产权形态 | | | 40 | |
| 1.4 | 技术资料 | | | 20 | |
| 合　计 | | | — | 100 | |

表 4—5　成果技术水平评价表

| 序号 | 指标名称 | 定性分析 | 评估值 | 权数（%） | 加权评估值 |
|---|---|---|---|---|---|
| 1.2.1 | 先进性程度 | | | 45 | |
| 1.2.2 | 创新性水平 | | | 25 | |
| 1.2.3 | 成熟度 | | | 30 | |
| 合　计 | | | — | 100 | |

表 4—6　成果实用性评价表

| 序号 | 指标名称 | 定性分析 | 评估值 | 权数（%） | 加权评估值 |
|---|---|---|---|---|---|
| 2.1 | 适用范围 | | | 15 | |
| 2.2 | 要素保障程度 | | | 40 | |
| 2.3 | 技术服务 | | | 25 | |
| 2.4 | 技术风险 | | | 20 | |
| 合　计 | | | — | 100 | |

表 4—7　成果实施适用范围评价表

| 序号 | 指标名称 | 定性分析 | 评估值 | 权数（%） | 加权评估值 |
|---|---|---|---|---|---|
| 2.1.1 | 适用地域 | | | 50 | |
| 2.1.2 | 适用行业 | | | 50 | |
| 合　计 | | | — | 100 | |

表 4—8　成果实施要素保障程度评价表

| 序号 | 指标名称 | 定性分析 | 评估值 | 权数（%） | 加权评估值 |
|---|---|---|---|---|---|
| 2.2.1 | 政策 | | | 30 | |
| 2.2.2 | 实施方案 | | | 25 | |
| 2.2.3 | 项目投资 | | | 20 | |
| 2.2.4 | 原材料 | | | 15 | |
| 2.2.5 | 人力资源 | | | 10 | |
| 合　计 | | | — | 100 | |

**表 4－9 成果实施经济效果评价表**

| 序号 | 指标名称 | 定性分析 | 评估值 | 权数（％） | 加权评估值 |
|------|----------|----------|--------|------------|------------|
| 3.1 | 新增 GDP | | | 25 | |
| 3.2 | 资金利润率 | | | 40 | |
| 3.3 | 节能减排 | | | 35 | |
| 合　计 | | | — | 100 | |

**表 4－9 成果实施节能减排能力评价表**

| 序号 | 指标名称 | 定性分析 | 评估值 | 权数（％） | 加权评估值 |
|------|----------|----------|--------|------------|------------|
| 3.3.1 | 节约能源 | | | 60 | |
| 3.3.2 | "减排"水平 | | | 40 | |
| 合　计 | | | | 100 | |

**表 4－10 成果转让方式与价格评价表**

| 序号 | 指标名称 | 定性分析 | 评估值 | 权数（％） | 加权评估值 |
|------|----------|----------|--------|------------|------------|
| 4.1 | 转让方式 | | | 40 | |
| 4.2 | 转让价格 | | | 60 | |
| 合　计 | | | — | 100 | |

## 4.3.3 技术成果评价计分例解

1. 技术形态

（1）成果级别

按成果的结项鉴定与认定机构组织进行评价。评分标准如表 4－11。

**表 4－11 技术成果鉴定级别计分标准**

| 认定机构 | 国家级 | 省、部级 | 研发机构 |
|----------|--------|----------|----------|
| 评分标准（分） | 100 | 80 | 60 |

（2）技术水平

①技术先进性程度

根据成果鉴定机构确认的成果学术水平进行评价。计量标准如表 4－12。

表 4—12　技术成果先进水平评价标准

| 层级 | 国际 | | 国内 | | 省、市 | 其他 |
|---|---|---|---|---|---|---|
| | 领先 | 先进 | 领先 | 先进 | 领先 | |
| 标准（分） | 100 | 90 | 70 | 60 | 50 | 40 |

②技术创新水平

依据产品、工艺技术特点等确定的创新水平。评分标准如表 4—13。

表 4—13　技术成果创新水平评分标准

| 层级 | 国际首创 | 国内首创 | 现有技术突破 | 现有技术改进、补充 |
|---|---|---|---|---|
| 标准（分） | 100 | 70 | 50 | 40 |

③技术成熟程度

技术成熟程度评价标准如表 4—14 所示。

表 4—14　技术成熟程度评分标准

| 定性情况 | 中试指标稳定、可靠，技术成熟 | 中试指标比较稳定、可靠，技术基本成熟 | 未经中试，但小试结果稳定、可靠，可投入生产 | 实验室成果 |
|---|---|---|---|---|
| 评分标准（分） | 100 | 80 | 40 | 20 |

（3）产权形态

按专利、技术诀窍、其他形态的技术进行计量。评分标准如表 4—15。

表 4—15　技术成果技术属性评分标准

| 技术属性 | 专利 | | | 技术诀窍 | 其他 |
|---|---|---|---|---|---|
| | 发明 | 实用新型 | 外观设计 | | |
| 评分标准（分） | 100 | 80 | 70 | 60 | 40 |

专利限于已经授权的技术成果。已经受理未经授权的技术成果按技术诀窍计分。

（4）技术资料

按技术资料内容是否齐全、完整、系统配套和质量状况进行评价。要求提供以下文字说明和图纸资料：

①技术研发立项资料；

②技术设计资料；

③工艺资料；

④质量标准文件；

⑤技术说明及其鉴定资料；

⑥产品技术规范；

⑦产品配方、图纸、性能数据、检测结果等；

⑧技术使用说明；

⑨其他相关资料。

所提供的技术文件、图纸等符合以下要求：

a. 文件、图纸的制作和幅面等符合标准规定的要求，文件、图纸中的文字、符号、图形、曲线、数字等清晰无误；

b. 文件、图纸编排有序、装订成册；

c. 蓝图与实物相吻合。

计分规则：技术资料齐全、完整、系统配套，质量符合标准要求的计 100 分；内容及质量不合标准的，按缺项数量、质量欠佳程度予以减分。

2. 技术实用性

（1）适用范围

分别按地域和行业两个范围确定，之后进行综合。

① 地域

地域范围分为：a. 全国；b. 某一地区（南方、北方地区，或东、中、西部地区）；c. 某个省（直辖市、自治区）属地区；d. 某个城市地区。评分标准如表 4—16。

表 4—16　技术成果适用的地域范围评分标准

| 范围 | 全国 | 某一地区 | 某个省属地区 | 某个城市地区 |
|---|---|---|---|---|
| 计分标准（分） | 100 | 80 | 50 | 30 |

② 行业

行业范围分为：a. 制造业中的多个行业大类；b. 制造业中的某个行业大类；c. 制造中的某一行业。评分标准如表 4—17 所示。

表 4—17　技术成果适用的行业范围评分标准

| 行业 | A | B | C |
|---|---|---|---|
| 计分标准（分） | 100 | 80 | 60 |

③ 综合值

两个范围的综合标数分别为：行业范围 50%，地域范围 50%。

例：某技术成果按照上述评价标准，经确定地域范围为全国适用，行业范围的制造业中的某一行业适用，于是其得分标准为：

$100 \times 50\% + 60 \times 50\% = 80$（分）

（2）技术实施要素保障

① 政策保障

按国家和（或）地方政府是否支持、鼓励或限制发展进行评价。评分标准如表 4—18。

表 4—18　技术成果应用、推广的政策保障评分标准

| 政策定性 | 政策规定支持、鼓励发展的技术 | | 政策限制或不支持发展的技术（行业或产品） | | 政策无明确规定的技术 |
|---|---|---|---|---|---|
| 政策范围 | 国家 | 地方 | 国家 | 地方 | — |
| 计分标准 | 100 | 80 | 0 | 0 | 60 |

② 实施方案

按有无切实可行及完善的实施方案进行评价。评分标准如表 4—19 所示。

表 4—19　实施方案完整程度评分标准

| 定性情况 | 有完整的实施方案 | 有比较完整的实施方案 | 有实施方案，但需进一步完善 | 无实施方案，仅有措施性的建议 |
|---|---|---|---|---|
| 评分标准 | 100 | 80 | 60 | 40 |

上述完整的实施方案，系指具有内容全面、符合规范要求的技术成果项目实施可分性分析报告（或投资建设方案）。

③ 投资额

反映资金筹措的难易程度。按技术成果实施预计的项目总投资（包括流动资金投资和固定资产投资）额进行评价。总投资额在 500 万元人民币以下（含 500 万元）的技术成果计 100 分，之后每增加 50 万元投资，减记 1 分，增加到 5 000 万元人民币时，计 10 分，之后，继续增加投资额，不再减分。

④ 原材料保障

原材料保障的评分标准表如 4—20 所示。

**表4-20 技术成果实施原材料供应保障程度评分标准**

| 定性情况 | 极易获取，供应保障充分 | 比较容易获取，通过努力可保障供应 | 获取有一定的难度，但基本可保障供应 | 有时可能出现问题 |
|---|---|---|---|---|
| 评分标准（分） | 100 | 80 | 60 | 30 |

⑤ 人力资源

人力资源保障程度评分标准如表4-21所示。

**表4-21 技术成果实施人力资源保障程度评分标准**

| 定性情况 | 所需专业技术人员和一般工人易于解决 | 专业技术人员、工人较易解决 | 专业技术人员、工人来源有一定难度，但可以解决 | 个别专业技术人员或职业工人来源可能出现问题 |
|---|---|---|---|---|
| 评分标准（分） | 100 | 80 | 60 | 30 |

（3）技术服务（评份标准如表4-22所示）

**表4-22 技术服务评分标准**

| 服务保证水平及程度 | 技术实施过程中的技术服务有充分可靠的保障 | 技术服务有比较可靠的保障 | 技术服务有一定的保障 | 技术服务需技术实施单位自身解决 |
|---|---|---|---|---|
| 计分标准（分） | 100 | 80 | 50 | 0 |

技术服务的保障程度，可以从提供技术科研单位的层级、科技人员团队及其结构等方面进行考察。一般认为，科研单位层级较高、科研人员越多、学科越全的科研机构，技术服务越有保障。

（4）技术风险（评份标准如表4-23所示）

**表4-23 技术风险评分标准**

| 风险程度 | 无风险 | 有风险，但不大 | 有风险，采取措施可控制 | 有较大风险 |
|---|---|---|---|---|
| 评分标准 | 100 | 80 | 60 | 40 |

技术风险通过以下指标确定：一是技术实施的难易程度，技术实施的难度越大，风险越大；二是技术被其他技术替代的几率、可能性及其范围，几率越高、可能性及范围越大，风险越大；三是技术转移过程中可能出现的风险，技术转移的受众越多，风险越大。

3. 技术实施经济效益

（1）新增 GDP（增加值）

技术成果实施项目建成投产后，预计新增 GDP（增加值）达到 500 万元人民币，计 60 分，低于 500 万元，每减少 8.33 万元，减 1 分；多于 500 万元，每增加 100 万元，加 1 分，上不封顶。

（2）资金利润率

计算公式为：

$$资金利润率 = \frac{税前利润总额}{固定资产原值 + 流动资金平均占用额} \times 100\%$$

资金利润率为 20% 时计 60 分，每增加或减少 1 个百分点，相应地增加或减少 3 分。

（3）节能减排水平

包括节能水平和减排水平两个指标，反映技术成果的能源节约和防污染能力及其水平。

① 节能水平

用技术成果实施项目建成投产后的单位增加值能源消耗量（设计值）加以反映。计算公式为：

$$单位增加值能源消耗量 = \frac{项目年总耗能量（标准煤：吨）}{项目年增加值（万元）}$$

式中总耗能量包括计算期内项目运营实际消耗的各种一次能源（煤炭、石油、天然气、生物质能等）和二次能源（电、蒸汽等）总量。

各种一次和二次普通能源的标煤折算系数按国家规定的折算办法执行。

计分标准以技术成果实施所在行业全行业平均的现有万元增加值能耗量为基准，计 60 分，每万元增加值耗能每增加或减少 10 千克（即 0.01 吨）标煤，即相应减少或增加 1 分（即 ±1 分），上不封顶，下不保底。

例：设行业现有的平均万元增加值能耗量经计算为 1.35 吨标煤，某技术成果项目建成后的设计万元增加值耗能量为 1.2 吨标煤，由此，该技术成果的节能水平得分为 60+15=75 分。

② "减排" 水平

用技术成果实施项目建成后的 "三废"（废水、废气、废物）"一噪"（噪音）排放达标指数加以判别和评定。计算公式如下：

$$"三废一噪" 排放达标指数 = \frac{"三废一噪" 排放允许的标准量}{"三废一噪" 实际排放量} \times 100\%$$

计算标准为达标指数为 1（即 100%）时，计 60 分。小于 1，污染物排放未达标，记 "0" 分；大于 1 时，每提高 1 个百分点，增加 0.5 分，总分达到 100

分时不再增加。

4. 资金支付方式与价格

（1）支付方式

依据技术拥有人转让其技术所要求的资金支付方式，从有利于技术受让方角度考虑的资金支付方式，这两种支付方式往往会形成差距很大的两种价格，从而影响技术成果的商业价值。评分标准如表 4-24 所示。

表 4-24　技术转让资金支付方式评分标准

| 方式 | 现金支付 | | | 非现金支付 | |
|---|---|---|---|---|---|
| | 一次总付 | 提成支付 | 混成支付 | 产品支付 | 技术入股 |
| 评分标准（分） | 40 | 80 | 60 | 100 | 80 |

（2）转让价格

技术转让价格的确定，通常可以从以下方法中任选一种：

①技术转让价格＝技术利润分成率×技术实施后预期产生的利润总额

②技术转让价格＝$\sum_n$ 技术提成率×年产品销售收入

式中：$n$ 即提成年限，应不大于技术的寿命年限。

③技术转让价格＝技术股权总额＝技术股份额×技术实施项目资本金总额

上述 3 种方法，当采用第①种方法确定技术转移价格时，技术利润分成率以25％为标准，计 60 分，每减少或增加 1 个百分点，相应地增加或减少 4 分。

当采用第②种方法确定技术转移价格时，在确定的提成年限 $n$ 内（$n\leqslant$技术经济寿命年限），技术提成率以 5％为标准，计 60 分，每减少或增加 1 个百分点，相应地增加或减少 20 分。

当采用第③种方法确定技术转移价格时，技术股所占份额以 20％为标准，计 60 分，每减少或增加 1 个百分点，相应地增加或减少 4 分。

## 4.3.4　技术成果商业价值评估结果的适用范围

按照前述办法对目标技术成果进行商业价值评估，其评估结果不代表目标技术成果实际的商业经济价值绝对值，而是反映其商业价值的一种相对值，即技术成果实施可行性程度的高低及其风险性的大小。

原则上，评估结果值越大（即越接近 100 或大于 100），表明该技术成果实施的可行性程度越高（即越具有可行性），风险性越小；反之，则可行性越小，风险越大。

因此，本评估办法仅用于说明目标技术成果实施的可行性及风险性大小水平。目标技术成果实际的商业经济价值绝对值需采用另外的办法，即技术成果实施的经济效果值的大小来加以评价并确定。

### 4.3.5 技术转移成果商业评估结果统计表

| 序号 | 技术成果名称 | 研发单位 | 评　估　值 | | | | |
|---|---|---|---|---|---|---|---|
| | | | 合计 | 技术形态 | 技术实用性 | 实施经济效果 | 转让方式与价格 |
| 1 | | | | | | | |
| 2 | | | | | | | |
| 3 | | | | | | | |
| 4 | | | | | | | |
| 5 | | | | | | | |
| 6 | | | | | | | |
| ... | | | | | | | |
| ... | | | | | | | |

【制表说明】

　　表中"评估值"，"合计"项为经加权后的汇总值；分项指标为未经加权的评估值。

# 第五章　技术经纪的选择与合作

技术经纪是指在技术市场交易中，在技术转移的转让方（供方）与受让方（需方）之间起沟通、推介、促进交易作用的个人、组织及其服务活动。

随着技术市场的建立与发展，技术经纪应运而生，继而随技术市场的繁荣兴盛壮大。2010年，中国的技术市场交易量已达3 000多亿元，技术经纪业随之进入一个新的高速发展时期，专业的技术经纪机构将超过10万家，从业人员达300万人，其中科技人员约占60％以上。

经纪是一个古老的行业，但技术经纪作为正规的中介服务行业存在仅有几十年的历史。在国外技术市场上，很早就出现了"专利事务所"、"技术转移代办"等从事技术经纪的兼营机构。在我国，20世纪80年代末才出现专职的技术经纪机构和技术经纪人，国家对从事技术经纪活动的组织机构有了人员数量和执业资格的要求，规定了执业人员的申办资格和执业条件，符合条件的申请人员，必须经过有关部门的培训、考核，取得《技术经纪人资格证书》后，方可向工商管理机关申领《经纪人服务许可证》。

技术市场的发展规模和国家的政策法规是影响专业技术经纪生存与发展的最直接因素。技术经纪是新兴的技术服务机构，经纪业务是技术转移众多的服务项目之一，它没有固定的盈利模式，没有持续稳定的业务来源和投资回报。因而，专业的技术经纪机构较少，并且规模都不是很大，职业技术经纪人的就业分布，除了技术经纪事务所以外，主要有技术交易所、专利事务所、科技咨询师事务所等企业机构，以及生产力促进中心、科研院所、大学科技园等事业机构。

本章的主要内容有：技术经纪的职业特征；技术经纪的权责利保障；技术经纪的规范管理。

## 5.1　技术经纪授权规范及管理方案

### 5.1.1　技术经纪的作用、特点和活动方式

1. 技术经纪的作用

技术经纪的主要作用，是为科技成果的买卖双方"牵线搭桥"，沟通技术市场的供给与需求，为科技成果的商品化提供说合买卖的中介服务，积极组织和促

成科技成果转让成交的顺利实现。这一作用具体体现在以下几个方面。

（1）扩散、传播科技信息。广泛搜集科技成果的供求信息，经加工、整理后，通过信息发布会、科技交流会、互联网站、客户走访等多种方式和途径，将这些信息及时、准确地传播出去。

（2）科技成果供求双方的连接桥梁。为买方寻找卖方和（或）为卖方寻找买方，通过将科技成果的买卖双方的联结进而使科技和生产两大领域连接在一起，促进科技成果的及时转移，推进产业转化的时间进程。

（3）优化资源配置。通过科技成果的集结、配套、系统组合，为研发单位研制适用的技术成果提供有用的信息，同时引导企事业单位选择先进、适用的技术，促进科技研发与产品生产的协调发展。

（4）推动科技市场的规范和完善。协调、监督交易双方的交易行为，防止和及时解决交易纠纷，为科技交易活动的顺利进行、规范化发展提供保证。

2. 技术经纪活动的性质与特点

技术经纪活动具有以下方面的突出特点。

（1）活动内容的服务性和技术性。经纪主体只提供服务，而且服务的客体必须是科技成果，不直接从事技术研发或产品的生产经营。

（2）活动地位的居间性和中介性。经纪主体在科技成果的供方与需方之间，以中间人身份沟通科技成果的交易；在交易活动中，经纪主体依附于买卖双方而存在，对交易的内容无权表达自己的观点。

（3）活动范围的广泛性和其责任的确定性。经纪主体为科技成果的供求双方提供全方位、多角度的交易服务，经纪主体的责权利及其服务活动的范围、内容等通过与委托人订立的合同加以规定。

（4）活动目的有偿性。经纪主体提供经纪服务后收取一定数量佣金，佣金是经纪主体应得的合法报酬或服务收入。

3. 技术经纪活动的基本方式

经纪主体最为主要的经纪活动方式为：

（1）居间。向技术交易双方中的一方或双方报告订立科技成果交易合同的机会，并提供合同订立的媒介服务，撮合交易成功后，收取信息服务收益方给予的约定佣金（即报酬）。

（2）代理。获取委托方授权，在一定的授权范围内，以委托人名义与第三方进行交易，并由委托人直接承担相应的法律责任。交易成功后，委托人向经纪主体支付一定数量的报酬（即佣金）。

（3）行纪。接受委托人的委托，以自己的名义直接同第三方进行交易，并自行承担规定的法律责任。

## 5.1.2 开展和推进技术经纪的必要性与目的

技术经纪活动由于其鲜明、重要的独特作用,早已成为当代技术市场经济活动中不可或缺的一个重要组成部分。技术转移服务机构对外委托条件具备的单位组织或(和)个人从事与技术转移相关的技术经纪活动,是基于以下方面的基本考虑:

(1)及时传播已有科技成果信息,加快现有科技成果的转让、转移步伐;

(2)广泛搜集企业科技进步对新技术的需求信息,掌握社会的技术需求动态,为技术研发单位优化研发课题、适时提供适合企业需要的研发成果提供指导;

(3)通过经纪主体的居间、代理或行纪活动,扩大技术转移的规模和速度,同时提高技术转移活动的质量和效益,确保技术转移活动的快速、高效顺利发展;

(4)为推动和促进具有中国特色的技术经纪发展及其规范化管理积累并提供有益的经验或教训,成为中国技术经纪行业发展的试验田。

## 5.1.3 技术经纪发展趋势

(1)独立的技术经纪组织和个体经纪人将逐步减少。技术经纪主体是技术转移服务的中介组织或个人。随着技术转移中介服务组织形式的多样化、细分化,服务业务的国际化、一体化,服务渠道的信息化、网络化,从事技术经纪的组织和个人的总体数量会迅速增长。但是,专门的技术经纪机构和个体执业的技术经纪人会急剧减少。很多相关服务机构会出现专业的经纪分支组织或专业的经纪人员。

(2)技术经纪将形成全国性的覆盖网。覆盖全国各主要经济区域的技术经纪活动网络将以环渤海、长三角、珠三角等经济圈为重心,在国内各中心城市和经济发达、科技进步活跃的大中城市,以科技园、技术转移示范机构等为依托而迅速发展。

(3)一支高素质、高水平的技术经纪人员队伍的技术经纪活动,将带动技术经纪人执业资格和技术经纪人协理从业资格的培训需求。

(4)将形成完善、规范的技术经纪活动管理制度体系,逐步将技术经纪的所有活动纳入规范的制度管理范畴。

## 5.1.4 技术经纪主体的选择与认定

不具备对外招聘或自行培养条件以及内部未独立设置技术经纪的技术转移服

务机构，可以采用委托与授权的方式，与独立的职业技术经纪建立长期的合作关系。

1. 认定条件

技术转移服务组织与技术经纪之间不仅仅是技术服务业务的委托与授权关系，更重要的是在业务委托基础上的合作关系。技术转移服务业务包罗万象，要扩大业务规模、扩展服务范围，选择一批甚或一大批技术经纪人作为长期合作伙伴，是一条可行也是必行之路。技术转移服务组织委托与授权从事与机构相关的技术经纪活动的单位或（和）个人，在考虑长期合作的前提下，首先必须满足以下方面的基本条件：

（1）职业资格。独立开展技术经纪业务的机构或个人，必须符合国家规定的技术经纪执业资格条件，拥有国家认可的职业资格证书或经所在地工商行政管理机关核准从事技术经纪业务的核准证明或营业执照。

（2）专业知识。从技术经纪职业角度要求，技术经纪人应该掌握、熟悉从事技术经纪活动所必备的专业知识，包括经纪业务知识、经济学知识、市场营销知识、科技进步知识、科技研发及其成果推广应用知识、法学及法律知识等，要求拥有完善的知识结构和广博的知识层面。从技术转移服务机构选择合作对象的角度，则应有专业知识侧重点的选择要求，要根据自身的发展方向和资源优势选择具有各自不同专业优势和特长。

（3）职业技能。具有从事技术经纪活动所必需的职业技能和社会交往能力，包括信息搜集与处理技能、市场分析技能、人际沟通技能、组织协调技能和把握成交时机的技能等。

（4）职业道德。具有良好的社会信誉和职业道德，守法经营，以"诚"为本，恪守信用，尽职尽守，公平竞争，团结合作，未曾有过失信、失德、欺诈、违法经营等不当行为。

2. 认定程序

技术转移服务组织技术经纪主体的认定程序如图5-1所示。

申请人（单位或个人）向技术转移机构提交的书面申请，应包括以下材料：

（1）申请书。说明申请意愿，经纪服务区域，经纪活动的宗旨、方向与目标，组织机构与工作团队等；

（2）申请人自然状况；

（3）申请人执业资格证明材料（资格证书、营业执照等）；

（4）近期经纪活动计划；

（5）其他需要特别说明的事项或问题。

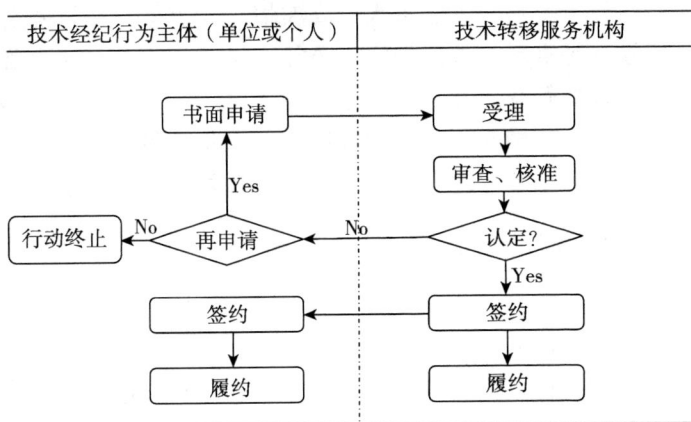

图 5—1　技术经纪主体认定程序

## 5.1.5　技术经纪主体的权利和义务

1. 权利

经技术转移机构核准、认可从事技术经纪业务活动的经纪主体（单位或个人），具有以下的基本权利：

（1）按照经纪合同的约定，依据国家法律在合同授权的范围内开展技术经纪的各项活动；

（2）根据实际工作的需要，要求技术转移服务机构随时提供与技术转让、交易有关的各种资料；

（3）拒绝执行委托人发出的违反国家法律和经纪授权合同规定的有关指令；

（4）在委托人提供不实信息或有意隐瞒与委托业务有关的重要事项，或要求提供违法服务的情况下，有权中止经纪业务；

（5）根据技术转让、交易的具体情况及需要，可向技术转移服务机构提出实施技术培训的要求和建议；

（6）免费进入技术转移机构设立的技术信息网站和获取所需要的各种技术成果信息及公用资料；

（7）促成交易后，按经纪授权合同约定的标准收取报酬（佣金）；

（8）国家法律、法规和经纪授权合同规定的其他权利。

2. 义务

（1）认真履行经纪合同，积极开展技术经纪活动；

（2）维护技术转移服务机构和其他利益相关方的合法权益；

（3）如实介绍技术交易双方当事人的真实情况及信息，进行公正中介；

（4）妥善保管各种资料，按照约定为委托人保守其技术及商业秘密；

（5）接受委托人的管理、监督和检查；

（6）依法纳税并服从国家行政主管部门的行政监督和检查；

（7）国家法律、法规和经纪合同规定的其他义务。

### 5.1.6　技术经纪主体的经营活动内容

技术经纪主体从寻找科技成果买卖双方开始，到促成交易订立技术转让合同，在这一过程中需要从事和提供以下方面的工作及服务。

（1）搜集和处理信息，将其输入电脑，建立数据库，并与技术转移服务机构的信息管理系统联网；

（2）寻找、筛选项交易目标对象，对技术转让、技术交易的买方和卖方进行审查、核实；

（3）科技转让、交易咨询，解答技术转让、技术交易双方所关心的某些问题；

（4）参与交易过程，为交易活动提供各项服务及保证，包括组织协商、谈判或代表一方就交易条件进行谈判，接受委托、进行代理，或提供居间服务，为交易活动草拟文件，调解交易双方的争议、纠纷等；

（5）为技术交易提供融资服务；

（6）接受委托，制作项目可行性研究报告等。

### 5.1.7　技术经纪活动的报酬形式与支付方式

1. 报酬形式

技术经纪主体的经纪活动报酬为佣金。佣金的支付办法、标准和方式由技术转移服务机构与经纪当事人双方协商达成共识后予以确定。有关原则规定如下。

（1）佣金的支付时间。在经纪主体完成约定的经纪业务之后，即技术交易成立，买卖双方已订立技术交易合同并且合同已生效。除有特别的约定外，在经纪主体撮合的技术交易成交前不支付经纪活动佣金。

（2）佣金形式。根据目标交易的具体情况及要求，可在以下 3 种方式中作出选择，采取其中的任何一种：

①比例提取

即按照经纪中介成效额的一定比例提取。其公式为：

佣金额＝技术转让成交额×佣金提取比例（％）

②包价确定

即以包价的形式确定佣金。具体做法是：如果委托人是卖方，则由委托人确定成交的最低价后委托经纪人代理交易，交易成功后，超出最低价格的那一部分收入，经委托人认可后，即作为经纪人的经纪活动佣金；如果委托人是买方，则由委托人确定最高价后委托经纪人代理交易，交易成功后，低于最高价格的那一部分收入，经委托人认可后，即作为经纪人的佣金。其公式为：

佣金＝实际成交额－委托最低价（卖方委托）

佣金＝委托最高价－实际成交额（卖方委托）

③比例提取＋包价确定

由委托方（卖方或买方）确定一个最低价（卖方委托）或最高价（买方委托），之后委托经纪人代理交易，交易成功后，按照事前达成的约定，分别对包价内和包价外部分使用不同的比例提取经纪佣金。

（3）佣金支付标准。在按包价方式计付佣金的情况下，交易成功后包价外的部分金额，即为佣金的支付标准。如果采用按成交额比例提取方式计付佣金，在确定支付标准时，则可以或者说应该考虑按级次差别采用不同的提取比例标准。原则上经纪中介成交额越大，提取的比例适当降低，反之，则适当提高提取比例；如果成交额特别巨大，可以上限封顶，反之，如果成交额特别小，则可采取佣金保底的办法（参考标准如表5－1所示）。

表5－1　经纪佣金的提取比例参考标准

| 经纪中介成交额（万元人民币） | 提取比例（％） |
| --- | --- |
| ＜100 | 5万元 |
| 100～500 | 5.0～4.0 |
| 500～1000 | 4.0～3.5 |
| 1000～3000 | 3.5～3.0 |
| 3000～5000 | 3.0～2.5 |
| 5000～8000 | 2.5～2.3 |
| 8000～12000 | 2.3～2.0 |
| ＞12000 | 240万元 |

（4）佣金的支付人。佣金的支付人原则上按技术交易买卖双方"谁委托谁支付"的办法确定佣金支付人；经协商达成共识后，也可以由交易当事人双方按事前商定的办法及比例共同成为佣金的支付人。

（5）成交后未实现的交易佣金。由经纪中介撮合而订立交易合同的，如果合同因故未能履行，只要不是由于经纪人原因造成合同不能履行的，经纪人获取的佣金不应该受到影响，佣金的支付人应照付佣金。

（6）经纪佣金纳入经纪合同的内容范畴，由委托人与经纪人协商议定后，订立书面合同加以明确和固定。

2. 支付方式

经纪佣金原则上采用现金方式支付，也可以选择双方认可的其他方式，如以投资方式入股使用经纪技术的企业。

如果经纪业务的费用数额较大，前期可以考虑向经纪人适量预付部分佣金以支持经纪人的工作，剩余部分，待经纪业务完成，交易双方签订合同后结清。

另外，根据具体情况也可以采取费用和佣金分开计算并支付的办法，经纪人经纪活动中实际支付的差旅费、办公费、公关支出、通信费、外聘专家咨询费等费用由委托人随时报销，佣金在经纪业务完成后按成交额比例提取。

### 5.1.8　技术经纪合同

技术经纪活动所涉及的合同，主要包括委托合同、居间合同和行纪合同3种类型。

（1）委托合同。由委托人与经纪人之间就委托人委托经纪人处理目标事项而订立的合同。

（2）居间合同。由委托人和经纪人及第三方之间目标交易事项而订立的合同，在这里，经纪人以居间人身份参与委托人与第三人之间的交易过程。

（3）行纪合同。由经纪人以自己的名义为委托人从事某种委托交易事项而与委托人订立的合同。行纪合同与委托合同的主要区别是经纪人与第三人之间的权利、义务由经纪人自己享有或承担，由此产生的后果也由经纪人自行承担。

（4）代理合同。由经纪人以委托人名义就委托人委托的交易事项而与第三人订立的交易合同。合同的法律责任和由此产生的后果由委托人直接承担。

## 5.2　技术经纪人管理办法（范例）

### 第1章　总　　则

第1条　×××××××技术转移中心，为规范本中心技术经纪人的经纪活动行为，确保经纪活动所涉当事人的合法权益，促进本服务机构技术技术经纪业务的健康发展，制定本办法。

第2条　本办法适用于×××××××技术转移中心辖属的技术经纪人及其经

纪活动。

第 3 条　本办法所称技术经纪人，系指经××××××技术转移中心确认，在该中心技术转移过程中，为技术交易的出让方（即卖方）和引进方（即买方）"牵线搭桥"，积极组织和促成技术转移交易成交的机构或个人。

## 第 2 章　资格认定

第 4 条　凡具备以下条件的企业、事业单位、经纪组织和个人，均可向××××××技术转移中心申请，经该中心审核，认定后，即可在该中心授权范围内从事该中心的技术经纪活动：

（一）具有完全的民事行为能力；

（二）具有从事技术经纪活动所必需的知识、技能和社会交往能力；

（三）具有固定的业务场所和联系方式；

（四）熟悉并掌握国家的有关法律、法规和政策；

（五）持有国家认可的经纪资格证书或经所在地工商行政管理机关核准从事技术经纪业务的核准证明；

（六）具有良好的社会信誉，迄今为止未曾出现过欺骗、失信等不当行为；

（七）国家《经纪人管理办法》和相关法律、法规规定的其他条件。

第 5 条　××××××技术转移中心的技术经纪人资格认定程序为：

申请人（单位或个人）提出书面申请→本中心主管部门审核、批准→经核准的申请人与本服务机构签订经纪代理（委托）合同。

第 6 条　××××××技术转移中心的技术经纪人主管部门为该中心技术转移促进部。

第 7 条　××××××技术转移中心对申请成为该机构技术经纪人的申请人（单位或个人），进行审查、考核的具体内容包括：

（一）申请人的自然概况；

（二）申请人从事技术经纪活动所需要的知识、技能和对有关法律、法规的掌握程度；

（三）申请人从事经纪活动的资格认证和提供相关服务的基本能力；

（四）申请人的诚信程度；

（五）其他有关情况。

××××××技术转移中心对技术经纪申请人的审查、考核，由技术转移促进部负责实施。

第 8 条　××××××技术转移中心对技术经纪申请人的审查、考核按照规范的方式进行，审核结果制成档案，归档保存，保存年限不低于 5 年。

第 9 条　依法设立并已领取营业执照的独立经纪人、合伙经纪企业和具有法人资格的经纪公司，经由技术转移中心核准后，可在该服务机构授权范围内独立从事本服务机构的技术经纪业务。

第10条　无国家认可经纪资格的单位和个人，经由本技术转移服务机构核准后，与机构订立委托（受托）合同，以受托人身份从事技术转移相关中介服务的，不得以自己的名义与第三方进行交易和为他人提供交易机会。

第11条　本服务机构技术转移的居间、行纪和代理经纪活动的具体方式另行规定和确定。

## 第3章　经纪活动

第12条　本中心技术经纪人从事经纪活动，必须遵守国家法律、法规及本管理办法和与中心订立的经纪委托合同的规定，按照平等、自愿、公平、诚信的原则进行。

第13条　本中心技术经纪人的经纪业务内容及任务为：

（一）收集技术转移买方和卖方信息，经整理后，将其输入本技术转移中心信息管理系统的相应数据库，形成信息交流网络。

（二）进行与技术转移相关的公共关系建设、公共宣传及技术交易咨询活动，关注并解答技术转移买方或（和）卖方所关心的各种问题。

（三）寻找和选择技术转移的交易对象，对卖方及其技术成果和买方实施有效审查，进行全方位、多角度的考察论证。

对卖方技术成果的审核内容为：（1）技术成果的成熟性和可靠性；（2）技术成果的可实施性及其经济效益；（3）技术成果的经济寿命及产品的市场容量；（4）技术成果的所有权属及该项技术允许转让的次数和地区分布等。

对买方的审查包括：（1）买方的技术引进及使用能力与水平；（2）买方企业的经济实力；（3）买方企业的技术引进目标和技术使用的实施策略与措施等。

（四）参与技术转移的交易过程和技术转移合同的签订工作。

（五）草拟可行性研究报告，对被转移技术的产业转化项目进行严格的经济、技术论证及分析，提出标的技术产业转化项目实施的初步建议。

（六）协助技术交易买方融通技术交易所需资金等。

第14条　本中心的技术经纪人应根据业务性质与本中心订立书面居间或行纪或委托代理合同。合同应载明下列基本内容：

（一）合同双方名称、住所；

（二）经纪业务性质及经纪活动的要求、标准、责任；

（三）经纪期限；

（四）佣金标准、给付方式和期限；

（五）违约责任和争端解决方式；

（六）合同双方认为应当约定的其他事项。

第15条　本中心的技术经纪人在其经纪活动中，应自觉履行下列义务：

（一）服从本中心主管职能部门的业务指导和管理；

（二）为当事人各方提供准确、高效、公正、公平的各项约定服务；

（三）将定约机会和交易各方的资信状况、履约能力、技术成果情况等如实、及时告知当事人各方；

（四）妥善保管当事人交付的技术成果资料、保证金、预付款项等技术物品和财物；

（五）为技术转移所涉当事人保守商业、技术秘密；

（六）记录技术经纪业务成交及技术转移的相关情况，并归档保存3年以上；

（七）收取佣金或其他形式的约定报酬，应当出具合乎规范的发票或其他约定手续；

（八）执行国家法律、法规规定的其他行为规范；

（九）完成约定的技术经纪成交额任务。

第16条　本中心的技术经纪人不得有下列行为：

（一）超越本中心的授权范围从事未经核准的经纪业务活动；

（二）隐瞒与经纪活动有关的重要事项，或提供不真实的虚假信息，损害技术转移所涉当事人各方的权益；

（三）签订虚假合同；

（四）采取胁迫、欺诈、贿赂和恶意串通等手段，损害本中心及其他当事人的利益；

（五）伪造、涂改技术转移的交易文件和凭证；

（六）向当事人索取合同约定以外的佣金或酬劳；

（七）国家法律、法规和本中心禁止的其他行为。

第17条　本服务机构的技术经纪人具有以下的基本权利：

（一）在本中心核准的业务范围内，从事与本服务机构技术转移相关的技术经纪业务活动；

（二）有权要求本服务机构提供技术经纪活动所必需的技术成果信息及其可靠资料和其他必备的便利条件；

（三）履行约定的经纪活动义务后有权收取佣金或合同约定的其他形式的报酬。

第18条　本中心技术经纪人的佣金或经纪报酬按与本服务机构订立的合同所约定的方式办理并支付。经纪人根据约定提供经纪服务，委托方或合同的其他当事人方违约的，经纪人可按约定收取佣金或其他形式的报酬。

第19条 本中心技术经纪人按约定收取佣金或其他形式的报酬，应出具合乎规范的专用发票或手续。佣金或其他形式的报酬支付方可将佣金或其他形式的报酬计入经营成本。

## 第4章 组织管理

第20条 本中心下设的技术转移促进部是本服务机构技术经纪人的直接管理部门。

第21条 技术经纪人管理部的主要职能包括：

（一）建立和不断发展经纪人队伍；

（二）受理、审查、核准单位和个人的经纪活动申请；

（三）对经纪人的经纪活动进行指导、管理和协调；

（四）代表服务机构，同经纪人订立经纪委托合同；

（五）其他有关事项的办理和处理。

第22条 建立和发展技术经纪人协作组织，通过内部协调和自律，促进技术经纪活动的健康发展和运行。

## 第5章 责任与处罚

第23条 经纪人在经纪活动中违反法律、法规和本管理办法规定，使被经纪各方或其他单位、个人的合法权益受到损害的，应承担相应的民事责任。

第24条 经纪人在经纪活动中有下列行为之一的，由本服务机构技术转移促进部督促其改进，情节严重的，停止其作为本服务机构技术经纪人的资格；违反国家法律、法规的，按有关法律、法规的规定处理：

（一）弄虚作假，隐瞒真实情况取得本中心技术经纪认可从事经纪活动的；

（二）在经纪活动中，隐瞒与经纪活动有关的重要事项，或提供虚假信息，损害被经纪各方或其他单位、个人利益的；

（三）采取欺诈、贿赂、胁迫或串通等手段从事经纪活动的；

（四）签订虚假合同或伪造、涂改有关经纪活动文件和凭证的；

（五）超越核准范围从事经纪活动的；

（六）不按规定制作、保存经纪业务记录和合同文本的；

（七）不按合同规定提供约定服务的；

（八）未能如期完成经纪活动任务及成交额的；

（九）违反法律、法规和本管理办法及合同规定的其他有关事项的。

第25条 经纪人不承担委托方与合同他方所订合同的履约责任。

第26条 经纪人与委托方或合同他方发生争端，可依法申请仲裁或提起诉讼。

## 第 6 章　附　　则

第 27 条　本办法由××××××技术转移中心解释。

第 28 条　本办法自 20××年×月×日起施行。

# 5.3　技术转移经纪委托合同（范例）

## 技术经纪委托合同

合同编号：☐☐☐☐☐☐☐☐☐☐☐☐☐☐

合同双方：

委托人：_____（简称"甲方"）

受托人：_____（简称"乙方"）

鉴于甲方（即委托人）所承担的促进××××××高校、科研院所科技成果有效转移（以下简称"技术转移"）的职能与任务，需要有以中间人身份专业从事技术经纪、提供中介服务的机构或个人的有效介入与协助；

鉴于乙方（即受托人）有从事技术经纪活动、有效组织和促成技术商品交易成交的能力及意愿；

双方授权代表根据国家法律、法规的有关规定，本着平等、自愿、诚信、有偿的原则，在充分协商的基础上，同意就技术转移过程中委托代理事项的以下条款订立本合同：

第一条　委托事项

甲方委托乙方为甲方的技术转移活动寻找和选择交易伙伴，同时负责处理从收集信息、确立技术成果用户（买方）到签订技术转移（交易）合同全过程的相关事项。

乙方接受甲方委托，同意在甲方委托及授权范围内开展相关业务活动。

第二条　受托人内容及任务

乙方应负责从事和处理技术转移过程中的以下活动事项：

（一）运用多种方式扩散、传播甲方的技术成果信息，围绕甲方的技术转移，积极开展相关的公共关系建设活动；

（二）广泛收集、整理技术应用需求单位（企业或事业单位）信息，建立数据库，并向甲方提供；

（三）为甲方寻找和选择技术成果交易伙伴；

（四）为甲方的技术转移交易活动提供各种咨询服务，协助甲方或（和）交易的另外方办理有关交易手续；

（五）参与交易谈判；

（六）为交易活动草拟有关文件；

（七）为交易提供保证，促使交易的顺利进行；

（八）调解交易双方的争议、纠纷事项等。

第三条　受托人权利

甲方授予乙方在甲方技术转移交易过程中，自本合同生效后，享有以下基本权限：

（一）在本合同约定的地区范围内，按照本合同第二条规定的工作内容，自主开展相关活动，包括开展广告宣传和其他信息传播活动；进行公共关系建设；收集用户信息；寻找和选择用户单位；对用户进行审查；举办新闻发布会和参加各种技术成果展览会及技术洽谈会等。

（二）在约定地区按照甲方拟定的技术转移交易条件及格式条款，代表甲方与技术成果用户订立技术交易合同，并协助甲方履行合同。

（三）在约定地区代表甲方向不履行合同的客户提起诉讼，或代理甲方应诉。

（四）按照合同规定提供约定服务后，依法获取合理的报酬。

（五）国家法律、法规规定的其他权益。

第四条　受托人职责及义务

乙方在本合同有效期内，应履行以下职责及义务：

（一）忠于并自觉维护甲方的利益，努力尽责地履行和完成甲方委托的事项，审慎行使甲方赋予的有关权限。

（二）积极组织和努力促成甲方与第三方的技术交易，使得甲方的技术转移在所在地区能够在一定时期内保持一定的成交规模。

（三）严格按照本合同及其附件的规定和甲方的指示，履行技术应用推广义务，并保持一个有相当规模和足够能力的技术交易促进机构，进行广泛的技术推广广告宣传。

（四）负责所在地区的技术需求市场信息调查、客户意见反馈和技术中介服务以及处理技术交易过程中可能遇到的各种纠纷、争议事项等各项工作。

（五）保存与委托业务相关的所有重要文件、资料、账册等。

（六）保护甲方的无形资产和技术、商业秘密。

（七）及时向甲方报告委托事项办理及处理情况，在有必要对第三方提起诉讼时，应及时向甲方提出，并积极配合甲方进行诉讼。

（八）接受和服从甲方的监督管理和业务指导。

（九）非经甲方书面同意，不得代表甲方同第三人订立具有约束力的任何合同。

第五条　委托人职责

在本合同有效期内，甲方应履行以下职责及义务：

（一）确保所推出的技术成果的成熟性、可靠性、可实施性和所提供的技术介绍及宣传资料的真实性。

（二）为乙方的技术应用推广活动创造并提供各种所必需的有利条件，包括及时向乙方提供有关业务所需的各种信息。

（三）在约定的地区内，不委托其他任何单位或个人负责处理已授权乙方办理的任何事项，确保同一事务处理受托人的唯一性。

（四）维护和保证乙方按照本合同及其附件规定提供约定服务并获取合理报酬的合法权益。

（五）为乙方工作及其业务活动的顺利展开提供有效的指导与帮助，当乙方就有关问题提出疑问或要求时，应立即给予解答或指示。

第六条　信息和商情通报

甲方应对乙方提供包括技术成果介绍、转让交易条件及价格和广告宣传资料等一切必要的文件及信息等，同时应将技术转移进程中所涉事项的任何变更情况及时告知乙方。

乙方应定期向甲方报告与技术推广有关的业务活动进展情况、市场需求信息和用户反馈意见等，随时报告与技术交易有关的所有信息，特别是可能影响甲方作出是否接受客户要求的决定的信息。

第七条　服务机构

为保证在所在地区有效履行和实现本合同项下的任务及目标预期，乙方应以必要的手段和人力设立专门的技术推广服务机构。

乙方为推广甲方技术成果而设立的服务机构，为乙方的下属职能部门，所需办公经费及人员工资福利由乙方自行负担。

服务机构名称经甲、乙双方另行磋商，可登记为："××××××技术转移中心_____办事处"。乙方承诺当使用该名称时，保证不以该服务机构名义从事除甲方技术成果以外的技术推广业务活动。

第八条　广告宣传和展销

乙方可在约定的地区内就推广甲方技术事项进行广告宣传，但任何广告其内容必须报经甲方审查、核准。乙方广告所发生的费用按照一事一议原则由甲乙双方另行商定分摊的原则及办法。

乙方可在约定的地区内单独或与甲方共同举办或参加专门的技术交易洽谈会

或展览会，具体办法及费用分摊由甲乙双方按照一事一议原则另行商定。

第九条 推介成交目标及其保证

甲乙双方应在每年末（或本年初）商定下一年度（或本年度）乙方推广甲方技术成果应实现的交易目标，并提出和确定确保该交易目标实现的具体措施及办法和甲、乙双方各自应承担的责任及义务。

交易目标的确立程序为：首先由乙方提出致力于促成交易的目标技术及其数额方案，上报甲方审议，经双方协商后确定。

交易目标确定后，甲、乙双方应竭尽全力、各司其职、各尽其责确保目标的如期实现。如未实现目标不应视为是某一方违约，除非该方有明显的过错。

但是，甲乙双方可以商定乙方应确保完成的最低交易目标和不能实现目标预期应承担的后果。

第十条 标识的许可使用与保护

甲方允许乙方使用甲方标识对外推广甲方的技术成果，但使用甲方标识的唯一目的仅限于推介甲方的技术成果和为了甲方的利益。

乙方不得使用甲方标识推介非甲方的技术成果，同时不得在未经甲方书面许可的情况下代表甲方或以甲方名义同第三人签约，也无权以任何方式使甲方受第三人之约束。

乙方对甲方标识的使用，在本合同期满或因其他原因而终止时，应即时终结。

第十一条 排他性

在本合同有效期内，甲方不得授权其他单位或个人在乙方所在地区推介甲方的技术成果，但甲方有权在无乙方介入或参与的情况下与乙方所在地区的客户进行直接交易，但应通知乙方。如果乙方同该客户已有接触，相关信息为乙方所提供，交易成功后，甲方应酌量付给乙方的适量的报酬或佣金。

第十二条 报酬与佣金

在本合同有效期内，乙方推介甲方技术成果，成交后，乙方有权收取一定数额的报酬或佣金。

乙方收取的报酬或佣金包括乙方为履行本合同义务所发生的任何支出，但另有书面商定的除外。

乙方报酬或佣金根据技术转移交易合同所确定的交易额计提，具体的计提办法及比例由甲乙双方另行商定，并以书面协议加于确定。

国家税务部门对乙方报酬或佣金征收的任何税金由乙方负担。

第十三条 未完成的交易

除非另有约定，乙方推介甲方技术成果所作出的努力，如果未能促成交易，甲方或与该交易相关的另一方（客户）无须向乙方支付报酬或佣金。

如果乙方的推介努力已使甲方与用户之间正式签订技术转移（交易或合作）合同，之后，该合同却未能得到履行和实现，乙方应有按约定收取报酬或佣金的权利，除非合同未能履行是由于乙方的过错或因不可抗力因素所造成。

如果本合同期满或终止前，乙方转交的或甲方收到乙方所在地区用户的技术引入意向，并导致在合同期满或终止后6个月内签订了技术转移（交易）合同，则乙方仍有权对该项交易按约定办法收取一定数量的报酬或佣金。

如果甲方以本合同期满或终止后所收到的交易意向为根据而签订的技术转移（交易）合同，乙方无权从该项交易中收取报酬或佣金，除非该项交易主要归功于乙方在本合同有效期内所作的努力，而且该项交易合同是在本合同期满或终止后的6个月内订立的，并且乙方在本合同期满或终止之前已将该项交易的潜在可能性以书面形式告知甲方。

第十四条　费用

乙方因履行本合同和推介甲方技术成果而发生的费用，包括办公费用、人员工资、广告费用、中介服务费用等，除非另有书面约定，由乙方自行支付。

第十五条　合同期限

本合同有效期为3年，自本合同生效之日开始算起，至＿＿＿年＿月＿日止。合同期满后，只要任何一方未向另一方提出解除合同的请求，则本合同将自动延长，每次延长期为1年，并可依此方法连续续展。

本合同自动续展年满5年后，甲乙双方可考虑签订新的委托合同，给予乙方以更为优惠的条件待遇。

第十六条　合同终止

本合同双方的任何一方在本合同期满（包括每一个续展年度）前3个月内均有权终止本合同。

在遇到下列事件或情况时，本合同有效期内，合同双方的任何一方均有权提出终止本合同：

（一）一方当事人由于不履行本合同约定的全部或部分义务而损害另一方当事人的利益，致使另一方当事人基本丧失其期望从本合同中取得的利益；

（二）一方当事人对另一方不履行或不遵守其职责的情况通过书面通讯手段（包括有回执的邮件、专门信使、传真、电子邮件等）告知对方，要求其改正，而对方在30天后仍置之不理；

（三）一方当事人继续执行本合同义务的能力受到严重影响或者继续受本合同之约束已显得很不合理；

（4）由于不可抗力因素的影响，继续执行本合同的可能性已不复存在。

第十七条　提前终止合同时的补偿

在本合同有效期内，一方无过错时另一主采取合同终止措施，无过错方有权要求终止方给予适量的损失补偿。补偿的具体办法及数额另行商定。

终止方如有确凿证据证明对方有过错或由于不可抗力因素影响已无能力执行本合同的义务而采取终止措施的，不承担补偿责任。

第十八条　合同附件、补充和修改

本合同的所有附件和双方签立的补充协议或备忘录都是本合同不可分割的组成部分，具有同等的法律效力。

本合同及其附件和补充协议或备忘录等除非经由合同双方达成一致协议，否则不得进行任何的修改、变更和增补，必须变更、修改和增补时，应由合同双方达成一致后以书面形式加以确定。

第十九条　违约责任

本合同有效期间，合同双方任何一方违约均应承担违约责任，由此造成对方经济损失的，违约方应给予守约方以合理的经济损失赔偿。赔偿的数量和办法根据具体情况由双方协商确定。

第二十条　争议的解决

本合同执行过程中所发生的或与本合同有关的一切争端，均应通过合同双方的友好协商加以解决。若协商不能解决，可进行调解，如调解无效，最后可通过仲裁手段加以解决。

在争执发生时和争执提交仲裁过程中，除所争执并提交仲裁的问题外，合同双方仍应按照本合同的规定继续行使自己的权利和履行各自的义务。

仲裁的裁决是终局的，对甲乙双方都有约束力。仲裁费由败诉方负担或按照仲裁机构的裁定办法执行。

第二十一条　合同生效

本合同由合同双方授权代表签字加盖单位公章并分别由合同双方主管当局批准后即视为有效。

本合同生效日为最后一方批准日的次日。

本合同经由双方授权代表签字后，双方均应努力争取在15天之内获得合同的批准，并用传真或电话或电子邮件及时通知对方，最后以信件确认。若自签字之日起快30天内未获批准，双方均有权取消本合同。

第二十二条　其他条款

本合同期满或终止时，双方发生的未了债权和债务不受合同期满或终止的影响，应继续履行各自的责任及义务。

本合同中的条款如有一条或一条以上无效，其余条款仍然有效。

本合同一式两份，双方各执一份。

本合同未作规定的，按《中华人民共和国合同法》的规定执行。

甲方：××××技术转移机构（章）　　乙方：＿＿＿＿＿＿＿＿＿＿＿（章）

住所：＿＿＿＿＿＿＿＿＿＿＿　　　住所：＿＿＿＿＿＿＿＿＿＿＿

授权代表：（签章）＿＿＿＿＿＿　　授权代表：（签章）＿＿＿＿＿＿

单位电话：＿＿＿＿＿＿＿＿＿　　　单位电话：＿＿＿＿＿＿＿＿＿

传真：＿＿＿＿＿＿＿＿＿＿＿　　　传真：＿＿＿＿＿＿＿＿＿＿＿

E－mail：＿＿＿＿＿＿＿＿＿　　　E－mail：＿＿＿＿＿＿＿＿＿

邮编：＿＿＿＿＿＿＿＿＿＿＿　　　邮编：＿＿＿＿＿＿＿＿＿＿＿

# 5.4　技术经纪管理

## 5.4.1　技术经纪申请、认定程序

技术经纪申请、认定流程如图5－2所示。

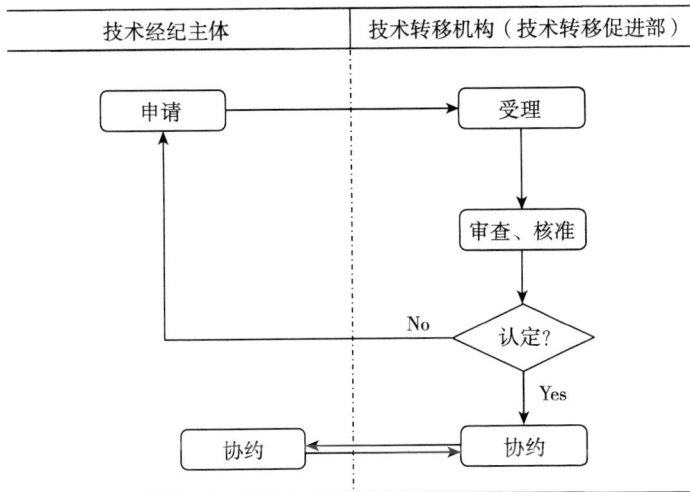

**图5－2　技术经纪申请、认定流程**

## 5.4.2 技术经纪申请表

填表日期： 年 月 日 编号：

| | | 单位名称 | 住所 | | | 网址 | |
|---|---|---|---|---|---|---|---|
| 申请人<br>自然状况 | | | | | | | |
| | | 法人代表 | 营业执照或资格证书 | | | | |
| | | 姓名 | 联系电话 | 颁发单位 | | 编号 | 执业期限 |
| | | | | | | | |
| | | 注册资本 | | 经纪人数量<br>（人） | | | |
| | | 单位通信<br>地址 | | | | 邮编 | |
| | | 办公电话 | | 传真 | | E-mail | |
| | | 经纪服务法定区域 | | | 经纪服务业务范围 | | |
| | | | | | | | |
| 技术经纪事项（服务区域、技术经纪宗旨、方向、目标等） | | | | | | | |
| 近期技术经纪活动计划 | | | | | | | |
| 其他需要说明的情况 | | | | | | | |
| 审查、核准意见 | | 责任人意见 | | | 主管意见 | | |
| | | 年 月 日 | | | 年 月 日 | | |

## 5.4.3　技术经纪机构登记表

编号：＿＿＿＿＿＿＿

| 机构名称 | | 注册资本 | | 设立时间 | |
|---|---|---|---|---|---|
| 机构住所 | | | | 网址 | |
| 联系办法 | 通信地址 | | | 邮编 | |
| | 办公电话 | | 传真 | | E－mail |
| 法定代表人 | 姓名 | 联系电话 | 总经理 | 姓名 | 联系电话 |
| | | | | | |
| 经纪服务法定区域 | | | | 经纪业务人员 | （人） |
| 委托经纪服务区域 | | | | 委托经纪授权时间 | |
| 备注 | | | | | |

## 5.4.4　技术经纪机构统计表（名册）

| 序号 | 机构名称 | 住所地址 | 服务区域 | 联系电话 |
|---|---|---|---|---|
| 1 | | | | |
| 2 | | | | |
| 3 | | | | |
| 4 | | | | |
| 5 | | | | |
| 6 | | | | |
| 7 | | | | |
| 8 | | | | |
| … | | | | |
| … | | | | |

## 5.4.5 技术经纪日常管理流程

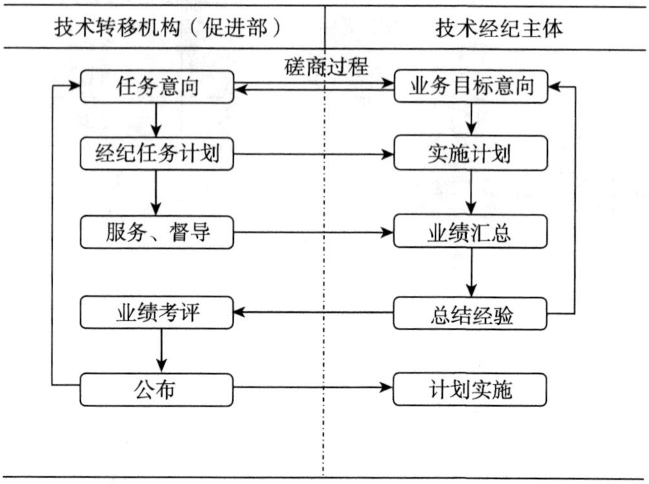

图5-3 技术经纪日常管理流程

## 5.4.6 技术经纪业务计划任务分配总表

（　　　　年度）

| 序号 | 机构名称 | 技术交易 | | 技术服务与咨询 | | 技术交流活动 | | 发展潜在用户数量（个） |
|---|---|---|---|---|---|---|---|---|
| | | 合同数（项） | 合同金额（万元） | 合同数（项） | 合同金额（万元） | 次数（次） | 规模企业（人）/次 | |
| 1 | | | | | | | | |
| 2 | | | | | | | | |
| 3 | | | | | | | | |
| 4 | | | | | | | | |
| 5 | | | | | | | | |
| 6 | | | | | | | | |
| 7 | | | | | | | | |
| 8 | | | | | | | | |
| ... | | | | | | | | |
| ... | | | | | | | | |

## 5.4.7　技术经纪业务计划任务分配表

（　　　　年度）

单位：　　　　　　　　　　　　　　　　　　　　编号：

| 经纪业务 | 技术交易 | | 技术服务与咨询 | | 技术交易交流会 | |
|---|---|---|---|---|---|---|
| | 合同数量（项） | 合同金额（万元） | 合同数量（项） | 合同金额（万元） | 活动次数（次） | 参加企业数（个） |
| | | | | | | |
| 经纪活动范围 | 区域 | | 技术领域 | | 潜在用户数量（个） | |
| | 已进入地区名称 | 新增地区名称 | 已进入领域名称 | 新增领域名称 | 保有总量 | 新增数量 |
| | | | | | | |
| 相关措施及其他要求： | | | | | | |

制表人：　　　　　　　　　　　　　　　日期：　　　年　　月　　日

## 5.4.8　技术经纪机构经纪业绩考评统计表

（　　　　年度）

单位：　　　　　　　　　　　　　　　　　　　　编号：

| 序号 | 指标名称 | | 单位 | 计划 | 实际完成 | 考评得分 | 备注 |
|---|---|---|---|---|---|---|---|
| 1 | 技术转让合同 | 数量 | 项 | | | | |
| | | 金额 | 万元 | | | | |
| 2 | 技术服务与咨询经纪合同 | 数量 | 项 | | | | |
| | | 金额 | 万元 | | | | |
| 3 | 技术交流交易活动组织 | 次数 | 次 | | | | |
| | | 参加企业数 | 个/次 | | | | |
| 4 | 潜在用户 | 保有量 | 个 | | | | |
| | | 新增量 | 个 | | | | |
| 5 | 服务地区 | 保有量 | 个 | | | | |
| | | 新增 | 个 | | | | |
| 6 | 技术领域 | 保有量 | 个 | | | | |
| | | 新增 | 个 | | | | |
| 7 | 社会反映 | 媒体正面宣介 | 次 | | | | |
| | | 媒体负面报道 | 次 | | | | |
| 8 | 客户投诉 | | 次 | | | | |

考评总分：　　　　　考评责任人：　　　　　　　　　时间：　　　年　　月

## 5.4.9　技术经纪委托合同

### 技术经纪委托合同

合同编号：□□□□□□□□□□□

合同双方：

委托人：××××××技术转移中心（简称"甲方"）

受托人：_____（简称"乙方"）

鉴于甲方（即委托人）所承担的促进×××高校、科研院所科技成果有效转移（以下简称"技术转移"）的职能与任务，需要有以中间人身份专业从事技术经纪、提供中介服务的机构或个人的有效介入与协助；

鉴于乙方（即受托人）有从事技术经纪活动、有效组织和促成技术商品交易成交的能力及意愿；

双方授权代表根据国家法律、法规的有关规定，本着平等、自愿、诚信、有偿的原则，在充分协商的基础上，同意就技术转移过程中委托代理事项的以下条款订立本合同：

第一条　委托事项

甲方委托乙方为甲方的技术转移活动寻找和选择交易伙伴，同时负责处理从收集信息、确立技术成果用户（买方）到签订技术转移（交易）合同全过程的相关事项。

乙方接受甲方委托，同意在甲方委托及授权范围内开展相关业务活动。

第二条　受托人内容及任务

乙方应负责从事和处理技术转移过程中的以下活动事项：

（一）运用多种方式扩散、传播甲方的技术成果信息，围绕甲方的技术转移，积极开展相关的公共关系建设活动；

（二）广泛收集、整理技术应用需求单位（企业或事业单位）信息，建立数据库，并向甲方提供；

（三）为甲方寻找和选择技术成果交易伙伴；

（四）为甲方的技术转移交易活动提供各种咨询服务，协助甲方或（和）交易的另外方办理有关交易手续；

（五）参与交易谈判；

（六）为交易活动草拟有关文件；

（七）为交易提供保证，促使交易的顺利进行；

（八）调解交易双方的争议、纠纷事项等。

第三条　受托人权利

甲方授予乙方在甲方技术转移交易过程中，自本合同生效后，享有以下基本权限：

（一）在本合同约定的地区范围内，按照本合同第二条规定的工作内容，自主开展相关活动，包括开展广告宣传和其他信息传播活动；进行公共关系建设；收集用户信息；寻找和选择用户单位；对用户进行审查；举办新闻发布会和参加各种技术成果展览会及技术洽谈会等。

（二）在约定地区按照甲方拟定的技术转移交易条件及格式条款，代表甲方与技术成果用户订立技术交易合同，并协助甲方履行合同。

（三）在约定地区代表甲方向不履行合同的客户提起诉讼，或代理甲方应诉。

（四）按照合同规定提供约定服务后，依法获取合理的报酬。

（五）国家法律、法规规定的其他权益。

第四条　受托人职责及义务

乙方在本合同有效期内，应履行以下职责及义务：

（一）忠于并自觉维护甲方的利益，努力尽责地履行和完成甲方委托的事项，审慎行使甲方赋予的有关权限。

（二）积极组织和努力促成甲方与第三方的技术交易，使得甲方的技术转移在所在地区能够在一定时期内保持一定的成交规模。

（三）严格按照本合同及其附件的规定和甲方的指示，履行技术应用推广义务，并保持一个有相当规模和足够能力的技术交易促进机构，进行广泛的技术推广广告宣传。

（四）负责所在地区的技术需求市场信息调查、客户意见反馈和技术中介服务以及处理技术交易过程中可能遇到的各种纠纷、争议事项等各项工作。

（五）保存与委托业务相关的所有重要文件、资料、账册等。

（六）保护甲方的无形资产和技术、商业秘密。

（七）及时向甲方报告委托事项办理及处理情况，在有必要对第三方提起诉讼时，应及时向甲方提出，并积极配合甲方进行诉讼。

（八）接受和服从甲方的监督管理和业务指导。

（九）非经甲方书面同意，不得代表甲方同第三人订立具有约束力的任何合同。

第五条　委托人职责

在本合同有效期内，甲方应履行以下职责及义务：

（一）确保所推出的技术成果的成熟性、可靠性、可实施性和所提供的技术介绍及宣传资料的真实性。

（二）为乙方的技术应用推广活动创造并提供各种所必需的有利条件，包括及时向乙方提供有关业务所需的各种信息。

（三）在约定的地区内，不委托其他任何单位或个人负责处理已授权乙方办理的任何事项，确保同一事务处理受托人的唯一性。

（四）维护和保证乙方按照本合同及其附件规定提供约定服务并获取合理报酬的合法权益。

（五）为乙方工作及其业务活动的顺利展开提供有效的指导与帮助，当乙方就有关问题提出疑问或要求时，应立即给予解答或指示。

第六条　信息和商情通报

甲方应对乙方提供包括技术成果介绍、转让交易条件及价格和广告宣传资料等一切必要的文件及信息等，同时应将技术转移进程中所涉事项的任何变更情况及时告知乙方。

乙方应定期向甲方报告与技术推广有关的业务活动进展情况、市场需求信息和用户反馈意见等，随时报告与技术交易有关的所有信息，特别是可能影响甲方作出是否接受客户要求的决定的信息。

第七条　服务机构

为保证在所在地区有效履行和实现本合同项下的任务及目标预期，乙方应以必要的手段和人力设立专门的技术推广服务机构。

乙方为推广甲方技术成果而设立的服务机构，为乙方的下属职能部门，所需办公经费及人员工资福利由乙方自行负担。

服务机构名称经甲、乙双方另行磋商，可登记为："先进制造北京技术转移中心＿＿＿＿＿办事处"。乙方承诺当使用该名称时，保证不以该服务机构名义从事除甲方技术成果以外的技术推广业务活动。

第八条　广告宣传和展销

乙方可在约定的地区内就推广甲方技术事项进行广告宣传，但任何广告其内容必须报经甲方审查、核准。乙方广告所发生的费用按照一事一议原则由甲乙双方另行商定分摊的原则及办法。

乙方可在约定的地区内单独或与甲方共同举办或参加专门的技术交易洽谈会或展览会，具体办法及费用分摊由甲乙双方按照一事一议原则另行商定。

第九条　推介成交目标及其保证

甲乙双方应在每年末（或本年初）商定下一年度（或本年度）乙方推广甲方

技术成果应实现的交易目标，并提出和确定确保该交易目标实现的具体措施及办法和甲、乙双方各自应承担的责任及义务。

交易目标的确立程序为：首先由乙方提出致力于促成交易的目标技术及其数额方案，上报甲方审议，经双方协商后确定。

交易目标确定后，甲、乙双方应竭尽全力、各司其职、各尽其责确保目标的如期实现。如未实现目标不应视为是某一方违约，除非该方有明显的过错。

但是，甲乙双方可以商定乙方应确保完成的最低交易目标和不能实现目标预期应承担的后果。

第十条　标识的许可使用与保护

甲方允许乙方使用甲方标识对外推广甲方的技术成果，但使用甲方标识的唯一目的仅限于推介甲方的技术成果和为了甲方的利益。

乙方不得使用甲方标识推介非甲方的技术成果，同时不得在未经甲方书面许可的情况下代表甲方或以甲方名义同第三人签约，也无权以任何方式使甲方受第三人之约束。

乙方对甲方标识的使用，在本合同期满或因其他原因而终止时，应即时终结。

第十一条　排他性

在本合同有效期内，甲方不得授权其他单位或个人在乙方所在地区推介甲方的技术成果，但甲方有权在无乙方介入或参与的情况下与乙方所在地区的客户进行直接交易，但应通知乙方。如果乙方同该客户已有接触，相关信息为乙方所提供，交易成功后，甲方应酌量付给乙方的适量的报酬或佣金。

第十二条　报酬与佣金

在本合同有效期内，乙方推介甲方技术成果，成交后，乙方有权收取一定数额的报酬或佣金。

乙方收取的报酬或佣金包括乙方为履行本合同义务所发生的任何支出，但另有书面商定的除外。

乙方报酬或佣金根据技术转移交易合同所确定的交易额计提，具体的计提办法及比例由甲乙双方另行商定，并以书面协议加于确定。

国家税务部门对乙方报酬或佣金征收的任何税金由乙方负担。

第十三条　未完成的交易

除非另有约定，乙方推介甲方技术成果所作出的努力，如果未能促成交易，甲方或与该交易相关的另一方（客户）无须向乙方支付报酬或佣金。

如果乙方的推介努力已使甲方与用户之间正式签订技术转移（交易或合作）

合同，之后，该合同却未能得到履行和实现，乙方应有按约定收取报酬或佣金的权利，除非合同未能履行是由于乙方的过错或因不可抗力因素所造成。

如果本合同期满或终止前，乙方转交的或甲方收到乙方所在地区用户的技术引入意向，并导致在合同期满或终止后6个月内签订了技术转移（交易）合同，则乙方仍有权对该项交易按约定办法收取一定数量的报酬或佣金。

如果甲方以本合同期满或终止后所收到的交易意向为根据而签订的技术转移（交易）合同，乙方无权从该项交易中收取报酬或佣金，除非该项交易主要归功于乙方在本合同有效期内所作的努力，而且该项交易合同是在本合同期满或终止后的6个月内订立的，并且乙方在本合同期满或终止之前已将该项交易的潜在可能性以书面形式告知甲方。

第十四条　费用

乙方因履行本合同和推介甲方技术成果而发生的费用，包括办公费用、人员工资、广告费用、中介服务费用等，除非另有书面约定，由乙方自行支付。

第十五条　合同期限

本合同有效期为3年，自本合同生效之日开始算起，至＿＿年＿月＿日止。合同期满后，只要任何一方未向另一方提出解除合同的请求，则本合同将自动延长，每次延长期为1年，并可依此方法连续续展。

本合同自动续展年满5年后，甲乙双方可考虑签订新的委托合同，给予乙方以更为优惠的条件待遇。

第十六条　合同终止

本合同双方的任何一方在本合同期满（包括每一个续展年度）前3个月内均有权终止本合同。

在遇到下列事件或情况时，本合同有效期内，合同双方的任何一方均有权提出终止本合同：

（一）一方当事人由于不履行本合同约定的全部或部分义务而损害另一方当事人的利益，致使另一方当事人基本丧失其期望从本合同中取得的利益；

（二）一方当事人对另一方不履行或不遵守其职责的情况通过书面通讯手段（包括有回执的邮件、专门信使、传真、电子邮件等）告知对方，要求其改正，而对方在30天后仍置之不理；

（三）一方当事人继续执行本合同义务的能力受到严重影响或者继续受本合同之约束已显得很不合理；

（4）由于不可抗力因素的影响，继续执行本合同的可能性已不复存在。

第十七条　提前终止合同时的补偿

在本合同有效期内，一方无过错时另一主采取合同终止措施，无过错方有权要求终止方给予适量的损失补偿。补偿的具体办法及数额另行商定。

终止方如有确凿证据证明对方有过错或由于不可抗力因素影响已无能力执行本合同的义务而采取终止措施的，不承担补偿责任。

第十八条 合同附件、补充和修改

本合同的所有附件和双方签立的补充协议或备忘录都是本合同不可分割的组成部分，具有同等的法律效力。

本合同及其附件和补充协议或备忘录等除非经由合同双方达成一致协议，否则不得进行任何的修改、变更和增补，必须变更、修改和增补时，应由合同双方达成一致后以书面形式加以确定。

第十九条 违约责任

本合同有效期间，合同双方任何一方违约均应承担违约责任，由此造成对方经济损失的，违约方应给予守约方以合理的经济损失赔偿。赔偿的数量和办法根据具体情况由双方协商确定。

第二十条 争议的解决

本合同执行过程中所发生的或与本合同有关的一切争端，均应通过合同双方的友好协商加以解决。若协商不能解决，可进行调解，如调解无效，最后可通过仲裁手段加以解决。

在争执发生时和争执提交仲裁过程中，除所争执并提交仲裁的问题外，合同双方仍应按照本合同的规定继续行使自己的权利和履行各自的义务。

仲裁的裁决是终局的，对甲乙双方都有约束力。仲裁费由败诉方负担或按照仲裁机构的裁定办法执行。

第二十一条 合同生效

本合同由合同双方授权代表签字加盖单位公章并分别由合同双方主管当局批准后即视为有效。

本合同生效日为最后一方批准日的次日。

本合同经由双方授权代表签字后，双方均应努力争取在 15 天之内获得合同的批准，并用传真或电话或电子邮件及时通知对方，最后以信件确认。若自签字之日起快 30 天内未获批准，双方均有权取消本合同。

第二十二条 其他条款

本合同期满或终止时，双方发生的未了债权和债务不受合同期满或终止的影响，应继续履行各自的责任及义务。

本合同中的条款如有一条或一条以上无效，其余条款仍然有效。

本合同一式两份，双方各执一份。

本合同未作规定的，按《中华人民共和国合同法》的规定执行。

甲方：＿＿＿＿＿＿＿＿＿＿＿＿＿＿　　乙方：＿＿＿＿＿＿＿＿＿＿＿＿（章）

住所：＿＿＿＿＿＿＿＿＿＿＿＿＿＿　　住所：＿＿＿＿＿＿＿＿＿＿＿＿＿＿

授权代表：（签章）＿＿＿＿＿＿＿　　授权代表：（签章）＿＿＿＿＿＿＿

单位电话：＿＿＿＿＿＿＿＿＿＿＿　　单位电话：＿＿＿＿＿＿＿＿＿＿＿

传真：＿＿＿＿＿＿＿＿＿＿＿＿＿＿　　传真：＿＿＿＿＿＿＿＿＿＿＿＿＿＿

E-mail：＿＿＿＿＿＿＿＿＿＿＿＿　　E-mail：＿＿＿＿＿＿＿＿＿＿＿＿

邮编：＿＿＿＿＿＿＿＿＿＿＿＿＿＿　　邮编：＿＿＿＿＿＿＿＿＿＿＿＿＿＿

# 第六章 技术服务与咨询

技术服务与咨询是指技术转移服务机构或专业人员作为服务方应委托方的要求，就某一具体技术或综合课题向委托方提供技术性劳务，并由委托方支付一定数额服务费用的技术转移活动。服务方以劳务的方式向委托方提供技术，委托方通过协议约定，获取技术或新形成技术成果的使用权或所有权。

技术服务与咨询既是技术转移的重要服务项目和服务手段，同时又是技术许可以外最重要的技术贸易方式，是技术转移的两种基本贸易方式之一，其他技术转移形式一般都是在技术许可、技术服务与咨询这两种方式在特殊条件下的运用，或者是这两种方式的相互交叉。在技术转移实践中，技术许可特别是专有技术许可中，常常包含着技术服务与咨询的内容，如设备的安装调试，人员的培训实习等。在技术服务与咨询业务中，也经常会有服务方需要利用自己的专利技术或专有技术才能完成委托方的委托任务。技术服务与咨询、技术许可的两种转移方式的不同之处在于：其一，技术许可是以技术成果为交易对象的，而技术服务与咨询则是以技术性劳务为交易对象；其二，技术许可的技术供给方所提供的技术是一种垄断性的技术，垄断技术要么受知识产权法律保护，要么具有他人不可轻易获取的技术秘诀，而在技术服务与咨询业务中，服务方提供的技术多是一般性技术，即知识产权和专有技术以外的技术；其三，技术许可的技术供给方所提供的多是已完善或已成型，或是有图纸、影像、设备等载体体现的现成技术，而技术服务与咨询业务中，服务方提供的技术多是凭专业人员的经验积累，或组织专业人员现时研发的技术；其四，技术许可中的交易对象有可能进行多次重复性交易，而技术服务与咨询，出现完全同样交易内容的概率几乎是零，不同的委托方会有不同的委托要求。

技术服务与咨询的内容和领域非常广泛，包括新产品研发、技术改造、成果推广、工艺设计、科技项目管理、产品质量控制等技术与管理的不同领域，规模包括大到大型工程项目的可行性研究，小到小家电产品的性能改进。

本章的主要内容有：技术服务与咨询的服务方式；技术服务与咨询项目的类别；技术服务与咨询项目的信息处理。

# 6.1　企业/项目技术服务与管理咨询实施方式

## 6.1.1　服务的目标对象与目的

1. 技术服务与咨询的目标对象

（1）科研院所和高等院校及企业内设的技术研发机构；

（2）技术成果产业化转化企业，包括已经和正在使用以及准备采用新技术成果的企业；

（3）与技术转移业务相关的其他企业、事业单位。

2. 技术服务与咨询的目的

（1）服务于国家技术转移发展战略，服务于技术转移完备产业链的打造；

（2）促进技术转移，为技术转移创造良好的环境及技术条件；

（3）协助技术转移的技术转让方和技术引进方实时、有效地解决其技术转让及技术应用过程中可能出现的各种技术、经济和管理的难题，提高技术转移的经济、社会效益；

（4）拓宽技术转移中心业务经营及服务的内容和范围，强化和扩大技术转移中心的社会作用；

（5）增加技术转移中心收入，增强技术转移中心自求平衡与发展的财务收支能力。

## 6.1.2　服务的实施方法及程序

技术服务与管理咨询业务的开发与经营由项目运行管理部负责，其任务及职责包括：

（1）业务开发与推介。不断开发、设计新的技术服务与管理咨询的业务项目和服务内容，并通过有效方法及途径对外宣传、推介。

（2）客户开发与管理。发现潜在客户，建立客户档案，推动和促进潜在客户向着现实的方向转化。

（3）业务受理。受理客户的服务委托，根据委托人的服务需求，拟订服务实话方案。

（4）服务实施的组织与管理。组织服务方案的实施执行与落实，并对实施过程进行监测和控制管理。

（5）成果的验收和交付。服务完成后，组织验收和成果交付。

技术服务与管理咨询服务的实施程序如图 6-1 所示。

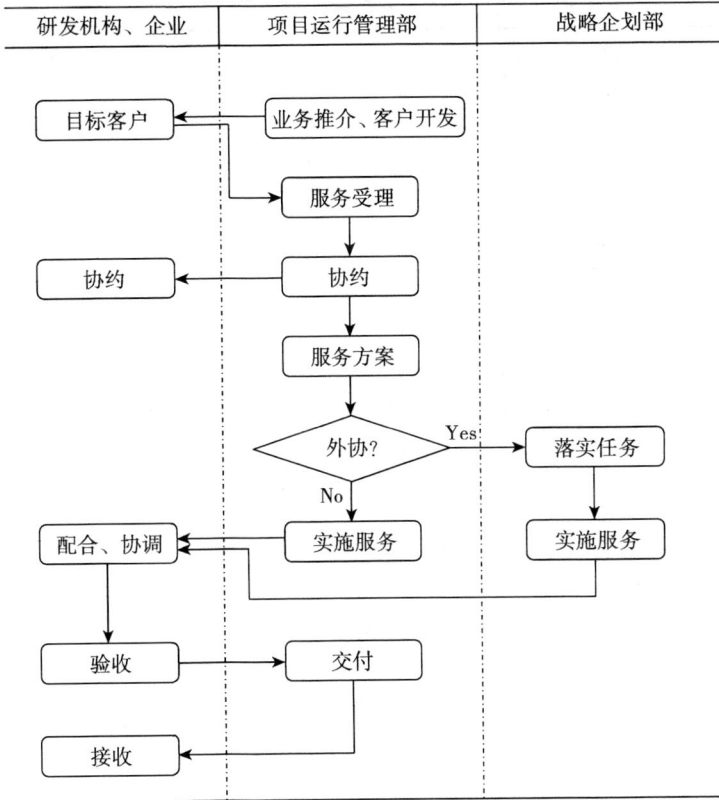

图6-1　技术服务与管理咨询程序

## 6.1.3　服务收费的标准及方式

技术服务与管理咨询的服务费收标准及支付的办法与方式，与委托人协商达成共识后加以确定。

费收额的多少主要依据项目服务工作量的大小及其难易程度的高低和成本费用的多少加以确定，同时考虑费收的支付办法及方式等影响因素。

在服务工作量、服务难易程度和服务成本费用支出难以确定或不易为委托人认可的情况下，可以依据服务标的价值规模（机器设备总价值、企业资产原值、服务项目年生产总值或利润总额等）加以确定。一般按照以下标准确定，如表6-1所示。

**表 6-1　技术服务与管理咨询费收标准**

| 服务对象价值总规模（万元人民币） | 费用标准（占价值总额的％） |
|---|---|
| ＜100 | ＞5.0 |
| 100～300 | 4.0～5.0 |
| 300～500 | 3.0～4.0 |
| 500～1000 | 2.0～3.0 |
| ＞1000 | 0.5～2.0 |

费收方式包括：

（1）一次总付。通过磋商确定一个费收总额，一次支付或分期分批支付。

（2）提成支付。按照服务项目期间（年、季、月）生产总值或销售额或利润总额的分成比例，在约定的时限内定时提取。

（3）混合支付。按照"一次总付＋提成支付"的方法收取。

## 6.1.4　技术服务与咨询的内容

从业务范围和规模角度，技术服务与咨询的内容可分为 3 个层面。

1. 专项服务

即为某类特定业务的特定技术工作或某项经营管理工作提供技术服务或咨询，如产品设计、工艺设计、科技信息咨询、企业发展策划等。

2. 综合服务

为委托单位提供某项技术转移项目的全方位、全过程技术服务或咨询。如某移动通信交换机出口国外某地区的代理业务，代理方受托全权办理包括专利、安装调试、售后维护等一揽子技术服务等。

3. 全面服务

从技术转移产业的角度，技术服务与咨询涉及市场调研、可行性分析、研发辅助、小试、中试、技术评估、风险投资、知识产权、检测认证、平台建设、合同公证及会计、审计、律师、保险精算等众多业务，这是技术转移产业专业化、信息化、国际化过程中构建完整服务链上的必要环节。如德国的史太白技术转移中心，一家中心下属 360 多家技术转让机构，拥有 3 500 多名专家，年服务收入上亿马克。最近几年，中国正在由技术引进国向技术输出国的方向转型，但由于西方国家仍居高新技术的垄断地位，技术服务与咨询在相当长的时期将是我国技术转移的主要内容与形式。全面服务的内容主要有以下几种类型。

（1）技术交易服务

如北京科技博览会、中国（上海）工业博览会、中国版权交易（文化创意）

会、中国浙江网上技术市场等机构提供的技术交易服务。此类服务内容主要是为技术供需双方提供交易平台，不直接参与交易活动。

（2）技术集成服务

具有一定科技开发和市场推广能力的机构，通过受让或购买具有潜在市场前景的小试技术成果、注册专利等，进行集成和二次开发，其最终成果用于合作生产或向他方转让。如某些工程研究中心为汽车制造商研究集成电动汽车技术、某些农业技术转移中心为绿色农产品基地集成推广工厂农业技术等。技术集成服务是一种技术含量和附加值都很高的新兴业务，符合专业化、社会化的技术转移服务发展趋势。

（3）技术经营服务

包括以技术培训，技术答疑，风险投资，以收购或受让的技术、专利及其他知识产权进行储备经营等为主业的服务内容。

（4）平台建设服务

指为技术交易、技术经纪、技术集成、技术经营、创业培育等相关的组织与工作提供软硬件开发维护的技术与管理业务。如专业的计算机与网络服务商、专业的系统运营商、专业的软件开发与支持团队为技术转移信息平台提供的各类服务。

本章的内容是基于综合服务的层面展开论述的。

## 6.1.5　技术服务与技术管理咨询合同

1. 合同基本内容

技术服务与技术管理咨询的活动规范，由利益各方通过协商达成共识后订立的技术服务或管理咨询合同加以规定。合同签订的直接依据是技术服务与技术管理咨询的实施过程。

技术服务合同和技术管理咨询合同一般应包括以下的基本内容。

（1）协约

委托方提出委托任务、目标、要求，双方协商，达成共识后，签订合同。

（2）调研

受托方进入委托方企业进行调查、分析，对技术管理作出诊断，提出诊断报告。

（3）设计

受托方提出设计方案，并反复论证。

（4）实施

委托方进行方案实施，受托方提供运营指导及帮助。

（5）跟踪

受托方对方案实施情况进行跟踪，发现问题，及时提出改进建议。

（6）效果检测

受托方对方案实施结果进行分析、判断，提出改进建议方案。

2. 合同主要条款

技术服务与管理咨询的活动规范，由利益各方通过协商达成共识后订立的技术服务或管理咨询合同加以规定。技术服务合同和管理咨询合同一般应包括以下的基本内容及条款。

（1）当事人及项目说明

包括当事人（即委托方和服务方）的身份、意愿（即委托方希望服务方提供服务和服务方接受委托方的委托提供其所要求的服务的意愿及其意见表达），项目名称，服务的内容、形式及要求等。

（2）服务方的权利与责任

说明服务方在合同期内享有哪些方面的权利，应负哪些方面的责任和义务，如何保证按合同规定的要求提供委托方所需要的委托服务。

（3）委托方的权利与责任

说明委托方所享有的权利和应负的责任及义务，委托方应该在哪些方面配合服务方的工作，为服务方提供服务创造良好的条件。

（4）合同期限

包括合同的起止时间，延长合同期限或合同展期的条件限定及办法，提前终止合同的条件及其处理的办法与规划等。

（5）技术、商业情报和资料的保密

一是要明确秘密事项的范围、密级和保密时限以及当事人各方应承担的保密义务；二是规定泄密应承担的责任和对泄密方的处罚办法及标准等。

（6）成果形式及其验收与交付办法

明确服务工作成果的表现方式，成果验收的标准、方式和成果交付办法等。

（7）服务报酬及其支付方式

明确服务方应该得到和委托方应该支付的服务报酬数额及其支付的办法与方式，服务方收取服务报酬的相关条件及保证和委托方的付款保证及其延期付款的补偿办法等。

（8）违约责任

规定违反合同约定时，违约方应承担的经济、法律责任及其处罚的标准与办法。

（9）争议的解决办法

明确争议出现后，解决争议的方式选择及其程序。

（10）合同解释

对合同所涉及的一般性问题进行解释的规定。

# 6.2　技术/咨询服务项目的类别

## 6.2.1　技术服务类

1. 技术信息开发

对技术信息的搜集、筛选、分析、加工，形成有需求潜力技术信息资源。

2. 技术劳务与技术代理

为实现技术转移而进行的一系列技术咨询、技术评估、技术经纪、技术产权交易代理、技术招标代理、技术投融资代理等服务。

3. 产品设计

为委托人完成从编制产品技术任务书，确定产品用途和使用要求、设计的特点和原则，到技术设计，对产品进行全面的技术规划，最后提供产品试制所需要的全套图纸以及有关制造和使用所需要的全部技术文件等系列技术工作，所设计的产品，在技术上具有先进性、新颖性、高效性、标准化、易制造等突出特点。

4. 工艺设计

为委托企业改进现有或采用新的工艺规程和工艺装备提供整套的方法、技术方案。

5. 计算机程序设计

为委托企业提供其所需要的计算机程序设计服务和与之相配套的问题解决方案。

6. 材料配方

根据委托企业产品设计的技术、质量要求和现有可能的条件保证，提供全新的或改进的可行的产品材料配方方案。

7. 新型设备、生产线调试与老旧设备、生产线改造

为委托企业引进或新生产的设备、生产线等提供安装、调试服务，使设备、生产线能够达到某一种技术生产水平或某种标准。根据委托企业现有设备、生产线的具体情况，为委托企业利用科学上和技术上的最新成就、先进的生产经验，提出和拟订其技术设备、生产线的改造方案，并指导方案的实施、执行。

8. 企业技术改造设计

根据委托企业的具体情况及要求，为委托企业的技术改造、设备引进和新技

术、新工艺、新产品的有效采用，制定切实可行的成套方案，并指导方案的实施、执行。

9. 技术培训

10. 技术集成与二次开发

11. 特定技术项目服务

根据委托企业或技术研发机构的实际需要和委托，完成其科学研究、技术研发、技术转让、项目孵化、工业化试验和生产活动中的某种或某些特定技术工作，或为其提供某些或某种特定的技术服务，如编制产品、技术说明书，举办产品、技术应用讲座，培训新产品生产、新技术应用所需要的各类技术、专业人才等。

12. 技术标准、测试分析服务

为委托企业、技术研发机构的新的技术研发成果，组织专门的专家团队进行技术的测试分析与评价，制定技术标准，提供技术鉴定报告以及对新产品、新材料性能的测试与分析，为委托企业提供其所需要的新产品或新材料性能的物理测试或化学测试或生物测试，提供有效的测试分析数据及其鉴定。

13. 技术交易信息服务平台和信息网络提供

包括技术转移服务机构自身的信息化建设和为技术供求双方提供信息化平台服务。

14. 技术产品化、商品化、产业化过程服务

为企业提供中试、工程化等设计服务，从样机到批量产品、到市场、到规模生产的全程及全方位服务。

15. 开展国内外科技合作与交流

充分利用国际技术转移渠道、人才等资源，通过展览、论坛、共同开发等形式推动技术转移。

16. 其他有关促进技术转移的活动

## 6.2.2　管理咨询类

1. 企业诊断

对委托企业的经营现状、优势、存在的问题作出深入、全面、系统的分析与判断，以此为基础，提出可以操作的企业经营改造、调整实施方案。

2. 政策咨询

为委托企业收集、整理国家鼓励支持中小企业发展的所涉政策规定，依据委托企业的具体情况，为委托企业提供依据国家政策促进其企业发展的政策利用方案。

3. 科技信息咨询

为委托企业提供所涉技术领域的最新科技成果信息，结合委托企业的具体情况，为委托企业设计科技成果应用的操作实施方案。

4. 市场信息咨询

为委托企业提供所涉市场领域的产品需求信息，根据委托企业的实际情况，为委托企业设计新市场开发的操作实施方案。

5. 投资咨询

为委托人（企业、投资商）提供相关投资的产业、项目投向建议及其投资策划方案。

6. 公共关系建设咨询

根据委托企业公共关系建设进程中存在的问题，为委托企业提供实施公共关系建设，塑造良好社会形象的操作方案。

7. 企业整合咨询

为企业设计、提供企业内、外资源有效整合的操作实施方案，包括各种类型、类别的合作网络建设、资本扩张、虚拟资本的形成与运用等。

## 6.2.3 战略策划类

1. 企业发展战略策划

根据委托企业及其所在行业、地区的具体情况，设计符合委托企业及其所在行业、地区特点，具有明显企业个性化特色的企业发展战略方案，包括企业发展的战略方向、目标、步骤、措施和实施条件等。

2. 企业战略管理策划

依据委托企业的具体情况及现有实践，按照全新的思路及方法论，设计符合委托企业及其外部环境特点，具有鲜明个性化特色的企业发展与竞争的战略管理方案，包括企业发展与竞争的组织战略、业务战略、人才战略、经营管理战略、市场战略等。

3. 企业经营战略策划

依据委托企业及其经营环境的具体情况，设计符合委托企业及其所在行业、地区特点的企业经营战略方案，包括企业经营的经营组织战略、业务整合战略、市场进入与退出战略、资金融通战略、人才战略等。

4. 企业人力资源管理战略

或称"人才战略"。根据委托企业的具体情况及其经营发展的目标定位，设计符合委托企业实际需要的人力资源（人才）开发管理战略方案，包括企业人力资源（人才）结构战略、来源战略、培训战略、管理战略等。

5. 企业资金融通或财务管理战略

简称"融资战略"、"财务战略"。根据委托企业及其资金融通或财务管理环境情况和企业经营发展的目标定位，设计符合委托企业对资金融通的实际需要及其可能的融资战略或财务管理战略方案，包括企业资金融通的渠道战略、资金使用战略、财务效益战略等。

6. 企业市场营销战略

或称"企业市场战略"、"企业市场开发战略"。根据委托企业的经营业务、产品属性及其具体情况，设计符合企业及其所在行业、地区特点、个性化特色明显的企业市场营销战略方案，包括企业市场营销的营销组织战略、区位与区域拓展战略、价格战略、竞争战略、广告战略、通路战略、客户开发与管理战略等。

7. 企业整合战略

或称"企业合作战略"。"企业合作"包括企业合资经营、企业合作经营和资本整合等形式的合作。根据委托企业的具体情况及其对外合作的意向定位，设计符合企业特点及意向定位要求的企业整合战略方案，包括企业整合的范围、目标、方法、实施手段、操作方案等。

8. 企业并购拓展战略

包括并购的目标企业已定和目标企业未定两种情况的战略方案。企业并购拓展战略属于企业整合战略范畴，是企业迅速实现资本扩张的有效方法及途径之一。

## 6.2.4　管理制度设计类

1. 企业组织结构设计

包括企业的治理结构、管理职能部门结构设计。依据委托企业的经济类型、经营规模、业务方向、所在行业的经营特点等具体情况，提出企业经营管理组织系统的设计方案和各部门、机构的职能规范等。

2. 部门职能与岗位职责规范设计

提出委托企业所有部门的工作职责、职能和岗位业务工作规范设计，形成各部门、岗位有效衔接与协调的企业岗位职责与部门职能规范系统。

3. 绩效考核系统设计

为委托企业设计、制定所有部门、岗位绩效考核与评价的制度规则与办法，建立全景式、全息化的企业绩效考评系统及其操作、实施的组织系统。

4. 薪酬制度设计

按照薪酬市场化、给付动态化、绩效全息化、管理互动化、模式个性化的原则，为委托企业设计、提出符合"公平、合理、效益、双赢"目标要求的企业报酬制度。

5．企业效率化管理系统设计

为委托企业设计、制定企业日常工作、办公效率化工作与管理的制度规则及其实施操作的具体办法。

6．采购管理制度设计

为委托企业设计、制定企业采购管理的制度规则，提出合理、规范、可控的采购工作流程及其相关的各种规章制度和采购的方式与方法等。

7．财务管理制度设计

为委托企业设计、制定健全、完善的财务管理制度、规则、办法等，形成规范化，便于操作、监控的企业财务管理制度规则系统。

8．营销管理系统及其运行规则设计

为委托企业设计、制定企业市场营销管理的各种规章制度、管理办法、业务流程、现效考核办法等，建立规范化的企业营销管理规则系统。

9．生产管理规则设计

为委托企业设计、制定有关生产、物料控制与管理的各种规章制度、管理办法、管理流程等，建立切实可行、高效、科学、可控的生产管理规则系统。

10．企业日常办公管理规则设计

为委托企业设计、制定日常办公管理的各种制度规则、管理办法等，形成规范、高效的企业日常办公管理规则系统。

11．企业人力资源开发管理规则设计

按照新经济时代的要求，运用全新的"人力资本"理论，设计企业人力资源开发与管理的基本模式及其实施操作办法，建立社会化、网络化的人才资源供给体系和规范化的人力资源开发管理规则系统。

## 6.2.5　投资策划类

1．投资项目策划

为投资商（企业、个人）设计资金的产业、项目投向，提出可供操作的投资项目方案。

2．项目技术引进策划

为投资人（企业、个人）设计所需技术供给及其来源方案，协助投资人完成项目技术引进交易过程的相关工作。

3．项目融资策划

投资者（企业或个人）进行项目投资需要对外融资时，为投资者设计并提供切实可行的项目融资策划及其操作方案。

4. 项目可行性研究

为委托人（投资人）进行所委托项目投资的可行性分析与研究，提供合乎规范要求的项目可行性研究分析报告。

### 6.2.6 市场策划类

1. 市场营销组织设计

为委托企业设计、提供符合其企业、产品、销售市场、目标顾客特点和目标销售规模要求的营销组织设计与管理方案。

2. 产品营销方案设计

为委托企业设计符合其产品及目标市场特点的某类或某种产品的市场开发与市场营销方案。

3. 广告方案设计

为委托企业设计符合其产品及目标市场特点以及广告费用投入限定的广告促销方案，包括广告的形式、媒介选择、广告战术等。

4. 竞争方案设计

为委托企业设计和提供符合其企业及其目标市场特点的企业竞争策略方案。

5. 产品定价设计

为委托企业设计、制定符合其产品目标市场特性的产品定价及其价格调整方案。

6. 营销通路及网络设计

为委托企业设计、拟订符合其产品市场进入特点的营销网络、通路和对营销渠道、通路进行有效整合，从而形成有效的营销网络的操作方案。

7. 客户开发与管理方案设计

为委托企业设计、拟订符合其目标顾客特点的客户开发、客户管理方案。

8. 市场营销新兴方式设计

为委托企业设计、确定符合其具体情况的完全新型的相关营销方式，包括网络营销、绿色营销、关系营销、服务营销、文化营销、直复营销、概念营销、连锁营销、整合营销等。

9. 整合营销方案设计

为委托企业设计、拟订符合其企业具体情况与发展要求相适应的整合营销操作与实施方案。

### 6.2.7 企业经营管理综合咨询全程跟踪服务

1. 定义

为委托企业提供全方位、全过程的咨询服务，定期分析企业经营状况，对企业经营进行跟踪服务，担任企业经营顾问。

2. 服务时限

自委托/受托协议（合同）生效日开始计算，1 年时间。

3. 服务内容及方式

（1）企业诊断。专家团队进入企业，全面、深入、系统地了解企业情况，对企业的经营现状、优势、存在的问题作出分析和判断。

（2）发展方案设计。专家团队根据企业诊断结果，拟订新的企业经营方案。

（3）发展方案实施指导。专家团队为企业经营方案的操作实施提供指导，包括对企业员工的实施方案培训。

（4）跟踪服务。责任专家定期深入企业了解企业经营的进展情况，发现问题，及时提出解决建议方案。

（5）效果检测。发展方案执行期满后，专家团队对实施结果作出评价、分析，提出书面改进建议方案、项目服务终止。

4. 服务收费

（1）入门费用。按企业总资产的 1.5％提取，但最少不低于×万元人民币。委托/受托协议生效后 5 个工作日内一次付清。

（2）利润提成。以企业上年利润为基数，新增利润的 1/5 作为咨询服务费。委托/受托协议生效后 6 个月计提一次，12 个月后结清。

# 6.3　技术咨询合同

## 技术咨询合同（范例）

合同编号：☐☐☐☐☐☐☐☐☐☐☐☐☐

委托方：＿＿＿＿＿＿＿＿＿＿＿＿（以下简称"甲方"）；

受托方：××××××技术转移中心（以下简称"乙方"）；

鉴于甲方就＿＿＿＿＿＿＿＿＿＿问题需要并愿意向乙方咨询；

鉴于乙方同意接受甲方的委托为甲方提供其所需要的咨询服务；

依据《中华人民共和国合同法》有关技术合同的规定和其他相关法律的规定，双方授权代表经友好协商，同意就以下条款订立本合同。

第一条　专用定义

凡在本合同中使用的下列名词，除合同中另有说明及专门的规定者外，其各自的应有之义为：

（一）咨询：即精通某方面的知识的专家、学者或由相关学科专家、学者应委托人请求为解决特定的目标技术或经济或管理问题而组成的专家小组，运用其所拥有的知识，为委托人提供智力服务，提出问题解决方案的行为。

（二）咨询项目：即本合同所涉咨询目标的项目，其全称为：＿＿＿＿＿＿＿＿
＿＿＿＿＿＿＿＿＿＿＿＿＿＿＿＿＿＿＿＿＿＿＿＿＿＿＿＿＿＿＿＿＿＿＿＿。

（三）甲方：即本咨询项目的委托方，系指＿＿＿＿＿＿＿＿＿＿＿＿＿＿公司，或者该公司的法定代表人、授权代表和财产继承者。

（四）乙方：即本咨询项目的顾问方或受托人，系指××××××技术转移中心，或该中心的法定代表人，或其授权代表和法定继承人。

第二条　咨询的内容、形成和要求

甲方需要并愿意就本咨询项目的有关问题向乙方咨询，乙方接受甲方的委托，同意就下述咨询内容、形式和要求向甲方提出问题的解决方案和建议：

（一）本咨询项目的咨询内容包括＿＿＿＿＿＿＿＿＿＿＿＿＿＿＿＿＿＿＿＿
＿＿＿＿＿＿＿＿＿＿＿＿＿＿＿＿＿＿＿＿＿＿＿＿＿＿＿＿＿＿＿＿＿＿＿＿
＿＿＿＿＿＿＿＿＿＿＿＿＿＿＿＿＿＿＿＿＿＿＿＿＿＿＿＿＿＿＿＿＿。

（二）本咨询项目的咨询工作结束时，乙方向甲方提交针对本咨询项目的咨询报告。

（三）乙方向甲方提交的咨询报告，应当符合以下基本条件：

（1）内容全面，重点突出，对咨询项目所涉及的问题，能够从整体着眼，全面考虑，多方照顾，突出关键；

（2）依据充分、资料翔实，对问题的分析、论证有理有据，资料翔实、可靠；

（3）实用、有效，问题的解决方案、建议、意见，实用性、有效性强，对甲方有重要的参考价值。

（四）咨询报告的形式，采用下列＿＿＿＿＿＿形式：

（1）可行性研究报告；

（2）专题调查分析/评价报告；

（3）发展/预测报告；

（4）解决方案；

（5）规划/计划；

（6）工程/技术/制度设计。

第三条　履行期限

本合同生效后，甲方应在 5 个工作日内提交咨询项目的有关背景资料、技术/经济资料、数据和咨询的内容要点及要求等文件资料；乙方在收到甲方提交的咨询资料＿＿＿日内完成咨询项目的资料研究工作方案，提出咨询研究的基本思路、方法、工作路径与进度计划，并提交给甲方讨论、认可和备案。之后，乙方在＿＿＿日内完成并向甲提交咨询报告初稿，征求甲方对咨询报告初稿的修改意见。乙方应参考和依据甲方的修改意见，对咨询报告作出修改、定稿，于＿＿＿年＿＿＿月＿＿＿日之前完成并提交咨询的报告送审稿。

第四条　乙方责任及义务

乙方在本合同执行期间，承担和履行下列职责及义务：

（一）以应有的积极态度和工作效率，按照本合同规定的咨询内容、方式和要求，开展咨询工作及服务。

（二）确保在本合同规定的期限内保质保量地完成咨询工作任务。

（三）组织高水平、高素质的专家团队，按照本合同约定的咨询内容、方式和要求开展工作。专家团队名单以书面形式提交给甲方备案。专家团队成员一经确定，不得随意更换，或者由他人替代专家团队成员的工作。如确有需要更换或者增加专家团队成员时，应事先以书面形式报经甲方认可后方可进行。

（四）保持同甲方的沟通和联系，主动向甲方定期汇报咨询工作的进展情况，遇到相关问题或困难时应及时同甲方磋商，提出有效的解决办法。

第五条　甲方责任及义务

甲方在本合同执行期间，承担和履行下列职责及义务：

（一）对乙方的咨询研究工作提供方便和指导，协助乙方收集本咨询项目研究所需要的各种资料，向乙方提供咨询项目的背景材料和有关的技术/经济资料、数据等。

（二）同乙方保持联系和沟通，协助乙方及时解决其咨询工作中遇到的各种问题及困难，为乙方的调查研究提供必备的工作条件。

（三）按照合同约定，如期足额向乙方支付其应得的咨询工作报酬。

第六条　保密事项

乙方对于甲方已告知的秘密事项，包括技术、经济、商业方面的秘密，承担为甲方保守其秘密的责任和义务。

甲方向乙方提供的需要保密的技术/经济资料、数据和乙方咨询研究过程中以其他方式接触到的保密信息，应以可查证的书面形式告知乙方，约定保密的范围、期限和各方应承担的保密义务及责任。甲方不得也无权干预乙方引用、发表和向第三者提供未经约定保密的资料、数据。

本合同解除或者终止之后，合同的保密条款继续有效，但双方另外书面约定的除外。

第七条　咨询工作成果的验收与交付

乙方提供的咨询报告和建议、意见等工作成果，采用下述第__种方法验收：

（一）甲方或其授权机构或个人单方认可；

（二）鉴定会；

（三）专家小组评估；

（四）权威机构鉴定。

当采用（二）或（三）或（四）方法验收时，鉴定会和专家小组的组成办法及其人选和权威机构的聘任，由甲乙双方在事前协商确定。

咨询报告等成果通过验收后，由验收方出具书面证明，甲乙双方办理成果交付接收手续，咨询项目结束。

咨询成果验收未获通过的，乙方应采取措施进行修改，以便形成可交付的工作成果。

第八条　咨询报酬

本咨询项目的咨询报酬总额为_____万元人民币，由甲方通过下列下列第__种方式向乙方支付。

（一）一次总付，付款时间为_____。

（二）分期支付，第一次支付_____万元，时间为_____；

　　　　　　　　　第二次支付_____万元，时间为_____；

　　　　　　　　　第三次支付_____万元，时间为_____。

甲方支付给乙方的咨询报酬，包括乙方在本合同履行过程中由乙方支出的所有费用，但另有书面商定的除外。

第九条　违约责任

本合同执行过程中，合同双方均须按合同要求认真履行自己应承担的责任和义务，任何一方不履行或不完全履行本合同约定义务的，应承担相应的违约责任，并赔偿守约方因此而造成的经济损失。

（一）甲方未按照合同约定向乙方提供相关资料、数据，或者迟延提供合同约定的资料和数据，或者所提供的数据、资料有严重缺陷而影响乙方工作进度和质量的，甲方承担向乙方支付违约金、赔偿乙方损失的责任，已支付的报酬不得追回，未支付的报酬应当如数支付。

（二）甲方逾期两个月不提供或者不补充有关技术/经济资料、数据和必备工作条件，导致乙方无法开展工作的，乙方有权解除合同，并要求甲方支付按合同报酬总额20％计算的违约金赔偿其因此而导致的经济损失。

（三）委托方未能按照合同约定向乙方支付咨询报酬的应当补交报酬，并支付每迟付 1 天按应付未付报酬额的 0.2% 计算的违约金，以赔偿乙方因此而造成的损失。

（四）乙方未按期提出咨询报告或者提出的咨询报告水平低下，不符合合同的约定条件的，应当减收或者免收咨询报酬，并向甲方支付违约金，赔偿甲方因此而造成的损失。

（五）乙方在接到甲方提交的技术/经济资料和数据之日起两个月仍未进行调查论证开展工作的，甲方有权解除合同，乙方应当返还已收取的报酬，并支付按合同报酬总额 10% 计算的违约金。

第十条　争议的解决

合同双方在执行本合同期间所发生的与本合同有关的一切争议，均应通过友好协商加以解决，如果通过协商未能达成协议，可提交双方共同指定的第三方加以调解解决；若调解无效，可提交仲裁机构通过仲裁程序加以解决，或者直接向所在地区人民法院提起诉讼，通过诉讼方式加以解决。

仲裁裁决和（或）法院判决是终局的，对双方均有约束力。

仲裁费用或诉讼费用由败诉方承担，或者按照仲裁诉裁决或法院的判决执行。

在发生争执和争执提交调解或仲裁或法院判决过程中，给所争执并提交调解或仲裁或法院判决的问题外，合同的其他部分应继续执行。

第十一条　合同的有效期

本合同经由合同双方授权代表签字加盖单位公章后即视为有效。本合同生效日为双方授权代表签字之日。

本合同有效期从合同生效日开始算起到＿＿＿年＿月＿日，有效期满后，本合同将自动失效。

本合同期满后，双方的未了债权和债务不受合同期满的影响，债务人应对债权人继续完成其未了债务。

第十二条　合同终止

本合同双方的任何一方在本合同期满（包括每一个续展年度）前 1 个月内均有权终止本合同。

在遇到下列事件或情况时，本合同有效期内，合同双方的任何一方均有权提前终止合同：

（一）一方当事人由于不履行本合同约定的全部或部分义务而损害另一方当事人的利益，致使另一方当事人基本丧失其期望从本合同中取得的利益；

（二）一方当事人对另一方不履行或不遵守其职责的情况通过书面通信手段

（包括有回执的邮件、专门信使、传真、电子邮件等）告知对方，要求其改正，而对方在30日后仍置之不理；

（三）一方当事人继续执行本合同义务的能力受到严重影响或者继续受本合同之约束已显得很不合理；

（四）由于不可抗力因素的影响，继续执行本合同的可能性已不复存在。

第十三条　提前终止合同时的补偿

在本合同有效期内，一方无过错时另一方采取合同终止措施，无过错方有权要求终止方给予适量的损失补偿。补偿的具体办法及数额另行商定。

终止方如有确凿证据证明对方有过错或由于不可抗力因素影响已无能力执行本合同的义务而采取终止措施，则不承担补偿责任。

第十四条　合同附件、补充和修改

本合同的所有附件和双方签订的补充协议或备忘录都是本合同不可分割的组成部分，具有同等的法律效力。

本合同及其附件和补充协议或备忘录等除非经由合同双方达成一致协议，否则不得进行任何的修改、变更和增补，必须变更、修改和增补时，应由合同双方达成一致后以书面形式加以确定。

第十五条　其他条款

本合同一式两份，双方各执一份。

本合同未尽事宜，由双方协商解决。

本合同中如有一条或一条以上条款无效，其余条款仍然有效。

本合同未作规定的，按《中华人民共和国合同法》的规定执行。

甲方：＿＿＿＿＿＿＿＿＿（章）　　乙方：＿＿＿＿＿＿＿＿＿（章）

住所：＿＿＿＿＿＿＿＿＿＿　　　　住所：＿＿＿＿＿＿＿＿＿＿

授权代表：（签章）＿＿＿＿＿　　　授权代表：（签章）＿＿＿＿＿

单位电话：＿＿＿＿＿＿＿＿　　　　单位电话：＿＿＿＿＿＿＿＿

传真：＿＿＿＿＿＿＿＿＿＿　　　　传真：＿＿＿＿＿＿＿＿＿＿

E-mail：＿＿＿＿＿＿＿＿　　　　　E-mail：＿＿＿＿＿＿＿＿

邮编：＿＿＿＿＿＿＿＿＿＿　　　　邮编：＿＿＿＿＿＿＿＿＿＿

＿＿＿＿年＿＿月＿＿日　　　　　　＿＿＿＿年＿＿月＿＿日

# 6.4　技术服务合同

## 技术服务合同（范例）

合同编号：[ ][ ][ ][ ][ ][ ][ ][ ][ ][ ][ ][ ]

合同双方：

以 _____ 为一方（即委托方，以下简称"甲方"）；

以××××××技术转移中心为另一方（即服务方，以下简称"乙方"）；

鉴于甲方（委托方）就希望乙方（服务方）为其 _____ 技术项目提供相关的技术服务，并愿意将该技术项目的相关技术服务事项委托乙方完成；

鉴于乙方同意接受甲方的委托并提供乙方所需要的技术服务；

根据《中华人民共和国合同法》有关技术合同的规定和其他相关法律的规定，双方授权代表经友好协商，同意就以下条款订立本合同。

第一条　专用定义

除另外特别的规定和说明外，本合同中使用的下述名词其含义为：

（一）"服务项目"——是指本合同所涉及的技术服务标的项目，其全称为：

_____
_____ 。

（二）"甲方"——是指 _____ 公司，或者该公司的法定代表人、授权代表和财产继承者。

（三）"乙方"——是指××××××技术转移中心，或者该中心的法定代表人、授权代表和财产继承者。

（四）"技术服务"——是指乙方根据本合同规定，就服务项目所涉及的特定技术工作，包括 _____ ，向甲方提供的技术指导和服务。

（五）"服务报酬"——是指按照本合同约定由甲方支付给乙方提供技术服务所应得的报酬。

第二条　技术服务的内容、方式和要求

乙方同意并保证根据本合同附件一中所规定的技术服务内容、方式和要求，向甲方提供其所需要的技术服务。

第三条　乙方的责任和义务

乙方在本合同执行期间，应承担和履行下列职责及义务：

（一）以应有的积极态度和工作效率，按照本合同规定的技术服务内容、方式及要求，进行服务；

（二）除另经甲方同意外，技术服务所涉及的各项内容应在本合同规定的期限之内完成；

（三）从事技术服务的人员名单及其所从事的技术服务工作清单，应在本合同生效后＿＿＿＿天内呈报甲方备案，技术服务应由指定的人员，提供并完成，如确有必要更换技术服务人员时，应事先以书面形式报经甲方认可后方可进行，未经甲方事先同意，不得随意更换技术服务人员；

（四）如有与第三方订立与本合同技术服务有关的分包服务合同意向或是任何拟议中的改动，事前均应以书面形式提请甲方审核认可；

（五）按照技术服务行业的惯用方式及方法，对技术服务的事项、内容、过程等作出准确、系统的记载，并主动向甲方就技术服务工作的进度情况进行定期的汇报，在甲方有要求时，应随时予以汇报，并允许甲方或其授权代表随时检查或复制技术服务的记录材料；

（六）技术服务结束后，在向甲方交付本合同规定的技术成果的同时，提交技术服务终结报告。

第四条　甲方责任和义务

甲方在本合同执行期间，应承担和履行下列责任和义务：

（一）向乙方阐明所需要解决的技术问题的要点，并提供服务项目的技术背景资料及有关的技术数据、工艺图纸、原始设计文件等技术资料；

（二）根据乙方的要求随时补充说明有关情况，追加有关技术资料、数据等；

（三）提供给乙方的技术资料、数据有明显错误和缺陷的，一经发现应及时修改、调整；

（四）为乙方的技术服务工作提供场所和必备的其他方面的工作条件，其他方面的工作条件包括＿＿＿＿＿＿＿＿＿＿＿＿＿＿＿＿＿＿＿＿＿＿＿＿＿＿＿＿＿＿＿＿＿＿＿＿＿＿＿＿＿＿＿＿＿＿＿＿＿＿＿＿＿＿＿＿＿＿＿＿＿＿＿＿＿＿＿＿＿＿＿＿＿＿＿；

（五）按照本合同的约定，如期足额向乙方支付其应得的服务报酬。

第五条　技术资料的保密事项

甲方向乙方提供的技术资料，有需要保密的，应在资料上加以标明，或以书面形式对需要保密的材料名称或代号加以一一说明。

乙方对于甲方提供的需要保密的技术资料，必须加以妥善保管，并在约定的范围及场合条件下使用，承担保密的责任和义务。

甲方未向乙方申明保密的技术资料，乙方不承担保密的责任和义务，甲方也不得干预乙方对这些技术资料的引用、发表和向第三方提供。

本合同解除或者终止后，除甲方另有特别的说明外，本合同的保密条款仍然有效，乙方继续承担约定的保密义务及责任。

第六条　服务成果的验收与交付

本合同规定的技术服务工作结束后，由甲乙双方共同组织对技术服务成果的验收和交付。

技术服务成果的验收标准按照本合同附件一切工作的约定要求执行。

技术服务成果的验收采用下述第_____种方法：

（一）甲方或其授权机构单方认可即视为验收通过；

（二）鉴定会；

（三）专家小组评估；

（四）专业鉴证机构鉴定。

当采用鉴定会、专家小组评估和专业鉴证机构鉴定方法验收时，鉴定会和专家小组的组成办法及其人员名单和专业鉴证机构的选择，由甲、乙双方事前协商确定。

技术服务成果通过验收后，由验收方出具书面验收证明。之后，乙方根据验收证明向甲方办理技术服务成果交付手续，服务项目结束。

技术服务成果未能通过验收时，乙方应对技术服务存在的问题采取有效措施加以解决，直到形成可交付的成果为止。

第七条　服务报酬

本合同技术服务报酬采用下列第____种支付方式支付：

（一）一次总付，报酬总额为_____万元人民币，付款时间为_____。

（二）分期支付，报酬总额为_____万元人民币；

　　　　　第一次支付____万元，时间为_____；

　　　　　第二次支付____万元，时间为_____；

　　　　　第三次支付____万元，时间为_____。

（三）提成支付，具体方法为_____。

甲方向乙方支付的前述技术服务报酬包括本合同履行过程中，乙方进行必要的调查研究、分析论证、试验测试及其他相关活动所发生的任何费用支出，但另有书面商定的除外。

甲方承诺保证按本合同规定的时限和数额如期足额向乙方支付其提供技术服务的应得服务报酬，如果未能按本合同规定的时限付款，每延期1天，甲方向乙方支付按应付未付款额 0.2% 计算的罚金作为延期付款的补偿。

第八条　违约责任

本合同生效后执行过程中，合同双方均应按照合同的要求切实履行自己承担的责任和义务，任何一方不履行或不完全履行本合同约定义务的，应承担相应的违约责任，并赔偿由此而给守约方造成的损失。

（一）甲方未能按照本合同约定向乙方提供有关技术资料和工作条件，影响乙方的工作质量和进度的，由此造成的经济损失由甲方承担，甲方应当如数向乙方支付服务报酬；甲方逾期两个月不向乙方提供约定的技术资料和工作条件的，乙方有权解除本合同，同时要求甲方赔偿由此而给乙方造成的经济损失。

（二）乙方技术服务工作结束后，甲方不按本合同规定的期限接受技术服务工作成果的，每逾期 1 周，应向乙方支付按本合同服务报酬总额 1.5% 计算的违约金；逾期三个月不领取技术服务工作成果的，乙方有权处分其技术服务工作成果，所得收益用于抵偿其技术服务的应得报酬和甲方逾期接受技术服务工作成果的应付违约金；如果所得收益不足以抵偿乙方的应得服务报酬和甲方的应付违约金的，乙方有权请求甲方补齐不足部分。

（三）乙方在本合同执行过程中，发同甲方提供的技术资料或者工作条件不符合本合同约定的，应以可查证的方式及时通知甲方在约定的期限内予以更换或者补充、修改，甲方收到乙方通知后未能按期作出答复予以响应的，承担由此造成的一切经济责任及损失。

（四）乙方在本合同执行过程中，发现继续工作对材料、样品或者设备、生产线等有损坏危险时，应当中止工作，并以可查证的方式及时通知甲方，同时提出处理建议，甲方在约定的期限内作出答复，甲方未能按期答复的，由此造成的一切损失由甲方承担；如果乙方应当中止工作而未能中止工作或应当采取适当的措施而未能采取措施，并且也未能及时通知甲方，则由此造成的一切损失及后果由乙方承担。

（五）乙方的技术服务成果存在质量上的缺陷，甲方仍同意利用、接受的，乙方应酌情减收服务报酬并采取相应的补救措施；技术服务成果承担风险严重，与本合同约定的要求相差遥远，甲方无法接受、利用的，乙方应当退还已经收取的服务报酬或免收服务报酬，如果甲方有要求，还应当向甲方支付违约金，赔偿因此而给甲方造成的经济损失。

（六）乙方未能按照本合同约定在规定的时限内以应有的积极态度和工作效率开始进行服务，或者完成约定的技术服务进度，经甲方指正后，并未采取相应的措施加以改正，甲方有权解除合同，并要求乙方返还技术资料和已经收取的服务报酬，同时支付违约金，赔偿因此而给甲方造成的经济损失。

（七）乙方对甲方交付的技术资料、样品、材料等保存、管理不善，造成丢失、变质、污染和损失的，应赔偿因此而给甲方造成的经济损失，向甲方支付违约赔偿金。

（八）乙方违反本合同的保密约定，应向甲方赔偿因泄露甲方技术秘密而给甲方造成的经济损失。

第九条 不可抗力

在本合同执行期间，合同双方中的任何一方，如果因发生不可抗力事故而影响合同执行时，可延长履行合同的时限，延长期限以相当于事故所影响的时间为限。

发生不可抗力事故时，受不可抗力影响的一方应以最快的便捷方式将事故情况通知对方，之后于15日内以快递邮件方式将有关当局出具的证明文件提交给对方进行确认。

如果不可抗力事故的影响延续到120日以上时，合同双方应通过友好协商解决合同的执行问题。

第十条 争议的解决

合同双方在执行本合同期间所发生的与本合同有关的一切争议，均应通过友好协商加以解决，如果通过协商未能达成协议，可提交双方共同指定的第三方加以调解解决；若调解无效，可提交仲裁机构通过仲裁程序加以解决，或者直接向所在地区人民法院提起诉讼，通过诉讼方式加以解决。

仲裁裁决和（或）法院判决是终局的，对双方均有约束力。

仲裁费用或诉讼费用由败诉方承担，或者按照仲裁诉裁决或法院的判决执行。

在发生争执和争执提交调解或仲裁或法院判决过程中，给所争执并提交调解或仲裁或法院判决的问题外，合同的其他部分应继续执行。

第十一条 合同的有效期

本合同经由合同双方授权代表签字加盖单位公章后即视为有效。本合同生效日为双方授权代表签字之日。

本合同有效期从合同生效日开始算起到　　年　月　日，有效期满后，本合同将自动失效。

本合同期满后，双方的未了债权和债务不受合同期满的影响，债务人应对债权人继续完成其未了债务。

第十二条 合同终止

本合同双方的任何一方在本合同期满（包括每一个续展年度）前1个月内均有权终止本合同。

在遇到下列事件或情况时，本合同有效期内，合同双方的任何一方均有权提前终止合同：

（一）一方当事人由于不履行本合同约定的全部或部分义务而损害另一方当事人的利益，致使另一方当事人基本丧失其期望从本合同中取得的利益；

（二）一方当事人对另一方不履行或不遵守其职责的情况通过书面通信手段（包括有回执的邮件、专门信使、传真、电子邮件等）告知对方，要求其改正，而对方在 30 日后仍置之不理；

（三）一方当事人继续执行本合同义务的能力受到严重影响或者继续受本合同之约束已显得很不合理；

（四）由于不可抗力因素的影响，继续执行本合同的可能性已不复存在。

第十三条　提前终止合同时的补偿

在本合同有效期内，一方无过错时另一方采取合同终止措施，无过错方有权要求终止方给予适量的损失补偿。补偿的具体办法及数额另行商定。

终止方如有确凿证据证明对方有过错或由于不可抗力因素影响已无能力执行本合同的义务而采取终止措施，则不承担补偿责任。

第十四条　合同附件、补充和修改

本合同的所有附件和双方签订的补充协议或备忘录都是本合同不可分割的组成部分，具有同等的法律效力。

本合同及其附件和补充协议或备忘录等除非经由合同双方达成一致协议，否则不得进行任何的修改、变更和增补，必须变更、修改和增补时，应由合同双方达成一致后以书面形式加以确定。

第十五条　其他条款

本合同一式两份，双方各执一份。

本合同未尽事宜，由双方协商解决。

本合同中如有一条或一条以上条款无效，其余条款仍然有效。

本合同未作规定的，按《中华人民共和国合同法》的规定执行。

甲方：＿＿＿＿＿＿＿＿（章）　　　乙方：＿＿＿＿＿＿＿＿（章）

住所：＿＿＿＿＿＿＿＿　　　　　　住所：＿＿＿＿＿＿＿＿

授权代表：＿＿＿＿＿＿　　　　　　授权代表：＿＿＿＿＿＿

单位电话：＿＿＿＿＿＿　　　　　　单位电话：＿＿＿＿＿＿

传真：＿＿＿＿＿＿＿＿　　　　　　传真：＿＿＿＿＿＿＿＿

E－mail：＿＿＿＿＿＿　　　　　　E－mail：＿＿＿＿＿＿

邮编：＿＿＿＿＿＿＿＿　　　　　　邮编：＿＿＿＿＿＿＿＿

＿＿＿＿年＿＿月＿＿日　　　　　　＿＿＿＿年＿＿月＿＿日

## 6.5 技术服务与咨询项目管理

### 6.5.1 技术服务与管理咨询项目业务流程

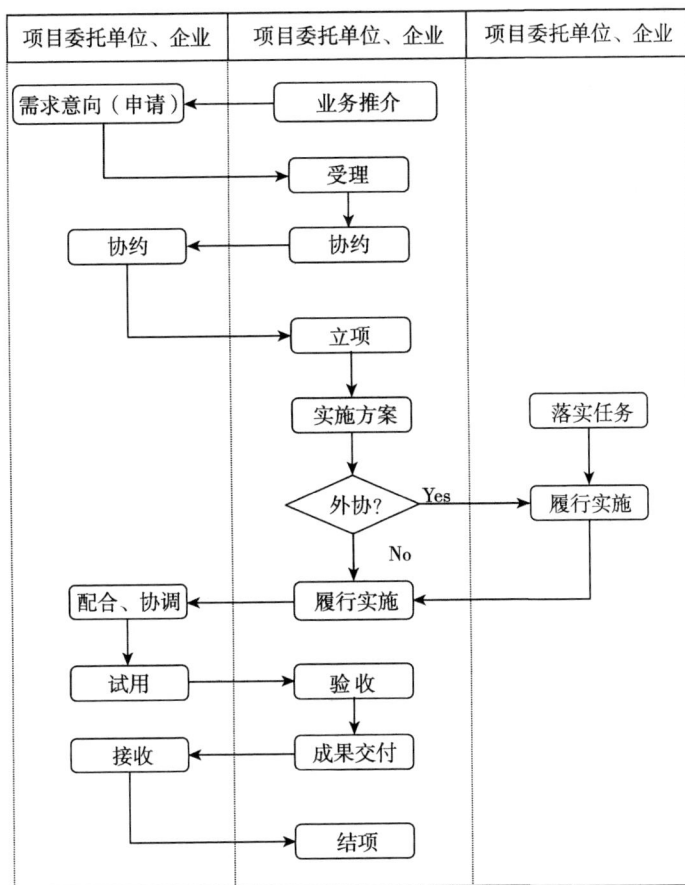

| 项目委托单位、企业 | 项目委托单位、企业 | 项目委托单位、企业 |
|---|---|---|
| 需求意向（申请） | 业务推介 | |
| | 受理 | |
| 协约 | 协约 | |
| | 立项 | |
| | 实施方案 | 落实任务 |
| | 外协？ | 履行实施 |
| 配合、协调 | 履行实施 | |
| 试用 | 验收 | |
| 接收 | 成果交付 | |
| | 结项 | |

**图6-2 技术服务与管理咨询项目业务流程**

## 6.5.2　技术服务与管理咨询项目（需求）申请

申请日期：　　年　月　日　　　　　申请号：＿＿＿＿＿＿＿＿＿＿

| 项目名称 | | 项目类别 | □技术服务　□管理咨询 | | |
|---|---|---|---|---|---|
| 项目服务内容、方式和要求 | | | | | |
| 项目服务履行事项 | 履行期限 | | 履行地点 | | 履行方式 |
| | | | | | |
| 可为服务方提供的工作条件、配合事项 | | | | | |
| 项目成果形态与验收标准 | | | | | |
| 成果验收办法 | □本单位独立验收、认可　□鉴定会　□专家小组评估　□鉴证机构鉴定 | | | | |
| 报酬及其支付方式 | 报酬额（万元） | | 支付方式 | | |
| | | | □一次总付　□分期支付 | | |
| 其他事项 | | | | | |
| 申请企业名称 | | 企业住所 | | | |
| 联系办法 | 电话 | | 传真 | E-mail | 联系人姓名 |
| | | | | | |
| 项目开发单位 | 部门名称 | | | 业务联系人 | |
| | | | | | |

【填表说明】

（1）本表由需要技术服务或管理咨询服务的企业根据表中所列内容自行填写，也可由技术转移中心的业务人员或技术经纪机构根据用户（企业）的要求及意愿代为填写，用以反映所需技术服务或管理咨询服务企业的服务需求意向。

（2）本表"申请号"项和"项目开发单位"栏所涉内容，由技术转移中心的服务受理部门（项目运行管理部）负责填写。"项目开发单位"系指开发本项目即同客户联系的单位（部门）和所涉的具体业务工作人员。

（3）本表填好后，由企业或技术转移中心的业务人员交由"项目运行管理部"，用作"项目管理部"作出是否受理该项目申请决策的重要依据。

## 6.5.3　技术服务与管理咨询项目需求统计

（起止日期：　　年　　月　　日至　　月　　日）

制表日期：　　年　月　日

| 序号 | 项目名称 | 项目申请企业 | 项目申请日期 | 项目类别 | 项目开发单位 | |
|---|---|---|---|---|---|---|
| | | | | | 部门名称 | 业务开发人 |
| 1 | | | | | | |
| 2 | | | | | | |
| 3 | | | | | | |
| 4 | | | | | | |
| 5 | | | | | | |
| 6 | | | | | | |
| 7 | | | | | | |
| 8 | | | | | | |
| 9 | | | | | | |
| 10 | | | | | | |
| 11 | | | | | | |
| 12 | | | | | | |
| 13 | | | | | | |
| 14 | | | | | | |
| 15 | | | | | | |
| 16 | | | | | | |
| 17 | | | | | | |

制表人：　　　　　　　　　　　　部门主管：

【填表说明】

（1）本表根据"技术服务与管理咨询项目申请表"，由技术转移中心项目管理部负责填报。

（2）本表分别用于月、季、年度统计。

（3）本表内容输入计算机并制成文字材料档案存档。

### 6.5.4 技术服务与管理咨询项目申请受理

受理日期： 年 月 日　　　　受理号：

| 项目名称 | | | 项目类别 | |
|---|---|---|---|---|
| 项目申请企业名称 | | | 项目申请号 | |
| 项目申请事项需要调整、改动的事项 | 项目服务内容、方式和要求 | | 项目服务的履行期限、地点和方式 | |
| | | | | |
| | 要求对方提供的工作条件、协作事项 | | 项目成果形态、验收标准及方式 | |
| | | | | |
| | 报酬及其支付方式 | | 其他事项 | |
| | | | | |
| 项目开发单位 | 部门名称 | | 业务开发人 | |
| | | | | |

制表人：　　　　　　　　　　　　　　部门主管：

【填表说明】

（1）本表由技术转移中心的"项目运行管理部"在决定受理项目申请企业的项目服务申请之后进行填写，并交由业务人员或技术经纪机构，用作项目协约磋商、谈判的条件依据及基础。

（2）本表"项目申请事项需要调整、改动的事项"栏，根据项目申请企业"项目申请表"中所列出的内容，填写需要加以改动的相关内容、事项及要求。如果同意项目申请企业"项目申请表"中所列示的事项内容及要求的，则无须填入。

（3）本表由项目运行部输入计算机，并制成文字档案材料后存档备查。

### 6.5.5 技术服务与管理咨询项目申请受理统计

（起止日期：年 月 日至 月 日）

制表日期： 年 月 日

| 序号 | 项目名称 | 项目申请企业 | 项目申请日期 | 项目类别 | 项目受理日期 | 项目开发单位 | |
|---|---|---|---|---|---|---|---|
| | | | | | | 部门名称 | 业务开发人 |
| 1 | | | | | | | |
| 2 | | | | | | | |
| 3 | | | | | | | |

续表

| 序号 | 项目名称 | 项目申请企业 | 项目申请日期 | 项目类别 | 项目受理日期 | 项目开发单位 | |
|---|---|---|---|---|---|---|---|
| | | | | | | 部门名称 | 业务开发人 |
| 4 | | | | | | | |
| 5 | | | | | | | |
| 6 | | | | | | | |
| 7 | | | | | | | |
| 8 | | | | | | | |
| 9 | | | | | | | |
| 10 | | | | | | | |
| 11 | | | | | | | |
| 12 | | | | | | | |
| 13 | | | | | | | |
| 14 | | | | | | | |
| 15 | | | | | | | |
| 16 | | | | | | | |
| 17 | | | | | | | |

【填表说明】

（1）本表根据"技术服务与管理咨询项目申请受理表"，由技术转移中心项目管理部负责填报。

（2）本表分别用于月、季、年度统计。

（3）本表内容输入计算机并制成文字材料档案存档。

## 6.5.6 技术服务与管理咨询项目立项

登记日期： 年 月 日

| 项目名称 | | 项目类别 | □技术服务 □管理咨询 | |
|---|---|---|---|---|
| 项目申请企业名称 | | 项目编号 | 申请号 | 受理号 |
| 项目服务内容、方式和要求 | | | | |
| 项目服务履行事项 | 履行期限 | 履行地点 | 履行方式 | |
| | | | | |
| 项目工作条件、协作事项 | | | | |
| 项目成果形态与验收标准 | | | | |

续表

| 项目成果验收办法 | □用户认可　□鉴定会　□专家小组评估　□鉴证机构鉴定 | | |
|---|---|---|---|
| 项目服务报酬<br>及其支付方式 | 报酬金额（万元） | | 支付方式 |
| | | | |
| 其他事项 | | | |

制表人：　　　　　　　　　　　　　　　部门主管：

【填表说明】

　　（1）本表在正式签订"技术服务合同"或"技术咨询合同"后，由技术转移中心项目管理部负责填制。

　　（2）本表各栏目内容及具体要求，根据正式合同要求和协约双方所达成的共识进行填写。

　　（3）本表为技术服务与管理咨询项目实施提供依据。

## 6.5.7　技术服务与管理咨询项目履行方案

登记日期：　　年　月　日　　　　　　　　编号：

| 项目名称 | | | 项目类别 | □技术服务　□管理咨询 | |
|---|---|---|---|---|---|
| 项目申请<br>企业名称 | | | 项目合同<br>编号及日期 | 合同编号 | 合同订立日期 |
| | | | | | |
| 项目履行<br>实施责任人 | 责任部门 | 责任主管 | 相关责任人员 | | |
| | | | | | |
| 项目实施内容、<br>方式和要求 | | | | | |
| 项目实施<br>路径、过程<br>及时间分配 | | | | | |
| 项目实施要求的<br>工作条件保障 | | | | | |
| 项目实施<br>费用预计 | 费用总额（万元） | | 费用分项预计（万元） | | |
| | | | | | |
| 项目成果形态<br>及验收标准 | 协约要求 | | 履行计划安排 | | |
| | | | | | |
| 履行期限 | 协约期限 | | 履行计划预计 | | |
| | | | | | |

【填表说明】

（1）本方案由项目履行实施责任部门负责填制。

（2）本方案所涉内容应符合项目立项表规定和项目履行实施过程的要求。

（3）本方案应输入计算机并制成文字材料存档，用作业绩考核的重要依据。

## 6.5.8　技术服务与管理咨询项目成果验收

日期：　　年　　月　　日　　　　　　　　　编号：

| 项目名称 | | 项目类别 | □技术服务　□管理咨询 | |
|---|---|---|---|---|
| 项目委托<br>企业名称 | | 项目合同<br>编号及日期 | 合同编号 | 合同订立日期 |
| | | | | |
| 项目开发与履行<br>实施责任人 | 项目开发 | | 项目履行实施 | |
| | 部门 | 业务联系人 | 部门 | 责任主管 |
| | | | | |
| 项目验收方式 | □用户认可　□鉴定会　□专家小组评估　□鉴证机构鉴定 | | | |
| 验收过程及<br>日期、地点 | 验收过程 | | 验收日期 | 验收地点 |
| | | | | |
| 验收结论（是否<br>符合项目合同规<br>定的要求，高于<br>或低于项目合同<br>要求的具体情况<br>说明等） | 验收人签章：　　　　　　　　　　　　　　　年　　月　　日 | | | |
| 项目成果交付使<br>用后的服务方案 | | | | |
| 验收相关各方对<br>验收结果的意见 | 项目委托方意见 | | 项目服务方意见 | |
| | 授权代表（签章）：　年　月　日 | | 授权代表（签章）：　年　月　日 | |

【填表说明】

（1）本表用于登记验收通过项目、验收未通过项目用验收（未通过表）进行登记。

（2）本表由项目管理部负责填制。

（3）验收结论需要制作专门文书的，文书作为本表附件，一并归档。

## 6.5.9　技术服务与管理咨询项目成果验收（未通过）

登记日期：　年　月　日　　　　　　　　　　编号：

| 项目名称 | | 项目类别 | □技术服务　□管理咨询 | |
|---|---|---|---|---|
| 项目委托方名称 | | 项目合同<br>编号及日期 | 合同编号 | 合同订立日期 |
| | | | | |
| 项目开发与履行<br>实施责任人 | 项目开发 | | 项目履行实施 | |
| | 部门 | 业务联系人 | 部门 | 责任主管 |
| | | | | |
| 项目验收方式 | □用户认可　□鉴定会　□专家小组评估　□鉴证机构鉴定 | | | |
| 验收过程及<br>日期、地点 | 验收过程 | | 验收日期 | 验收地点 |
| | | | | |
| 验收结论（项目<br>成果存在的主要<br>问题，未能通过<br>的主要原因） | 验收人签章：　　　　　　　　　　　　　　　　　年　月　日 | | | |
| 改进建议 | | | | |

【填表说明】

　　验收未能通过的项目使用此表进行登记。

## 6.5.10　技术服务与管理咨询项目结项

填表日期：　年　月　日　　　　　　　　　　编号：

| 项目名称 | | 项目类别 | □技术服务　□管理咨询 | |
|---|---|---|---|---|
| 项目委托方名称 | | 项目合同<br>编号及日期 | 合同编号 | 合同订立日期 |
| | | | | |
| 项目开发与履行<br>实施责任人 | 项目开发 | | 项目履行实施 | |
| | 部门 | 业务联系人 | 部门 | 责任主管 |
| | | | | |

续表

| 验收及交付<br>使用时间 | 验收日期 | | 交付使用日期 | |
|---|---|---|---|---|
| | | | | |
| 项目开发与履行<br>实施的成功经验<br>和需要改进的主<br>要问题 | | | | |
| 项目收支（万元） | 项目收入 | 项目费用支出 | | 项目净利润 |
| | | | | |
| 其他相关事项 | | | | |

制表人：　　　　　　　　　　　　　　部门主管：

【填表说明】

　　本表由项目履行实施责任人负责编制，完成后交由项目管理部存档备查。

## 6.5.11　技术服务与管理咨询项目验收、结项统计

（截止日期：自　　年　　月　　日至　　月　　日）

制表日期：　　年　　月　　日

| 序号 | 项目<br>名称 | 项目委托<br>企业名称 | 项目类别 | 项目合同<br>编号 | 项目验收 | | 项目交付<br>使用日期 |
|---|---|---|---|---|---|---|---|
| | | | | | 状态 | 日期 | |
| 1 | | | | | | | |
| 2 | | | | | | | |
| 3 | | | | | | | |
| 4 | | | | | | | |
| 5 | | | | | | | |
| 6 | | | | | | | |
| 7 | | | | | | | |
| 8 | | | | | | | |
| 9 | | | | | | | |
| 10 | | | | | | | |
| 11 | | | | | | | |
| 12 | | | | | | | |

**【填表说明】**

（1）本表根据"项目验收登记表、验收未通过登记表和项目结项表"，由项目管理部负责编制。

（2）本表用于月、季、年度统计。

（3）本表"项目验收状态"栏，通过验收的填"通过"，未能通过验收的填"未通过"。

# 6.6 客户投诉处理

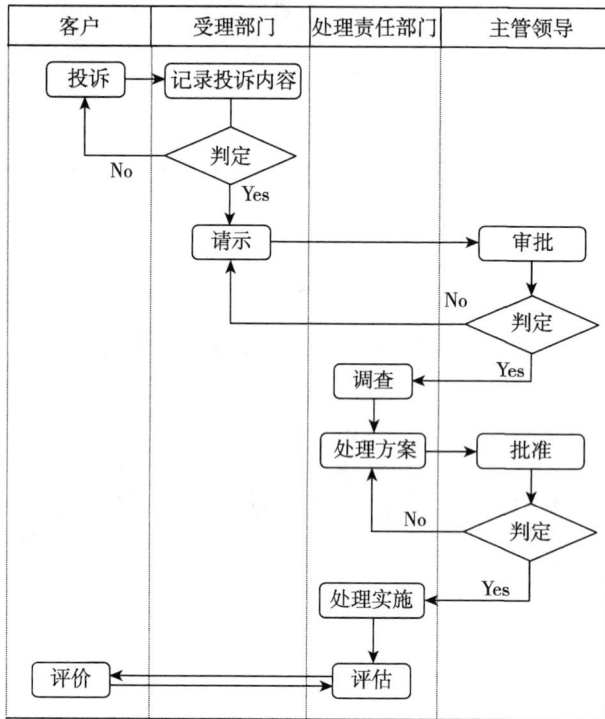

**6－3　客户投诉处理流程**

## 6.6.1 客户投诉处理程序

程序说明：

（1）记录投诉内容。利用客户投诉登记表详细记录客户投诉的全部内容，包括投诉人名称、投诉方式、事项、时间、投诉的内容及要求等。

（2）判定投诉是否成立。接待客户投诉的人员及部门，在了解客户投诉情况后，对客户投诉的理由是否成立、要求是否合理作出判定。如果投诉不能成立，应以委婉的方式答复客户，取得客户的谅解，消除误会。如果投诉成立，应向上级主管作出如实汇报。

（3）确定投诉处理责任部门。根据客户投诉的内容，确定相应的责任单位和人员负责处理客户投诉事宜。

（4）调查、分析投诉事宜。由负责处理客户投诉的责任人对客户投诉事宜进行专门的调查和分析，查明客户投诉的具体原因及造成客户投诉的具体责任人。

（5）制定投诉处理方案。根据实际情况，参照客户的投诉要求，由投诉处理责任部门负责提出解决投诉的具体方案，上交主管领导审查、核准。

（6）主管领导审核、批准。

（7）实施处理方案。执行投诉处理方案，通知客户，同时处罚直接责任者，并尽快收集客户的反馈意见。

（8）总结、评估。对投诉处理过程作出总结，进行综合评价。

## 6.6.2　客户投诉

单位名称：　　　　　　　　　　　　　　　　　年　　月　　日

| 单位名称 | | 联系人姓名 | 联系电话 | 传真 |
|---|---|---|---|---|
| | | | | |
| 通信地址 | | 邮编 | E－mail | |
| | | | | |
| 投诉事项 | ○ 技术投诉　　○ 合同投诉　　○ 服务投诉　　○ 咨询项目投诉　　○ 其他 | | | |
| 问题发生的原因及经过 | | | | |
| 对问题处理的要求 | | （单位公章） | | |

【制表说明】

1. 客户不满意技术转移中心提供的技术及其服务时，可使用本表向技术转移中心提出投诉。

2. 本表填好加盖单位公章后可通过传真、信函、电子邮件或派人专送等方式传递至技术转移中心客户投诉受理部门。

3. 本表中"技术投诉"，适用于转让技术本身存在某种缺陷，其内涵、特性、用途、标准等与技术说明不相吻合等情况的投诉；"合同投诉"，适用于相关的合同执行与合同规定不相一致的投诉;"服务投诉",适用于服务过程中出现的各种问题,如服务质量低下、态度差、未能按要求提供服务等的投诉;"咨询项目投诉",适用于技术服务与管理咨询项目实施过程中出现的各种问题的投诉。"其他",系指除前述问题外由于其他问题的投诉。

## 6.6.3 客户投诉登记

登记日期: 年 月 日　　　　　　受理编号:

| 客户名称 | | 联系人姓名 | 联系电话 | 传真 |
|---|---|---|---|---|
| | | | | |
| 客户住所 | 收到投诉时间 | | | |
| 投诉方式 | | 投诉事项 | | |
| 投诉的具体内容 | | | | |
| | | | | |
| 投诉要求 | | | | |
| | | | | |
| 处理意见 | 投诉受理经办人 | 部门主管 | | 主管领导 |
| | | | | |

经办人:　　　　　　　　　　　　　　单位主管:

【填表说明】

1. 本表用于记载、反映客户投诉情况。

2. 本表由收到(或专门受理)客户投诉的人员负责如实填写。

3. 本表由技术转移中心综合事务管理部归档管理。

4. 本表"投诉方式",分为"电话"、"传真"、"信函"、"电子邮件"和"面诉"等5种方式。

## 6.6.4　客户投诉调查

日期：　　年　　月　　日　　　　　　　　调查编号：

| 投诉客户名称 | | 联系人姓名 | 联系电话 | 传真 |
|---|---|---|---|---|
| | | | | |
| 客户住所 | | 联系电话 | | |
| 投诉事项 | | 调查受理日期 | | |
| 客户投诉内容及要求 | | | 投诉受理意见 | |
| | | | | |
| 问题责任单位 | | 接待人姓名 | | |
| 调查纪实：调查经过，问题发生原因、经过、责任人等 | | | | |
| | | | | |
| 处理意见、建议 | 经办人 | | 单位主管 | |
| | | | | |

调查经办人：　　　　　　　　　　　　　　单位主管：

【填表说明】

1. 本表用于记载、反映客户投诉事项的调查情况 。

2. 本表由接受调查任务的经办人员负责如实填报。

3. 本表中的"调查受理日期"，系指接受调查任务的日期。

4. 本表交由综合事务管理部存档并保管。

## 6.6.5　客户投诉处理方案

日期：　　年　　月　　日　　　　　　　　处理编号：

| 投诉客户名称 | | 联系电话 | 传真 | 联系人 |
|---|---|---|---|---|
| | | | | |
| 投诉事项 | | 投诉要求 | | |
| | | | | |
| 调查结果及意见 | | | | |
| | | | | |
| 处理实施方案：处理办法、方式、时限等 | | | | |
| 经办人： | | | | |
| 主管领导批示 | | 实施确认 | 造成客户投诉的责任单位 | 客户投诉处理责任单位 |
| | | | | |

经办人：　　　　　　　　　　　　　经办主管：

【填表说明】

    1. 本表由负责拟订客户投诉处理方案的责任人负责填报。

    2. 本表交由综合事务管理部存档并保管。

### 6.6.6 客户投诉处理结果登记

日期：　　年　月　日　　　　　　　　处理结果编号：

| 投诉客户名称 | | | 投诉日期 | |
|---|---|---|---|---|
| 投诉事项 | | | 投诉受理编号 | |
| 投诉处理方式 | | | 投诉处理时限 | |
| 处理通知事项 | 通知方式 | 客户接待部门及经办人 | 通知时间 | 通知经办人 |
| | | | | |
| 客户意见反馈 | | | | |
| 处理结果确认 | 处理责任部门 | 发生问题的责任单位 | | 主管领导 |
| | | | | |

结果处理经办人：　　　　　　　　　　结果处理单位主管：

【填表说明】

    1. 本表用于记载、反映客户投诉处理的最终结果情况。

    2. 本表由负责处理客户投诉事项的责任人负责填报。

    3. 本表交由综合事务管理部存档并保管。

### 6.6.7 客户投诉统计

（起止日期：　　年　月　日至　　年　月　日）

统计日期：　　年　月　日

| 序号 | 投诉受理 | | 投诉客户名称 | 投诉内容（事项） | 造成客户投诉的 | | 投诉处理 | | 客户反馈意见 |
|---|---|---|---|---|---|---|---|---|---|
| | 日期 | 编号 | | | 责任部门 | 责任人 | 日期 | 方式 | |
| 1 | | | | | | | | | |
| 2 | | | | | | | | | |
| 3 | | | | | | | | | |
| 4 | | | | | | | | | |
| 5 | | | | | | | | | |
| 6 | | | | | | | | | |
| 7 | | | | | | | | | |

制表人：　　　　　　　　　　　　　　制表单位主管：

【填表说明】

1. 本表根据"客户投诉登记表"、"客户投诉处理结果登记表",由综合事务管理部负责填报。

2. 本表分别用于月、季、年度统计。

3. 本表内容输入计算机并制成文字材料存档。

# 案例 1　技术交易服务平台研发项目咨询报告

1. 项目目标与任务

(1) 项目目标与任务需求分析

技术交易全过程服务是以技术转移的国际化理念,在传统的技术交易系统基础上,通过建立完备的服务体系,利用包括物联网、云计算等最新的信息技术手段,实现技术交易在规模数量上的扩展和质量上的突破。纵向上,技术交易将实现从市场场所服务下延至技术持有部门(者),上展至技术转移产业部门,形成稳定的金字塔结构服务层次。横向上,技术交易将从狭义的买卖中介扩展到技术需求分析与引导、供求信息的搜集整合、技术集成与孵化、产业化服务的跟踪与完善、转移技术的换代支持等领域,形成完整的服务链环节。

技术交易全程服务支撑平台研发及应用的主要研究内容是在互联网以及物联网环境下,探索技术交易相应的商业运作模式,研究如何利用信息化手段研发全新的支撑平台,提高技术交易服务绩效,推进技术交易服务产业的形成与发展。

技术交易全程服务涉及技术的产品化、商业化、产业化中的各过程,服务需求包括:洞察技术和市场之间的联系,运用对技术和市场的双重远见,选择相关创意的先进技术或适用技术;依据服务需求对选定技术进行集成、孵化、推介等;展示该项技术;技术交易商务电子化和供求双方的互动化;知识产权竞价交易;实现和支持该项技术的可持续商业化和产业化。

本案例重点介绍技术交易全程服务体系中的知识产权竞价交易系统。项目围绕知识交易的核心环节及过程,解决与之相关的平台资源投入及其他配置性服务问题。

(2) 项目主要技术难点和重点

项目亟需从服务需求、数据需求、管理需求和安全需求等多方面,进行创新性的研发与商业模式重构。

项目主要技术难点有:技术交易服务缺乏统一的网络服务规范和数据交换标准;部分信息服务平台系统构架设计不合理,难以达到技术交易全程服务的需求;数据集成瓶颈是最棘手的问题之一,没有统一的专业信息检索采集标准,重复录入,相互复制问题突出。"冗余信息"、"信息孤岛"不仅浪费了网络资源,无法让用户快捷有效地查询有效目标信息,更难获取有价值的技术转移信息,严重影响了技术交易服务系统的使用效率和可信度；尚未形成有效的网络运营体系。技术交易各服务环节网站间缺乏有效的运营联系与合作；技术转移服务机构缺乏专业化、信息化、国际化服务能力；为技术交易全程提供服务的高层次、复合型技术经营人才匮乏。

随着技术交易品种不断丰富、交易模式不断创新、技术交易规模不断扩大，要对技术交易全程服务提供支撑，亟需加强技术转移示范机构能力建设，建立支撑技术交易全程服务的高层次人才队伍，提高服务效能。

项目建设的技术重点包括：技术交易供需系统数据采集规范、技术交易项目跟踪与深层服务与数据挖掘策略；技术合同登记发布指数体系规范，异构数据集成标准制定；多语言服务标准、第三方网上支付功能以及线上线下一体化综合服务机制研究；技术转移服务机构网上、网下协同服务及业务流程研究；技术转移高层次人才培养与基地发展模式研究；物联网汇聚技术、传感器及精准农业装备、专家知识库、虚拟现实与电子商务等技术集成及示范应用；基于大规模虚拟化数字应用展示和垂直应用型云计算、在线交易撮合引擎的研发；设计专利保护标准、制度和查询的精准快速技术；设计版权交易预期模型的建立；虚拟化、云存储架构及优化、弹性资源管理、数据安全研究。

2. 现有工作基础与优势

(1) 国内外现有技术、知识产权和技术标准现状及预期分析

海外的技术市场经过 370 多年的发展，已到成熟阶段，近几年出现了多个技术交易电子商务平台。调查显示，Yet2.com 是全球首次利用网络进行虚拟技术交易的先驱，也是目前全球最大的网络技术交易市场平台。该平台于 1992 年由 3M、Boeing、Dow、DuPont、Ford、Honeywell 等十余家国际知名企业投资发起建立，之后又陆续扩增近 60 家，总部设于美国马萨诸塞州。该平台在全球范围内拥有 3M、Bayer、Dupont、Boeing、P&G、Philips、NTT－AT、Ford 等 8 000 余位使用者，以及上千项的技术与技术需求。同时，该平台提供技术的取得与授权、知识财产顾问咨询、知识财产组合分析、专利维护、评估与诉讼支援、资金核查等服务。美国国家技术转移中心（NTTC）于 1989 年建立技术交易市场平台，目前已成为美国各联邦实验室、太空总署与美国各大学对企业界提供技术转移等各项服务的重要机构，负责维护超过 700 个联邦实验室与 100 所大学每年所产生的 10 万个、价值 7 000 多万美元的研发成果资料。欧洲创新转移中心（IRC）利用遍布 30 个国家、68 个地区、超过 250 家技术创新中心的地理便利性，通过网络工作平台的建设，提供跨国的即时技术交易服务，对欧洲区域间的技术转移成效颇大。德国创新市场（IM）技术交易网站信息分成 3 个主题，分别是创新寻求资金、创新寻求企业、企业寻求创新。E－Technomart 是日本

最著名的国家级技术交易市场平台，强调地域性的推动，并且着重在商谈与展览活动、技术信息网站以及技术交易服务人员实时联络等3大部分。2000年，韩国技术交易所（KTTC）通过建立国家技术转让数据库和网络来构筑公共及民间部门的技术转移体系，为技术供求双方提供技术交易平台及技术交易支持系统。2004年，香港生产力促进局（HKPC）设立网上知识产权交易平台，为内地18个省市的科技产权交易中心的项目与香港及海外的投资者或企业互相配对，促成合作。

国内技术交易从20世纪70年代末萌芽以来，目前进入快速发展阶段，技术交易平台建设已经初具规模。目前国内涉及技术交易的网站有几千家，其中涉及技术商品信息交易等的有几百家，全国省级技术市场均建立了相应的技术交易网络或网站。以功能划分，目前已有的相关网站主要分为3类：一是国家级综合性网络平台，是面向全国提供技术信息为主要目标建设的，如"中国技术联播"、"中技网"、"创新驿站"等。"中国技术联播"网络平台为国内420多个地级以上科技机构开设了技术交易专页，吸纳了全国150多个地级科技局和技术交易机构的高新技术项目、投资、技术需求等项目12万项。二是地方性网络平台，是以明确的面向地方技术交易需求进行服务，旨在促进地方经济建设为目的。三是需求单向定位的网络平台，以解决区域内企业技术需求为主要建设目标的。此外，还有许多高校的网站则是以提供技术输出为主。

（2）项目申请单位及主要参与单位研究基础

项目承担单位长期从事技术交易服务，在行业内具有明显的综合优势，曾组织技术合同登记系统研发、技术信息BI分析、技术交易指标体系建设等多项共性关键技术攻关，取得了多项软件著作权。本项目的研发将以项目组已经取得的众多研究成果为主要基础，采用计算机网络、信息技术、信息安全、商业智能技术、物联网技术、云计算技术自行研发技术交易服务平台。项目的流程控制、数据挖掘、后评价分析、智能统计等，以及物联网、云计算示范应用等相关文献及报道，尚无专门的专利技术进行登记，不涉及相关知识产权的侵权和纠纷。

项目采用政产学研用单位联合申请、协作开发、公共支撑模式，发各单位在技术市场管理与服务、海量技术交易信息处理、数据汇集、智能统计分析、人才培养、机构建设、国际技术转移等服务优势，通过应用示范，利用高性能云计算服务平台，提供网络环境下的技术交易服务，促进战略性新兴产业的发展，推动基于物联网技术和精准种植云服务技术的虚拟现实技术和物流配送以及网上支付的商业模式在精准种植、休闲观光农业、农产品质量溯源等的应用和技术交易。

随着知识经济的发展，与知识产权产业密切相关的各种服务活动日益增多，主要体现在围绕专利、商标、版权（包括计算机软件）、新品种、地理标志与原产地保护等知识产权领域的各种新兴服务业：如对专利、商标、版权（著作权）、软件、集成电路布图设计等的设计、代理、转让、登记、鉴定、评估、认证、咨询、检索、转化、孵化、融资与产业化服务等活动，其特点包括服务高度依赖专业性知识和法律法规，服务与创新之间的关系日益密切，服务与有形产品日渐交融，服务与就业者的素质密切相关，即服务的知识化、法律化、网络化和国际化等。

　　3. 研究内容

　　在近年来技术市场建设的工作基础上，进一步创新服务理念，利用全新的技术手段，加强商业模式创新和技术集成创新，建立健全技术交易全过程服务体系，实现技术交易量的扩展和质的突破。

　　该项目拟融合科技研发、成果转化、市场导入和产业化为一体，构建"全链条、全要素"的技术交易全过程服务支撑平台。该平台将利用物联网、云计算等先进技术，探索技术交易全程服务的商业运作模式，研究如何利用信息化手段研发全新的支撑平台，推进技术交易服务业的形成与发展。

　　该项目拟围绕技术交易全程服务，构建技术交易全过程服务体系、技术转移机构与人才支撑体系、技术转移示范应用体系和云计算技术支撑体系。

　　技术交易全过程服务体系包括：技术交易供需系统；技术市场统计指标体系；技术交易登记、分析、发布系统；技术交易项目评估与产业化服务系统；多语言互译服务；线上线下一体化国际技术转移服务及第三方网上支付平台；知识产权竞价交易系统（图6-4）等。

　　本案例重点介绍项目中知识产权竞价交易系统的研究方案。

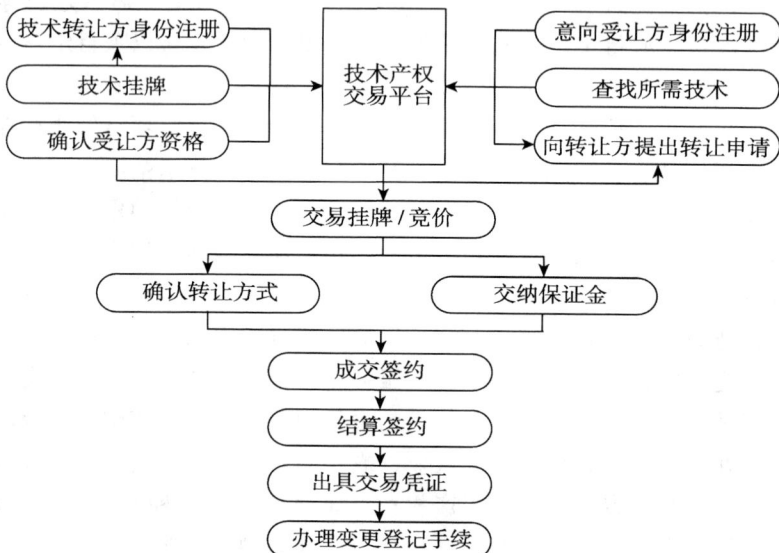

图6-4　知识产权竞价交易流程

（1）知识产权交易平台

知识产权交易平台可以满足客户的个性化需求，为不同行业、不同区域、不同企业提供知识产权一站式服务。

要提供技术交易全过程服务平台，其核心在于知识产权的服务。从供方对知识产权的登记注册，到需方对知识产权的信息获取，直到最后交易完成，这种服务贯穿整个交易的始末。构架于知识产权服务的基础上的具体的功能如图6-5所示。

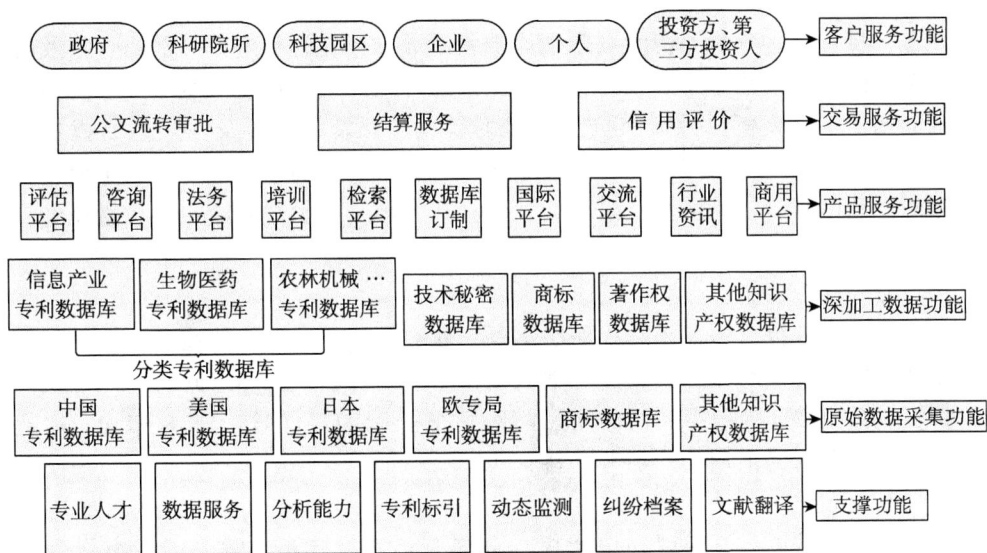

**图6-5 知识产权交易平台**

（2）平台支撑功能

①数据服务

各类专利、商标的知识产权数据是技术转移平台开展各类服务的基础，只有能及时获得最全面的知识产权数据才能提供一流的服务。技术转移平台联合国家知识产权局知识产权出版社及东方灵盾等业内知名的专业数据供应商来打造国内外最全、最新的知识产权数据库。现在技术转移平台上的专利数据库是国内更新最快、内容最全的专利数据库。

②分析能力

数据分析是将原始专利信息转变为有价值的信息的重要手段，是提供知识产权咨询服务的基础工作。技术转移平台整合了知识产权出版社、东方灵盾、新加坡知识产权交易所等国内外一流的数据分析服务机构，另外还与国内外一流的律所合作，从法律的角度对专利信息提供专业的解读。这些分析能力将为客户提供一流的咨询、法务指导等服务。

③专利标引

专利标引是针对不同行业、不同区域提供个性化数据库订制的重要手段之一。技术转移平台针对每个客户的关注点不同，将客户关注的知识产权数据从海量的原始数据当中筛选出来并进行专业的标引，从而使客户可以方便、快捷地查询相关数据。

④动态监测

平台将会定时分析国内专利数据库的最新数据，并将与海关等部门合作及时获得全面的进出口数据，加强对可能产生知识产权纠纷的重点领域和产生的结果进行动态监测并分析，为国家重点领域的研究、开发、生产及国际贸易提供服务；为地方知识产权管理部门、科技园区提供必要的咨询支持；对国内企业可能遭遇的专利障碍、技术壁垒提出预警，使企业能够及早发现问题，尽量避免经济纠纷。

⑤专利纠纷档案

平台整理各行业的知识产权纠纷案例，建立知识产权纠纷档案库。客户及平台专家可以通过该纠纷档案库随时掌握知识产权纠纷涉及的热点问题、纠纷案件的特征、数据和其他值得关注的问题，从而进一步为自身的知识产权布局、风险规避及相关研究提供翔实的参考资料。

⑥专业人才

组建专家委员会，聘请知识产权行业内有丰富经验和影响力的专家作为委员，指导平台的日常工作；建立了各个行业的专家库，为知识产权评估等服务提供专家支持。与北大知识产权学院、北京工业大学技术转移人才培养基地等院所合作，培养更多的专业人才，为平台进行专业人才梯队建设，保证平台在业务量及业务范围扩大时有充足的人才储备。

（3）专利数据采集

专利数据由世界各国的原始专利数据库、商标数据库及其他知识产权数据库组成。其中原始专利数据库包括以中国、美国、日本、英国、法国、德国、瑞士及世界知识产权组织、欧洲知识产权组织两个世界知识产权组织在内的七国两组织专利数据库为主共98个国家和地区的专利数据。

（4）深加工数据功能

深加工数据为按照行业及客户关注点进行深加工的专利数据库、商标数据库和其他知识产权数据库。它将作为所有的检索、分析、咨询等服务的数据来源，同时可以为客户提供数据库订制服务。

（5）产品服务功能

产品服务基于数据及业务能力基础，技术转移平台为客户推出了 10 个服务子功能，它们分别为：

①知识产权评估服务

知识产权的评估包括从专利分析的角度对某项专利技术进行法律状态、技术水平、市场价值 3 个方面进行评估。另外还针对商标的市场价值进行评估。

②知识产权咨询服务

技术转移平台可以为客户提供包括专利、商标在内的知识产权管理体系建设、战略分析、预警等全方位的咨询服务。

③知识产权法务服务

技术转移平台可以提供全面的知识产权法律相关服务及知识产权代理服务，为企业在国内外遭遇侵权或诉讼提供全流程的法律服务并开展国内外专利、商标申请代理服务。

主要业务包括：专利申请（含 PCT）、专利侵权、专利行政诉讼；商标注册、商标侵权、商标行政诉讼、驰名商标的认定和保护等。

④知识产权培训服务

该服务主要针对企业和中介机构。培训内容分为：提高知识产权意识、完善知识产权管理体系及知识产权实务等，根据培训对象设有沙龙、论坛、集中培训、上机操作等多种培训形式，并为客户提供个性化的订制培训。

⑤知识产权检索服务

技术转移平台集成了各主流服务提供商的免费在线检索框，客户可以根据自己喜好选择某个检索框使用。如果在线检索无法满足客户的需求，技术转移平台还可以提供更专业的订制检索服务，如专题技术检索、专利权人检索、IPC 分类专利检索、防止侵权检索、宣告无效检索、法律状态检索等。

⑥知识产权数据库订制服务

知识产权数据库是针对特定领域从海量初级专利信息数据中筛选，并进行深加工所形成的数据库。它具有专业领域专利信息集中、全面，信息挖掘程度高，检索方便等优点。该平台不仅可以提供国内外的综合专利数据库，还提供已经完成了的几十个专题专利数据库，同时还提供数据库订制功能，满足客户的个性化需求。

⑦国际业务

技术转移平台运营机构致力于为境内外各类相关机构与企业提供产品和技术代理服务。现已与美国、欧洲、日本、以色列、新加坡等多个国家的知名专业服务机构建立了战略合作关系，并开始国际技术在国内的挂牌推介。

国际业务主要包括：专利、商标、专利申请权跨国交易；跨国知识产权诉讼代理服务；专利预警服务等。

⑧论坛沙龙服务

技术转移平台定期举办各种形式的论坛和沙龙，汇聚知识产权行业各方资源，促进行业内交流与发展。

⑨行业资讯服务

技术转移平台将以网站和杂志为载体，将知识产权行业最新的综合资讯及时发布出来。同时为客户提供专业的资讯订制服务，客户可以根据自己的关注点选择订制包括政策法规、行业技术信息、相关案例、热点诉讼等在内的分类信息。通过个性化订制服务，客户可以用最短的时间找到最需要的内容。

⑩知识产权商用服务

技术转移平台为提高知识产权商业化效率，联合银行、担保机构、投资机构、信托公司、评估机构和律师事务所等各方机构，并配套实施相关政策和财政资金支持，针对科技型中小企业，以自主创新知识产权为核心，建立了高效、优质的知识产权商用平台，为中小企业在各个阶段的融资提供一站式服务。具体服务包括：知识产权质押贷款及配套服务、集合信托产品（票据和债券）、中小企业股权投资服务、股权激励咨询服务等。

（5）交易服务功能

技术转移平台的第5层为客户提供专利、商标在内的知识产权交易服务。客户可以在该层实现知识产权的增值及战略布局。技术转移为知识产权的交易提供资金结算服务和信用评价服务。

①公文流转服务

在技术交易过程中，要实现真正的一站式服务，与政府的互动是必不可少的。政府职能部门，包括知识产权管理部门、各级财政部门、银监部门、税务部门、工商部门等，应通过技术转移平台建立共同协作机制，通过公文流转服务完成对技术交易过程的审查、审批等流程，并通过SOA技术与现有的政府OA系统相结合，从而减少企业的交易环节。

②资金结算服务

服务交易中，付款方式常常成为签订合同双方讨论的核心问题。针对知识产权服务交易的特殊性，技术转移平台建立了项目监管制度，提供资金第三方结算服务。技术转移平台运营机构对平台上签订的服务合同进行全程质量跟踪。技术转移拥有丰富的专业团队储备，可以充分发挥这一资源优势，结合资金第三方结算服务，保证交易过程的顺利完成，必要时提供相关法律咨询服务。

③信用评价服务

技术转移平台将实时公开服务会员在平台上的知识产权服务交易额、交易单数、客户评价，并为服务会员进行定期信用评级。通过以上措施，技术转移平台将维持一个良好的信用环境，从而使客户可以方便、放心地选择服务商。

（6）会员客户层

该层为技术转移平台服务的会员客户，主要包括政府、科研院所、科技园区、企业、VC/PE、天使投资人等。

4. 技术路线选择

（1）J2EE 技术

J2EE 是主流的技术体系，J2EE 已成为一个工业标准，围绕 J2EE 有众多的厂家和产品，其中不乏优秀的软件产品，合理集成以 J2EE 为标准的软件产品构建平台，可以得到较好的稳定性、高可靠性和扩展性。

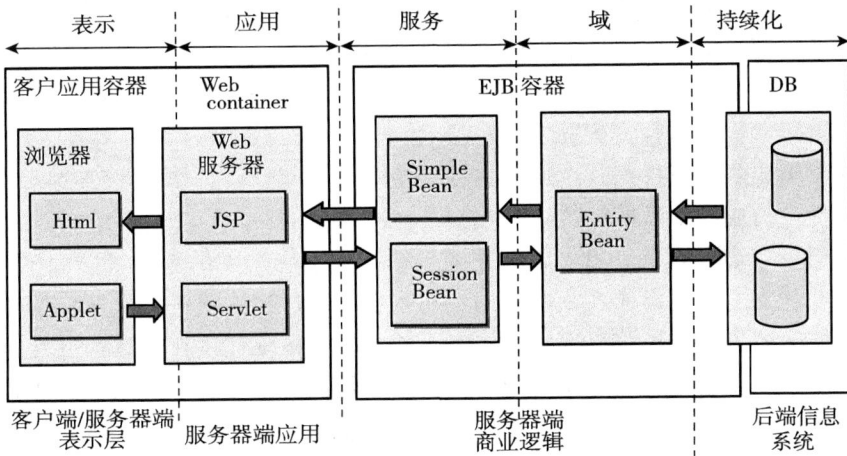

**图 6—6　J2EE 体系结构**

J2EE 技术的基础是 JAVA 语言，JAVA 语言与平台的无关性，保证了基于 J2EE 平台开发的应用系统和支撑环境可以跨平台运行。

基于 J2EE 技术的应用服务器（Application Server）主要是用来支持开发基于 Web 的三层体系结构应用的支撑平台，这一类的产品包括 IBM Websphere、BEA Web Logic 和 JBOSS 等。

（2）中间件技术

服务平台需要支持多种应用软件和管理多种应用系统，软、硬件平台和应用系统之间需要可靠和高效的数据传递或转换，使系统的协同性得以保证。因此，需要一种构筑于软、硬件平台之上，同时对更上层的应用软件提供支持的软件系统，而中间件技术正是在这个环境下应运而生。

中间件是一种基于分布式处理的软件，不仅仅实现互连，还要实现应用之间的互操作；中间件的网络通信功能实现不同的技术之间共享资源。中间件运行于客户机／服务器的操作系统之上，管理计算资源和网络通信。

（3）应用集成技术

应用集成的核心是一组开发工具，它可以生成用于联接不同应用系统的组件，通过这些组件对应用系统进行再构造，形成一个更强大的系统如图6－7所示。

应用集成系统由开发套件、运行平台和应用集成联接组件组成。应用集成系统的开发套件具有开发应用集成联接组件和部署应用集成联接组件功能。开发套间通过其中的工具分别对联接组件的输入、输出端、对应关系和处理要求进行描述，开发组件根据这些描述，运用已有的基本模板，生成专用的应用集成联接组件，并通过部署工具将应用联接组件部署到运行平台。

运行平台是应用联接组件的基础，对组件的运行进行协调和监控，包括对运行框架进行解释，运行情况的记录和显示、异常情况处理等。

应用集成联接组件是整个应用集成系统的关键部分，其作用是连接系统中已有的部件，构成一个新的整体，强化整个应用系统的特性。

应用接口解决的是应用集成服务器与被集成系统之间的连接和接口的问题。数据整合解决的是被集成系统的数据转换问题，通过建立统一的数据模型来实现不同系统间的信息转换。流程整合层将不同的应用系统连接在一起，进行协同工作，并提供商业流程管理的相关功能，包括流程设计、监控和规划，实现业务流程的管理。用户交互层则是为用户在界面上提供一个统一的信息服务功能入口，通过将内部和外部各种相对分散独立的信息组成一个统一的整体，保证了用户既能够从统一的渠道访问其所需的信息，也可以依据每一个用户的要求来设置和提供个性化的服务。

（4）业务管理流程

从审批业务的角度来看，使用目标、业务功能、限制等来代替流程所需资源信息对业务流程进行描述是非常重要的。在业务流程设计过程中，需要业务经理与负责业务流程管理的管理人员之间经常进行交流，以保证业务流程管理的顺利实施。

业务流程管理系统（BPMS）为管理者提供了一种有效的决策辅助方法，正确的执行管理决策依赖于清晰的业务流程。BPMS技术能够为管理者和审批业务人员提供定义、变更、实施业务流程的方法，并保证业务系统的灵活性和一致性，而不必考虑更多的细节问题。BPMS是辅助G2G、G2B和G2C这样的现代

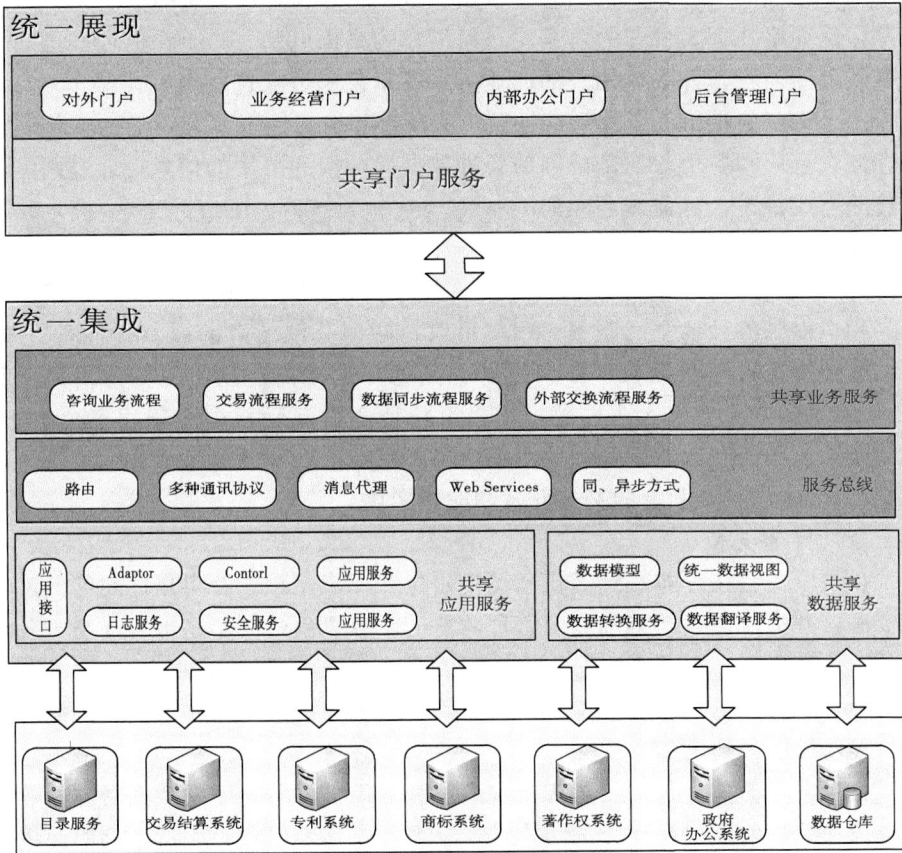

**图6—7 产权交易系统应用集成架构**

集成式应用的核心工具。

BPMS为管理整个自动化的审批业务流程和业务活动的提供如下帮助：

迅速使业务调整通过业务概念和业务目标等形式付诸实施，并且这些实施几乎可以实时进行。

从审批业务角度对任何业务流程的调整进行分析和评价。

按照制订好的业务规则目标，保证具体审批业务的顺利实施，进而通过优化，降低成本，提高效率。

将审批业务目标与资源管理分离，知识和流程的引用是按照审批任务目标来统筹安排的。

（5）Portal技术

Portal是将Web技术与企业或政府部门的运作过程相集成的解决方案，提供了一个单独的网关来访问信息和应用。Portal 可以对未组织的信息进行编目和跟踪，例如字处理文件，并将其发送给用户的桌面电脑。Portal 也可以访问国际互联网上的内容，并根据用户的商业需求和角色来过滤这些内容。

Portal 在企业和政府部门信息发布的高效和简易性上具有明显的优势。它能将存储在企业和各个政府部门内的各种数据源转换为可用的信息，通过新型的信息传递方式传递，从而提高效率。

（6）Web Services

Web services 是为了让地理上分布在不同区域的计算机和设备协同工作，以便为用户提供各种各样的服务。用户可以控制要获取信息的内容、时间、方式，而不必像现在这样在无数个信息孤岛中浏览，去寻找自己所需要的信息。利用 Web services，企业和个人能够迅速且廉价地通过互联网向全球用户提供服务，建立全球范围的联系，在广泛的范围内寻找可能的合作伙伴。Web services 将取代应用程序成为 Web 上的基本开发和应用实体。

（7）目录技术

目录服务是在分布式计算机环境中定位和标识用户以及可用的网络元素和网络资源，并提供搜索功能和权限管理功能的服务机制。为了将平台参与方各个分立的"信息孤岛"连通和融合，一方面需要将自身的职能和业务协作要求公布出去；另一方面，也希望能够检索并获取其他系统的信息和公共的信息资源。通过目录技术都能得到满意的服务。

目录服务的核心是一个树状结构的信息目录，将网络中的数据资源、数据处理资源和用户信息按有次序的结构进行组织，并且专门针对海量查询的使用情况进行了优化，极大地提高了数据读取和查询性能。目录服务不仅可以提供分布式计算网络的视图，以逻辑的观念来管理网络，而且它能实现以人为本的网络管理方式。它可以记载网络的所有文件以及所有在网络上运行的资源，以及使用者账号、身份口令、密码、卷、文档，应用程序以至域名服务器 DHCP、IP 地址以及认证的公钥等。此外，目录软件还保存和管理对包括人员、业务过程和供内部使用的资源等有关服务机构详细信息的访问。目录服务树中的一个目录对象可以通过它的名字检索，或者通过使用一组搜索标准（表示目录对象的名字和属性）检索。

在技术交易分布式计算环境中，各参与交易方的专用信息可以在目录服务注册、解除注册和查询。目录服务可以实现以下功能：

以分布方式存储有关系统构成的信息，在多个服务器中复制目录，通过查询目录服务器来获得所需要的信息；

为企业和个人提供白页和黄页查询服务，如企业、单位的服务电话、通信地址等；

　　对企业和个人进行统一信息管理，实现单一用户登录，统一管理服务、资源和应用程序的应用；

　　对企业、政府机构所提供的服务功提供统一目录管理，便于注册、查找和修改；

　　信息资源的即时更新，使得目录访问者可以随时获得最新的信息。

　　从广义的意义讲，安全证书管理、DNS、NIS、UDDI 等都可以纳入目录服务的范畴。例如 CA 中心的安全证书管理和 UDDI 注册库的管理都采用了 LDAP 目录服务。LDAP 目录服务提供的是一种统一的目录访问服务，提供了一种目录服务的统一机制。

　　5. 技术实现框架

　　从系统构成的业务逻辑元素入手，将技术的总体实现框架总体分为接入层、应用层、服务层、资源层等 4 个层次构成。整个架构集中体现：以资源层为依托，以应用层和服务层为核心，通过接入层，全面为各层次客户提供高品质的个性化服务。业务逻辑描述参见表 6－2。

表 6－2　业务逻辑结构各层次概要说明

| 逻辑层次 | 描　述 |
|---|---|
| 接入层 | 各类用户登录相应的门户网站，通过其要访问的信息、业务系统，进而确定应用层的访问内容。<br>通过统一的用户管理进行统一的身份认证，实现个性化定制。 |
| 应用层 | 应用层是整个业务逻辑结构的核心，该层通过调用服务层的中间件资源，以部件化或非部件化的形式包装，构建应用逻辑群。 |
| 服务层 | 服务层与应用层共同构成整个业务逻辑结构的核心，服务层的应用组件构成应用基础系统，是应用层的软件支撑平台。<br>通过服务层，可以快速创建、组装、部署和管理动态的应用逻辑。<br>服务层分 3 个层面。最底两层是基础开发平台，即基于 J2EE 开发体系结构的分布式应用开发环境和系统平台开发接口。在此之上是应用基础系统，提供了可工作于不同应用系统的核心服务功能，作为应用逻辑运行的基础服务平台。应用基础系统由组件化的功能包和二次开接口组成，为其上开发运行的应用模块提供稳定、安全、调用简单的底层功能，为形成一体化应用、保证系统的可维护性和可扩展性奠定基础。 |
| 资源层 | 资源层构成应用层、服务层的支撑环境。<br>网络基础设施提供了如 TCP/IP、目录和安全等资源服务，这些服务的能力可通过开放并且标准的接口协议来存取。<br>主机系统和功能服务器群为应用逻辑提供资源服务，包括数据库、HTTP、事务处理、邮件和消息等。<br>根据建设需求，科学合理地对资源层进行统一规划。 |

另外，安全和运行维护贯穿接入层、应用层、服务层、资源层的各个层面，为逻辑架构中各层提供安全管理、系统审计等服务功能。统一、完整的总体业务逻辑结构清晰地划分了系统的逻辑层次，各层次相对独立，从而简化了系统复杂度，满足系统建设要求。

### 6. 商业模式

（1）知识产权质押融资

知识产权质押融资需要发挥资产评估的作用。银行投放信贷资金，首先要考虑资金安全，一般情况下，需要贷款申请人提供相应的抵质押物，根据抵质押物的性质、特点和价值确定相应的信贷额度。

知识产权质押及相关评估的开展需要多部门、多领域的合作。由于知识产权涵盖专利、商标、著作权等多个领域，知识产权质押涉及知识产权管理和金融等多个部门，知识产权的价值评估需要多个部门的配合。

知识产权具有复杂的技术性，在价值评估之前，需要对其真实性进行认定，对其技术含量进行评价，并对其权利是否存在瑕疵进行法律上的判断，对该知识产权的应用或产业化进行经济分析。知识产权管理部门、科技部门和法律部门要同期进行配合，有些知识产权具有很高的科技含量，但在目前的经济和科技条件下难以应用，可能要等到未来某个时间才能应用。有的知识产权科技含量较高，但市场上已有类似的知识产权在应用。有的专利技术保护期即将到期，这些都会影响知识产权的价值。这些工作需要相关经济专家、专利分析师或机构的分析与评估；需要建立网上知识产权交易市场，为知识产权评估提供交易服务、交易价格撮合、知识产权质押服务等。

（2）知识产权评估准则规范

在无形资产评估准则的框架下，分步制定专利、商标、计算机软件、著作权等具体评估指南，完善知识产权评估的准则体系。成立指南起草小组，制定专利权的评估指南；在条件成熟时，完成商标权、计算机软件及著作权的评估指南。制定知识产权评估的准则规范，建议设立知识产权质押评估报告报备制度、知识产权评估的数据积累及知识产权数据共享机制。

（3）科技金融服务系统

科技金融服务系统解决了中小企业在知识产权方面融资难的问题，对中小企业的知识产权发展起到了促进和推动的作用。

科技金融创新产品主要包括三大方面，一是间接投资，二是直接投资，三是股权投资。如图6—8所示。

①投资担保贷款属于间接投资，涵盖了知识产权担保投资贷款和知识产权质押处置周转金。

②信托、票据、债券属于直接投资，其中最有代表性的业务是促进科技成果转化信托。

③投资基金属于股权投资，包含参与型基金和主导性基金。

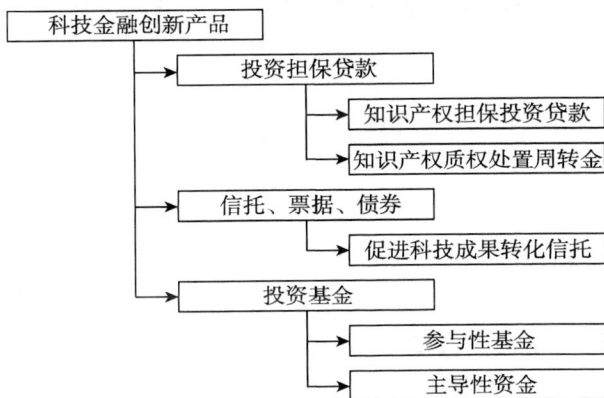

**图6-8 科技金融创新产品**

（4）盈利模式

① 注册会员制

基于网络体系构架的系统，因为其虚拟空间性，所以在很大程度上存在服务的不确定性及公益性，为了提供更为优质的信息资源及服务，系统内可采用企业注册制与服务机构注册制。

企业注册制：包括涵盖技术供给及技术需求（包括咨询需求、融资需求、政策需求等）各类意向的企业，进行分层管理，即部分信息可采取免费公开及咨询，而部分信息则需要注册付费才可以使用。这种注册制不但保证了服务的有偿性，同时更为重要的是保证了所需服务意向的明确及真实。

服务机构注册制：包括基于整个系统内可以提供各类服务供应商的一种注册制度。它包括了咨询、法律、知识产权、评估、财务、担保等一系列所涉及服务环节的外部合作机构。这种注册制的主要环节为前期认证，即确定合法、优秀的机构可以参与系统内的各项活动，并寻求商业合作机会，保证了服务平台机构的公立、开放及规范化。

② 服务佣金

信息服务系统平台运营者除了提供多方自由互动的交流平台外，同时需要建立系统平台自属的关键环节业务。用搭建免费的信息海量资源与优质服务，吸引更多机构参与到这类具有高增值空间的服务中来，为企业提供个性化、创新性的服务收取佣金。

③推广宣传费用

随着信息服务平台的建设，市场化的运营机制是保证系统长久存在并发展的重要保障。因此，结合科技理念的形象、服务、产品商业推广，也将随着系统的发展而逐步进入。

## 案例2　高智发明公司的技术服务盈利模式

1. 背景

2008 年 10 月，高智发明公司正式进入中国市场，并首次将自己独特的发明投资模式引入中国。对此，有人高呼"专利海盗"来了，有人说是专利权人的福音。其实，在中国很多人对这个略显神秘的投资巨人并不真正了解。

近年来，专利海盗公司活动愈加频繁，引起各国高度警惕。许多国家已经开始对其加以研究，并采取针对性措施，进行相应的防范和反击。专利海盗（Patent Troll、Patent Pirate），也称专利流氓、专利蟑螂、专利钓饵或专利投机者等，是指那些本身并不制造专利产品或者提供专利服务，而是从其他公司（往往是破产公司）、研究机构或个人发明者手中购买专利，然后通过有目的地起诉某些公司产品侵犯其专利权，依靠专利诉讼赚取巨额利润的专业公司或团体。

2. 各国对专利海盗公司的应对

（1）美国。2006 年 4 月，美国参议员提出《专利质量法案》。内容包括杜绝不择手段的专利海盗行为。2009 年 3 月 25 日，谷歌、英特尔等 28 家公司联名上奏美国总统奥巴马，请求对 2009 年专利改革法案给予支持。

（2）日本。2007 年，高智发明进入日本，从事发掘高前瞻性发明并支持其专利化的活动。但近期，日本政府感觉到高智发明对本国发展的威胁，并召集相关科研院所和企业，要求其不得向高智出售技术和创意。日本特许厅相关部门负责人明确表态说，日本对高智发明的态度就是限制，不允许这样的公司在日本发展。

（3）韩国。2008 年，高智发明进入韩国。高智发明积极购买韩国好的技术和创意，并已经购买约 200 个项目的知识产权，对三星、LG 等企业构成潜在威胁。韩国政府和企业深感威胁，政府通过下发文件等形式，禁止韩国大学试验室、研究机构和企业向高智发明等专利海盗公司出售知识产权。

（4）印度。印度针对专利海盗的对策是侧重防御。

（5）中国。2009 年 8 月底前，高智发明已收购了北京大学 20 多项专利，正与清华大学、复旦大学和南京大学以及有关科研院所洽谈收购事宜。高智发明登陆并收购国内高等院校的科研院所的专利现象，已经引起美国、德国专利投资机构的关注。"一只狼的成功，将引来一群狼的入侵。"需要引起我国相关部门和企业的警惕。

3. 高智发明公司的经营理念

高智发明公司名称：Intellectual Ventures Management，LLC（简称 IV 或高智发明）。

高智发明由因担任美国微软前 CTO（首席技术官）而知名的纳森·梅尔沃德（Nathan Myhrvold）等 4 人于 2000 年成立，总部设在美国华盛顿州的 Bellevue。美国总部设有发明实验室（IV Lab）。从 2003 年起，高智发明一直积极从事发明和与发明相关的投资业务。高智发明的资本来自机构与个人，包括由微软、英特尔等财富 500 强大公司、大学基金会等，共拥有 50 亿美元的投资基金，主要用于在世界范围内购买新创意和新技术的知识产权。高智发明是全球最大的专业从事发明与发明投资的公司。2007 年 9 月起，高智发明开始拓展其在亚洲的业务，如今，已在日本、韩国、印度、中国建立了分支机构，并在新加坡设立了地区总部。高智发明在亚洲的投资已达 2 500 万美元，今后，每年还将投入不少于 1 亿美元的资金。

（1）高智发明的宗旨。着眼于未来 5~10 年的技术进步，为全世界的发明家提供投资和专业支持，从而在全球范围内促进发明创新以及知识成果的价值体现。

（2）高智发明的投资领域。主要在信息技术、生物医疗和新材料、新能源等领域，近期信息技术领域的发明课题主要集中在普适计算、数据存储、搜索、多核计算、通信、网络等方面。

（3）高智发明的人员构成。目前在世界各地拥有超过 700 名雇员，包括计算机科学家、生物学家、物理学家、数学家和工程师，专利分析师和律师，专利许可授权销售代理商，金融专家和风险投资专家。

（4）高智发明的亚洲业务。高智发明 2007 年进入亚洲。从 2007 年 9 月起，开启了亚洲的业务，当前已在日本、韩国、中国、印度建立了分支机构，并在新加坡设立了地区总部。高智发明 2008 年进入中国。高智发明（中国）目前拥有 10 多名雇员，包括计算机科学家、生命科学家、化学家、风险投资家以及金融、商务人士。高智发明（中国）的使命是：引领、激励和孵化发明创新，帮助中国的发明家和优秀的知识成果走向世界。

（5）高智发明基金（IDF）。高智发明（中国）带来了旗下的一支专注于发明的开发基金。高智发明将与优秀的发明者合作，通过该基金寻找并筛选出拥有市场前景的发明创造，帮助发明者将其发明创造开发成国际发明专利，继而通过专利授权等方式实现市场化，并与发明者分享利润。

（6）高智发明提供一种技术商业化平台。主要针对目前中国市场存在的申请国际专利资金短缺、申请困难、专利成果转化率低下等问题，提供一个专业化、国际化的技术商业化平台。使发明单位可以拥有更多的国际专利，节省相关专利申请和转移成本，并最终获得经济收益。同时，该平台还可通过正确引导发明者了解市场需要，不断激发新的发明创造的诞生。

（7）高智发明的四重角色

a. 发明引路人。通过发明需求课题（RFI）引导发明者了解市场需要，激发他们产生发明创意。

b. 天使投资人。不但向发明者支付前期的发明接收奖金和最终的利润分享，而且承担中间的国际专利撰写、申请、维护，后期的专利授权、转移过程的全部风险和成本。

c. 专利代理人。一个高质量、不收费、不署名的国际专利代理机构。

d. 技术转移平台。一个专业化、国际化、高规格、低风险的技术商业化中介平台。

（8）高智发明为发明者解决的实际问题

a. 缺少资金预算。申请和维护国际专利，所需成本往往超出个人甚至机构能够承担的限度。高智发明将会支付专利开发的全部成本。

b. 缺少专利申请的经验技能。成功申请发明专利尤其是国外专利，需要具备出色的语言能力、法律知识和申请经验。高智发明将会提供世界顶尖的专利律师和技术顾问，撰写完善的专利申请。

c. 缺少授权渠道。无论是个人还是机构，渠道的缺乏造成许多发明专利长期无人问津。

d. 高智发明在全球范围内拥有的庞大的专利转让渠道，将使发明人的专利在最短的时间内被顶尖企业采用并产生效益。

（9）高智发明的目的

建立一个支持发明创造的资本市场。这个发明资本市场与支持创业企业的风险资本市场相似，也与振兴低效率企业的私募股权市场相似。

（10）高智发明的目标

让应用研究成为一个有利可图的活动，吸引比现今多得多的私人投资，从而使发明创造的数量迅猛增长。

一个成熟的发明资本体制，能解决很多长期困扰发明家和客户的问题。

发明吸引和私营部门投资相匹敌的资金的唯一方法，是把发明活动当做一项以赢利为目的的业务。

4. 高智发明资本市场的服务对象

（1）发明家

为发明家提供资金；

鉴定创造力旺盛的主题以供发明；

为具体发明进行市场评估；

确定发明市场利率；

提供可靠的资金补偿；

促进产生强大的专利；

市场和许可发明；

从多种来源聚集发明以提升其价值。

（2）学术机构

提供资金；

匹配科学发现领域与产业需求领域；

当多个组织机构进行专利买卖时组织交易；

促进发明创造财富；

实施专利权。

（3）产品制造商

提供一站式专利购买；

将外部发明家聚集于此以满足公司的特定需求；

通过提供获取专利的通道来降低诉讼风险；

提供一个现成的市场以实现公司获得专利许可或出售专利的意愿。

（4）社会环境

加速科技进步；

减少研究活动对政府资助的依赖；

培养对知识产权的尊重；

高效回收失败的经营项目中的优质创意；

增加竞争和增加消费者选择的余地。

（5）商业模式的创新意义

在历年的美国专利申请数量排行榜上，有许多名列前茅的企业巨人，其产品所使用的专利技术只有约 1/3 来自自身的研发团队，另外约 2/3 则通过授权、购买、交换等方式从外界获得。

从企业的角度看，为保持其产品的核心竞争力，企业需要获取更多的专利使用权；但与此同时，企业既不可能、也不必要去建立一支能完成一切发明的"超级研发团队"。

　　从发明者的角度看，发明专利开发的长周期、高成本、与企业对话的高门槛、自主创业的高风险，这一切使得发明者的许多"Great Idea"错过了被企业付诸应用、实现价值的最佳时机。

　　高智发明凭借庞大的资本、专业的国际化团队，为企业和发明者搭建了高效的发明专利开发与交易平台，为发明者解决了后顾之忧，为企业发掘了丰富的创新源泉，也为社会带来了更多的发明创新。

　　5. 高智发明运作方式

　　(1) 高智发明投资关系部

　　主要职能：筹集资金。

　　(2) 产品主题创制团队 (topic generation teams)

　　产品主题创制团队不断研究技术的发展趋势和科学上的新发现，试图找出最佳的投资机会，研究结论指导3类不同的群体。

　　第一类是公司内部创造发明。涉及发明员工、兼职的发明顾问。公司聘请了30名科学家和工程师，他们因为发明创造而在广泛的技术领域有一定影响力。公司签约雇佣了100多个在学术界和工业界的世界顶级的研究人员，作为发明顾问。

　　第二类是外围发明网络。由来自7个国家的超过1 000名发明家构成的高智发明的外围发明网络。

　　第三类是购并小组。其业务主要是购买现有的专利，或（和）专利发生利益关联。

　　(3) 运作方式

　　①专利组合。一种萃取专利的全部价值的方法就是将它们智慧地聚集，从而总体价值会大于各个部分价值的加总。每一种专利都具有一些价值，但是打包后的专利组合，其价值就更具吸引力，因为客户节省了用来查出所有专利持有人和为单个专利交易进行逐一谈判的时间和开支。客户可以很容易地获得他们加速推出新产品所需的所有专利，同时降低了错失必要许可和遭到措手不及的侵权诉讼的风险。

　　②创办企业。偶尔会有一个构想非常好，以至于把利用其谋利的机会让给其他人就显得愚蠢了。在这种特殊情况下，一个专利公司就应该创办企业。

　　③创建支持专利的有价证券。成功的专利组合可以摆脱很多现金局限，因此，它们可以作为一种新的投资资产的金融支柱——支持专利的有价证券。

　　(4) 发明人获得的回报

　　任何一个发明人提交的写在几页纸上的想法，一旦被高智发明接受，即可获得一定数额的、有吸引力的奖金。

发明人不需有任何投入。高智发明将为发明人的想法申请国际发明专利，而这些发明专利的署名权都归属发明人。

上述申请获得各国专利批准后，高智发明会负责将发明人的发明专利授权给企业使用，发明人则从中分享收益。

上述一切不需要发明人离开自己的研究岗位。发明人只需专注于科研工作，即可获得创业成功才有的回报。

（5）与高智发明一起发明创新

首先，发明人需要了解高智发明感兴趣的发明需求课题（RFI）。目前，主要的发明课题集中在下一代数据中心、绿色化学、创新手术、清洁能源。同时，高智发明也欢迎发明人提出的其他课题。

其次，与高智发明联系，确定双方感兴趣的课题。高智发明提供模板，供发明人在几页纸上写下想法。一旦被高智发明接受，高智发明将把发明人的想法转变为多个国家的发明专利。

6. 高智发明经营模式

（1）基金来源

高智发明公司基金来源为私募股权基金。

（2）基金模式

基金模式为高智研发基金、发明投资基金和发明开发基金。

①高智研发基金（Intellectual Science Fund，ISF）。高智研发基金是以高智发明公司内部科学家研究成果为主，在获得知识产权后，自产自销并获得利润。

②发明投资基金（Invention Investment Fund，IIF）。发明投资基金主要来自机构与个人投资者，包括多家像微软、英特尔、索尼、诺基亚、苹果、谷歌这样的世界知名企业。发明投资基金主要是通过收购具有市场开发潜力的发明创造和专利经营权，进行二次开发和组成集合，然后许可、转让从中获利。

③发明开发基金（Invention Development Fund，IDF）。发明开发基金于2007年设立，是一个以部分美国大学基金为主要投资人的基金。发明开发基金运营的模式是，首先找寻到合适的发明者，然后通过谈判获得发明的技术信息，通过专家辨别此项发明的前景和质量。获得认可后，高智发明会资助发明创意，并将其开发成国际发明专利，同时通过独占许可的方式，取得专利的经营权。最后，通过其强大的公司网络打包授权给国内外的企业，与发明者按照约定比例分享利润。

（3）实现专利成果商用化

通过专利授权、创建新公司、建立合资企业以及建立行业合作伙伴关系等方式，使发明成果商业化。在专利商业化产生市场效益时，按持股量进行分红，或者支持企业上市、转让股权等。

　　高智发明商业模式有着较高的投资风险，需要长时间的积累和沉淀，才会逐步产生效益。但一旦投资成功，回报将很丰厚。同时根据专利有效期长的特点（发明专利是 20 年），决定了回报周期也比一般的基金长很多，这也是专利或发明投资的特点与诱惑。

　　需要强调的是，高智发明 IDF 自称并不收购专利，而是收购独家代理权。即认可发明者的技术后，由高智发明 IDF 与发明者签订协议，独家代理全球专利申请、维持和许可事务及费用，同时给予发明者一定报酬。许多收益再按一定比例与发明者分成。此外，高智发明 IDF 会主动提出尚未解决的技术问题，征求解决问题的技术方案，再按上述方式处理。从这点上看，高智发明 IDF 既不同于一般的风险投资，也不能等同于专利蟑螂（Patent Troll）。

　　（4）基金运作模式

　　高智发明向外部投资者提供两种投资渠道：

　　①将资金投向该公司自行实施的发明创造活动；

　　②将资金投向公司设立的发明投资基金，后者的回报周期相对较短。

　　（5）高智发明公司基金管理模式

　　管理专利投资组合，发现有市场前景的专利，为投资者带来稳定的投资收益。高智发明已经拥有数万件专利，其中大部分采用购买方式获得。

　　（6）高智发明公司运营模式分析

　　高智发明的运营模式概括成一句话就是：招募投资者，选择专利，许可制造商生产或者分红，为自己和投资者获利。

　　高智发明的商业模式如图 6－9 所示。

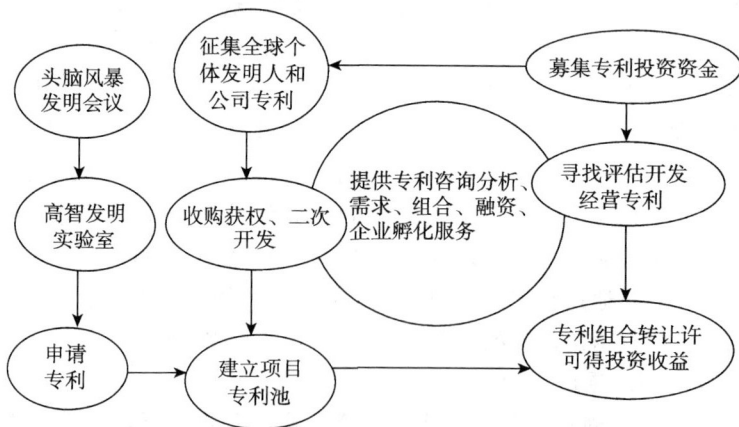

**图 6－9　高智发明围绕发明的商业模式**

（7）高智发明业绩

截至 2008 年 12 月底，高智发明在全球范围内，掌握了 1.2 万件专利，在世界各地拥有约 400 名雇员。截至 2009 年 12 月底，高智发明在全球范围内投入 50 亿美元，申请了 1 500 多件专利，购买了 30 000 多件专利，雇员达到 650 名。

高智发明公司内部创造发明：2009 年，为公司内部发明申请了专利约 450 件，成为世界上排名前 50 名的专利申请公司之一，远远领先于波音、强生、3M、三菱和丰田等公司。

培育发明家网络体系：2009 年底，投资约 1 亿美元，发明家网络体系已经产生了约 4 000 项发明构想以及超过 1 000 件专利申请。

投资现有发明：购买 3 万件发明专利。发明专利的重要来源包括：

①个体发明人。迄今已经向个体发明人支付了大约 3.15 亿美元。

②大学与科研机构。已经为超过 100 家的机构，提供了专利分析、专利申请和授权等发明的专业知识以及资金支持。

③经营困难或破产公司。那些经营困难或破产的公司，将自己的知识产权放在市场上进行拍卖或直接出售的，在某些情况下会是大公司。

④发展良好的大公司。已经与 100 多个《财富》500 强企业以及国际上堪与他们匹敌的公司进行了交易。至今，专利组合许可交易已获利超过 10 亿美元。

# 第七章　技术许可及其价格确定

技术许可随着西方国家科技发展战略的转变和科学技术的迅猛发展而成为技术贸易的主要形式，也正在成为技术转移的重要手段。技术许可的研究也从最优许可方式、技术许可费的最优化等企业微观利益探讨扩展到技术许可的社会福利、国家战略、可持续发展等宏观效率以及不对称信息条件下许可策略的定量分析等更宽泛的领域。

本章的主要内容有：技术许可的内涵；技术许可的模式选择；技术转让的实施；对称信息条件下技术许可费的价格确定等。

## 7.1　技术许可的类别

### 7.1.1　技术许可的内涵

知识产权是技术许可的主要内容，知识产权指"权利人对其所创作的智力劳动成果所享有的专有权利"。各种智力创造比如科学技术发明、文学和艺术作品，以及在商业中使用的标志、名称、图像以及外观设计，都可被认为是某一个人或组织所拥有的知识产权。

知识产权包括工业产权和著作权（国际上称作版权）两大部分。

1. 工业产权

发明专利、商标以及工业品外观设计等方面组成工业产权。工业产权包括专利、商标、服务标志、厂商名称、原产地名称、制止不正当竞争，以及植物新品种权和集成电路布图设计专有权等。

主要类型有：

（1）专利权。是指一项发明创造向国家专利局提出专利申请，经依法审查合格后，向专利申请人授予的在规定时间内对该项发明创造享有的专有权。根据我国《专利法》，发明创造有 3 种类型：发明、实用新型和外观设计。发明、实用新型专利和外观设计专利被授予专利权后，专利权人对该项发明创造拥有独占权，任何单位和个人未经专利权人许可，都不得实施其专利，即不得为生产经营目的制造、使用、许诺销售、销售和进口其专利产品。未经专利权人许可，实施其专利即侵犯其专利权。未经有关部门审批和发布，不形成专利权，专利权亦存在不构成侵权的特例，比如先使用权和以科研为目的的非经营使用等。

（2）商标权。是指商标主管机关依法授予商标所有人对其注册商标受国家法律保护的专有权。商标是用以区别商品和服务不同来源的商业性标志，由文字、图形、字母、数字、三维标志、颜色组合或者上述要素的组合构成。我国商标权的获得必须履行商标注册程序，而且实行申请在先原则。商标是产业活动中的一种识别标志，所以商标权的作用主要在于维护产业活动中的秩序，与专利权的作用主要在于促进产业的发展不同。

（3）商号权。是指厂商名称权，是对商家已登记的商号（厂商名称、企业名称）不被他人利用的一种使用权。即商事主体对商号在一定地域范围内依法享有的独占使用权。

在不同的讨论范畴中，如原产地名称、专有技术、反不正当竞争权等尽管也规定在《巴黎公约》中，但原产地名称不是智力成果，专有技术和不正当竞争在反不当竞争法保护的范围，有时不列入知识产权的讨论。

2. 著作权（版权）

著作权自作品创作完成之日起产生，著作权分为著作人身权和著作财产权。

自然科学、社会科学以及文学、音乐、戏剧、绘画、雕塑、摄影和电影摄影等方面的作品组成著作权。著作权是法律上规定的某一单位或个人对某项著作享有印刷出版和销售的权利，任何人要复制、翻译、改编或演出等均需要得到版权所有人的许可，否则就是对他人权利的侵权行为。知识产权的实质是把人类的智力成果作为财产来看待。著作权是文学、艺术、科学技术作品的原创作者依法对其作品所享有的一种民事权利。

在我国，著作权、著作邻接权、计算机软件著作权等，属于《著作权法》规定的范围。这是著作权人对著作物（作品）独占利用的排他的权利。狭义的著作权又可细分为发表权、署名权、修改权、保护作品完整权、使用权和获得报酬权等。

发表权，即决定作品是否公之于众的权利；

署名权，即表明作者身份，在作品上署名的权利；

修改权，即修改或者授权他人修改作品的权利；

保护作品完整权，即保护作品不受歪曲、篡改的权利；

复制权，即以印刷、复印、拓印、录音、录像、翻录、翻拍等方式将作品制作一份或者多份的权利；

发行权，即以出售或者赠与方式向公众提供作品的原件或者复制件的权利；

出租权，即有偿许可他人临时使用电影作品和以类似摄制电影的方法创作的作品、计算机软件的权利，计算机软件不是出租的主要标的的除外；

展览权，即公开陈列美术作品、摄影作品的原件或者复制件的权利；

表演权，即公开表演作品，以及用各种手段公开播送作品的表演的权利；

放映权，即通过放映机、幻灯机等技术设备公开再现美术、摄影、电影和以类似摄制电影的方法创作的作品等的权利；

广播权，即以无线方式公开广播或者传播作品，以有线传播或者转播的方式向公众传播广播的作品，以及通过扩音器或者其他传送符号、声音、图像的类似工具向公众传播广播的作品的权利；

信息网络传播权，即以有线或者无线方式向公众提供作品，使公众可以在其个人选定的时间和地点获得作品的权利；

摄制权，即以摄制电影或者以类似摄制电影的方法将作品固定在载体上的权利；

改编权，即改变作品，创作出具有独创性的新作品的权利；

翻译权，即将作品从一种语言文字转换成另一种语言文字的权利；

汇编权，即将作品或者作品的片段通过选择或者编排，汇集成新作品的权利；

应当由著作权人享有的其他权利。

其中公开发表权、姓名表示权及禁止他人以扭曲、变更方式利用著作损害著作人名誉等权利属于著作人格权的内涵。著作权要保障的是智力成果的表达形式，而不是保护智力或智慧成果的本身。在保障著作财产权此类专属私人利益的同时还需保障人类生存与发展必须的知识及信息传播，还需推进社会公共财产的累积和技术进步，因此算法、数学方法、技术或机器的设计均不属著作权所要保障的对象。

从法律体系和社会发展战略角度看，知识产权呈不断扩张的开放趋势。随着科学技术的发展和社会的进步，知识产权传统权利类型的内涵不断丰富，知识产权的外延也在不断拓展。根据 TRIPS 协议、成立世界知识产权组织公约等国际公约和我国民法通则、反不正当竞争法等国内立法，知识产权的扩展范围主要包括以下内容：

著作权和邻接权，邻接权在著作权法中被称为"与著作权有关的权益"。

商业秘密权，即民事主体对属于商业秘密的技术信息或经营信息依法享有的专有权利。

植物新品种权，即完成育种的单位或个人对其授权的品种依法享有的排他使用权。

集成电路布图设计权，即自然人、法人或其他组织依法对集成电路布图设计享有的专有权。

对于科技成果奖励权、地理标志权、域名权、反不正当竞争权、数据库特别权利、商品化权等能否成为独立的知识产权,存在较大的讨论空间。

著作权与专利权、商标权、商号权有时会有相互交叉情形,这是知识产权的一个特点。

技术许可在被广泛应用之前,其狭义概念,形式上仅指技术许可协议,内容上仅指工业产权中的专利权、商标权以及专有技术。为了取得工业产权或专有技术的使用,技术的拥有方与技术的需求方签订合同,以合同的形式保障双方的权利和利益。许可证协议是一方准许另一方使用其所有或拥有的工业产权或专有技术,被许可方依照双方的约定得到某项或多项技术的使用权并支付使用费的合同。技术许可证协议中的使用权主要指专利使用权、商标使用权和专有技术使用权。

技术许可证协议有比较规范的格式和内容限定。但是技术许可从概念到范畴,从内容到形式,都在不断丰富和完善中。同时,技术许可日益显现出它的复杂性和单边倾向性。技术许可协议的实质是主体双方的平等性及协议内容的规范性和简约性。

服务贸易的多样化和创新技术的垄断趋势使得技术许可协议的意义更偏向于作为一种保障手段而非等同于技术许可的实施过程。

## 7.1.2 技术许可的特征

(1)技术许可有着确定的主体与客体

技术许可的主体是技术出让方和受让方,主体双方可以是自然人,也可以是法人,国际上技术许可的常见主题是企业法人。技术许可的客体是知识产权的使用权。知识产权的范畴在不断地扩展中,技术许可客体的实质是知识产权使用权的让渡,知识产权所有权的让渡是技术许可中的特例。

(2)技术许可有着较强的时间性和地域性

技术许可的时间性和地域性不仅取决于知识产权自身具有时间和地域的限制,也因技术许可主体的利益驱动而人为造成技术转移的时间限定和地域布局。

(3)技术许可内容的多样性

技术许可协议的标的是技术的使用权,现代科学技术的复杂性和知识产权衍生权利的复杂性决定了技术许可内容的多样性。技术许可的一种标的可以连带其他多种标的让渡,技术许可经常会与机器设备的销售、工程承包、合资经营、合作生产、补偿贸易、咨询诊断、金融服务等多种形式捆绑实施。

(4)技术许可是一种有偿的贸易方式

技术许可是技术贸易中使用最为广泛的一种贸易方式。技术许可收取和支付使用费是主体双方之间的一种商业行为，政府之间、企业之间或者政府与企业之间出于某种特定目的，将知识产权进行无偿让渡的行为不属于技术许可的范畴。

### 7.1.3 技术许可的分类

按照技术许可的客体属性，技术许可分为专利许可、商标许可、专有技术许可、著作权许可、特许权许可、专利申请权许可等。

1. 专利许可（Patent License）

专利许可又称专利权使用许可或专利权实施许可，专利许可与专利权转让是不可混淆的两个概念。专利转让是指专利权人将自己的整个专利权全部转让给受让方；专利许可使用，是许可方（即专利权人）将自己的专利使用权允许被许可方在一定的时间和范围内使用。专利许可与专利权转让，均需通过签订书面的方式予以认定。专利转让合同的成立，须经过国家知识产权局专利局登记和公后才能生效。全民所有制单位的专利权转让，必须经上级主管机关批准。中国单位和个人向外国人转让专利权的，必须经国务院有关主管部门批准。

专利许可通常以书面协议形式出现，这种协议被称做专利许可证、专利许可合同。有关这种合同的订立、履行也叫做专利许可证贸易。它具有以下特征：专利许可是以专利权的有效存在为前提；专利许可是以转让专利实施权为内容的交易；专利许可在时间上受到专利权期限的限制；专利许可在范围上受到专利权地域性的限制；专利许可受到贸易策略、履行能力和销售组织等要素的限制；专利许可在贸易伙伴、审批程序以及法律调整上受到限制。

2. 商标许可（Trademark License）

商标许可包括商标的使用权及商标项下的相关技术。商标许可协议一般都包含相应的技术贸易内容。如果假冒商标可以轻易达到原商标商品的质量标准，则单纯的商标使用权许可其竞争力会大打折扣，其生命力亦不会持久。因为创建一个品牌商标，需要一定的时日，需要一定的人、财、物力的投入，商标许可通常是在引进生产线或引进专有技术时，在一系列附加条件下，同时引进。除了少量的土特产品或真正的老字号商品，商标许可大多是由发达国家向发展中国家转移。2009 年中国汽车产销量均突破千万辆，跃居世界第一位，但国产商标汽车不足 10%，自主商标的国产汽车如扣除其他各项技术许可费用后所核定的利润比重，在整个汽车行业中几乎可以忽略不计。

3. 专有技术许可

专有技术亦称为技术诀窍、技术秘密，是技术许可中最为复杂、最为重要的技术交易形式。专有技术很多情况下是与专利技术和其他知识产权技术一起转移的，如专利技术许可中，仅凭专利公开的说明书或技术标准，往往不能达到预期的技术转移目的，或不能顺利地安排经营活动，专利持有人往往还保留部分关键性的技术或某些既容易被人们忽略而又不容易被人们轻易解决的"问题"。所以在其他类别的技术许可中，很多时候必须另行配套引进能够使生产经营活动顺利运行的专有技术。

4. 著作权（版权）许可

著作权许可是指著作权人在保留其著作权人身份的前提下，允许他人在一定的条件下行使其著作权。"一定的条件"是指除了使用费以外，还包括对使用方式、时间和地域范围等方面的限制。作为许可使用的对象一般是著作财产权，但是在少数情况下也包括人身权利。著作权许可是非常重要的著作权行使方式。

著作权许可有以下特点：①著作权许可使用不改变著作权的归属。通过著作权许可使用合同，被许可人获得在一定期间、在约定的范围内、以一定的方式对作品的使用权，著作权仍然全部属于著作权人。②被许可人的权利受制于合同的约定。被许可人只能以约定的方式在约定的地域和期限行使著作权，不能擅自将权利许可他人使用，也不能禁止著作权人将同样权利以完全相同的方式，在相同的地域和期限内许可他人使用，除非被许可人享有的是专有许可权并附有从属许可的权利。③除非著作权人许可的是专有使用权，否则被许可人对第三人侵犯自己权益的行为一般不能以自己的名义向侵权者提起诉讼，因为被许可人并不是著作权的主体，著作权许可使用和著作权转让有着明显的区别。

著作权许可的主要内容：为著作权许可使用而设立的协议是一种民事合同，除遵循《民法通则》和《合同法》的规定外，《著作权法》还对许可使用合同的主要条款及其他相关内容作了一些特殊规定。

（1）协议形式。著作权许可协议的形式，当事人既可以采用书面形式，也可以采用口头形式或者其他形式。但是，《著作权法实施条例》作了一些限制，"……许可使用的权利是专有使用权的，应当采取书面形式，但是报社、期刊社刊登作品除外。"

（2）权利内容。权利的内容解决许可使用的权利种类和效力性质问题。权利的种类一般是根据《著作权法》第10条对各项权利的定义来确定的，也可以采用双方协商共识并符合行业惯例的方式来界定权利的名称和内容。

时间、地域范围是被许可的使用权的重要因素。法律对此没有特别的限制，通常由当事人根据需要自由约定。

许可使用的地域范围和作品的使用方式有密切的联系，一般以一个国家为界限，但对某些权利，又往往可以作更小的划分，例如表演权可以限制在一个县城的范围，播放权可以限制在一定的城市。例如，国内图书出版合同一般不得以省份为界限（台湾、香港和澳门地区除外）分别许可不同的出版社出版同一作品。

稿费是著作权人最主要的收益，合同中对其标准和支付方式应加以明确的规定。常见的稿费标准是稿酬制和版税制。稿酬一般分为基本稿酬和印数稿酬。书刊基本稿酬的计算公式是：每千字稿酬额×全文千字数。稿酬一般在作品交付出版时便付清，它与出版的图书的定价无关，也不受作品实际销量的影响。版税制是国际通行的稿酬付费方式，版税是著作权人与作品使用者按照一定比例分享作品销售所得。版税的计算公式是：出版物定价×出版物销售量（或印刷量）×一定的百分比（版税率）。音乐、戏剧作品演出版税称上演版税，其计算公式是：票房收入×一定的百分比（版税率）。其中版税率由著作权人和作品使用者协商确定。它取决于作品的性质、版次、畅销程度以及作者的知名度等多种因素。

完整的著作权许可使用合同还包括许多具体的内容，例如作品名称、主体身份、违约责任、侵权责任担保以及对他人侵权行为的追究等。

著作权许可协议种类繁多，由于没有统一的分类范本，大致可分以下几种：

（1）出版协议。即著作权人许可出版者行使其作品的出版权的协议。出版权实际上是复制权和发行权之和。由于作品的主要形式是图书和文章，出版协议可分为图书出版协议和文章发表协议。

图书出版协议除了必须符合一般规定外，还有以下限制：著作权人必须按照约定期限交付作品；出版者必须按照约定的质量和期限出版图书；图书出版者经作者许可方可修改、删节作品；图书重印、再版作品应当通知著作权人，并支付报酬。图书脱销后，图书出版者拒绝重印、再版的，著作权人有权终止协议。著作权人寄给图书出版者的两份图书订单在6个月内未能得到履行，视为脱销。图书出版协议中约定图书出版者享有专有出版权但没有明确其具体内容的，视为图书出版者享有在合同有效期内和在合同约定的地域范围内以同种文字的原版、修订版出版图书的专有权利。

（2）表演协议。即著作权人许可表演者行使其作品的表演权的协议。除了属于合理使用范围内的表演而外，表演他人作品都应该经过著作权人的许可。如果表演的是经过演绎创作的作品，如外国人创作的作品的中译本，又如由小说改编成的剧本，则不仅要征得演绎作品著作权人的许可，还要征得原作品著作权人的许可。签订表演合同的人可以是表演者，也可以是组织演出活动的人。

（3）录制协议。即著作权人许可录制者行使其作品的录制权的协议。录制者使用他人作品制作录音、录像制品应该取得著作权人的许可。如果被录制的作品是演绎作品，则还应取得演绎作品著作权人的许可。

（4）播放协议。即著作权人许可播放者行使其作品的广播权的协议。根据规定，播放者使用他人未发表的作品时，应该取得著作权人的许可。电视台播放他人已经发表的影视作品也应当取得著作权人的许可。

5. 特许权许可

特许权的概念非常宽泛，不同的问题描述就会有不同的权利引申。广义的特许权许可是指所有存在利益关系的技术权利的授受，其中包括专利、商标、专有技术等传统意义上的技术许可，也包括普通的特许经营许可。狭义的特许权是指基于管理技术、软件技术为主，且区别于传统技术贸易的技术转移方式。特许权许可的实质是知识产权扩展前提下的特许经营，主要有 4 种类型：①产品特许经营。其特许权的主要内容有：特定产品系列、销售价格体系、销售方式、售后服务约定。②生产特许经营。其特许权的主要内容有：关键技术、专用设备、厂房要求、质量标准、现场管理系统。③品牌特许经营。其特许权的主要内容有：品牌名称、品牌标识（色彩、图案、标志物等）、品牌标语、品牌形象、品牌定位、品牌所代表的品质与实力等。④经营模式特许经营。经营模式实际上是一套完整的经营运作方案，特许内容就是建设并运营一个特色的经营实体，其特许权包括 3 个部分：其一，硬件或有形部分，如产品、设备、工具、VI（视觉识别）等；其二，软件或无形部分，如品牌、CI（企业形象）、MI（理念识别）、BI（行为识别）、专利、商业秘密等；其三，特许权的约束和附加限制。特许权的许可内容主要以《特许经营协议》、《特许经营手册》予以约束和规范，这两个文件对特许成功与否具有同样重要的作用。

6. 专利申请权许可

专利申请权许可是许可方将特定的发明创造申请专利的权利移交给被许可方，被许可方为此支付约定的价款而签订的转让协议。专利申请权许可属技术许可的一种。专利申请权许可经常是在专利申请得到批复后，与该专利捆绑在一起实施转让的。从技术转移的角度，被许可方单纯为许可方办理专利申请属于技术服务概念，而申请权与专利权的同时转让则属技术转移范畴。

签订专利申请权许可协议，应注重以下问题。

（1）我国《专利法》对确定专利申请权的归属有如下规定：执行本单位的任务或者主要是利用本单位的物质技术条件所完成的职务发明创造，申请专利的权利属于该单位；非职务发明创造，申请专利的权利属于发明人或设计人。在中国境内的外资企业和中外合资企业的工作人员完成的职务发明创造，申请专利的权利属于该单位，非职务发明创造，申请专利的权利属于发明人或设计人。两个以上单位协助或者一个单位接受其他单位委托的研究、设计任务所完成的创造发明，除另有协议外，申请专利的权利属完成或共同完成的单位。两个以上的申请人分别就同样的发明创造申请权利的，专利权授予最先申请者。

（2）专利申请权的许可，原则上是自由的。中国单位或个人向外国人转让专利申请权或者专利权的，必须经国务院有关主管部门批准。

（3）专利申请权许可协议应采书面形式，经国务院专利行政部门登记和公告后生效。

（4）签订许可协议之前，许可方已经实施该发明创造的，除协议另有约定外，许可方应在协议生效后停止实施。

（5）该合同不影响许可方在协议订立之前与他人订立的非专利技术转让协议的效力。除协议另有约定外，原非专利技术转让协议约定的原转让方的权利和义务转由专利申请权许可协议的被许可方承担。

（6）该发明创造专利申请被驳回的，专利申请权许可协议的被许可方无权要求许可方返还价款，但许可方侵害他人专利权或专利申请权的情况除外。

### 7.1.4　技术许可的排他性

按技术许可的主体权益，技术许可可分为普通许可、排他性许可、可转让许可、交换许可等。

1. 非排他性许可（Simple License）

非排他性许可亦称普通许可，是技术转移所有者许可技术使用者在特定时间范围内和特定地域使用被许可技术，但技术所有者同时保留自行使用或向第三方许可被许可技术的权利。顾名思义，普通许可与普通商品贸易类似，其主要特点是第三方或更多技术需求者可同时或同地获准使用被许可技术，普通许可是最常见的许可方式。

2. 排他性技术许可（Sole License）

排他性许可包括两种形式：独占许可与独家许可。

（1）独占技术许可（Exclusive License）。独占许可是技术所有方承诺技术使用者在特定时间范围内和特定地域拥有被许可技术的完全使用权。任何第三方和技术许可方不得在约定的时间和地点使用被许可技术制造和销售产品，被许可方享有该合同项下技术产品的市场垄断权。

（2）独家技术许可。独家技术许可是指技术所有者许可技术使用者在特定时间范围内和特定地域内使用被许可技术，技术所有者不向任何第三方许可该项技术，但技术所有者自己仍可使用该项技术制造销售产品。

3. 可转让许可（Sub License）

可转让许可是指被许可技术使用方经技术许可方同意可将许可技术转让给第三方，被转让的第三方亦称分售许可方。分售许可即出让方在合同规定的期限和地域范围内，在赋予引进方使用其技术的权利的同时，允许引进方再将该技术全部或部分转售给第三人。在分售许可条件下，原引进方与第三方订立的许可合同与原分售许可合同，是两个独立的合同，第三方与原出让方并不构成合同关系，原引进方仍要对原出让方负责，保证正确地使用原出让方的技术，不得对技术工艺进行任意的改动，继续承担保密任务等。

4. 交换许可（Cross License）

交换许可是在上述 3 种基本的单项技术许可基础上产生的一种双向技术许可形式。简单的交换许可，可理解为一宗双向许可中的两宗单项许可，但实践中并非都是如此简单。交换许可除了满足各自对对方技术的基本需求外，交换许可还可以避免因技术侵权而引起的法律纠纷和双方有可能额外支付的不必要许可费用。交换许可还可能是许可双方为降低同一市场竞争的激烈程度而结成的利益同盟。

5. 强制许可（Compulsory License）

强制许可一般是特指公共利益强制许可，是在国家出现紧急状态或者非常情况时，或者为了公共利益的目的，国家知识产权局可以给予实施发明专利或者实用新型专利的强制许可。

公共利益强制许可包括如下情况：

（1）在国家出现紧急情况或非常情况时，如发生战争、自然灾害等情况；

（2）为了公共利益的需要，指出于国防、国民经济和公共健康的需要，包括：

　　a. 涉及国防安全的重要专利发明，如对于某先进武器的发明专利等；

　　b. 关系国民经济的重要发明专利，如治理污染的发明专利等；

　　c. 公共卫生方面的发明专利，如某种可以有效防治某疾病的发明专利等。

规定公共利益强制许可的目的是为了防止专利权人滥用专利权。

国家知识产权局给予公共利益强制许可的同时，应当指定具有实施条件的单位实施该专利技术。强制许可的被许可方仍需与技术权益人签订许可协议并支付一定的使用费。

## 7.2 技术许可实施的途径

1. 技术许可实施的形式

技术许可转让是指在狭义技术许可前提下技术转移的实施过程，是指对具有商业价值和推介前景的技术成果，通过与技术持有人的委托协商与签约，以受托方式获取对目标技术成果实施转移的授权操作。

技术许可转让的实质，是科学技术知识、信息和生产实践经验在不同法律关系主体之间的传递和扩展。这种传递和扩展必须通过一定的物质载体形式如图纸、技术资料、软件、样机等进行，同时也体现为某种技术权益通过合同的法律形式由出让方转移给受让方。这样一类的技术权益包括技术发明的专利申请权、专利技术的使用权、专利权和非专利技术（也称"专有技术"）的使用权等。

因此，从技术权益转移角度看，技术许可实施一般包括以下基本形式类型：

（1）专利申请权转让；

（2）专利权转让；

（3）专利实施许可（即专利技术使用权转让）；

（4）非专利技术转让（或称"专有技术转让"）；

（5）著作权转让等。

2. 技术许可实施途径

技术许可实施既可以在技术持有人与技术引入方之间直接进行也可以通过第三方的介入，在技术持有人、中介人和技术引入方之间展开，而且第三方（或"中介人"）在促进和实现技术转让过程中所处的位置、作用及其身份选择，也可以不尽相同。

由此，在有技术转移中心参与下的技术许可实施，应当通过以下途径来加以实现，即：

（1）受托转移。技术转移中心以合同方式首先从技术持有人那里取得对该技术实施转移的转让授权，然后以技术持有人身份向希望得到该技术的单位或个人直接转让该技术。其模式及过程为：

$$\text{技术持有人}\xrightarrow{\text{（权利出让）}}\text{技术转移中心}\xrightarrow{\text{（技术转让）}}\text{技术用户}$$

（2）委托转移。技术转移中心以合同方式从技术持有人那里取得技术转移的转让授权之后，以获取技术持有人身份，委托经纪人寻找和选择交易伙伴，通过经纪人的业务运作及服务，达成技术转让交易目标的顺利实现。其模式及过程为：

$$\text{技术持有人}\xrightarrow{\text{（权利出让）}}\text{技术转移中心}\xrightarrow{\text{（经纪授权）}}\text{技术经纪人}\xrightarrow{\text{（经纪服务）}}\text{技术用户}$$

（3）居间转移。技术转移中心以中介人身份参与技术转让，通过向技术持有人和技术引入方提供其所需要的中介服务，促成其交易的实现。其模式及过程如图7—1所示：

**图7—1　居间技术转移流程**

（4）合作开发转移。技术转移中心与目标研发机构合作，共同开发某种新的技术、新的产品、新的工艺、新的材料，包括对已有研发成果的合作二次开发，所得技术成果的使用权、转让权、专利权归技术转移中心和合作研发机构共有。技术转移中心以技术持有人身份实施技术转移（转让），其模式及过程如图7－2所示：

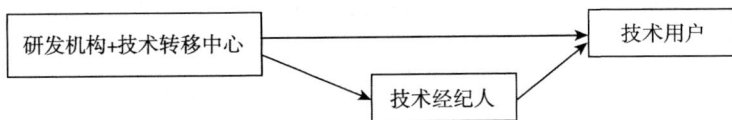

**图7－2　合作开发技术转移流程**

3. 专利许可的实施程序

（1）许可方对被许可方的选择

确认被许可方的法人资格和经营范围。如果被许可方缺乏进行许可贸易的主体资格，不具有按照自己的意志和条件从事许可贸易的能力，就不能成为贸易的伙伴。评估被许可方的实施条件和资信状况。实施条件，指被许可方具有与使用专利技术相适应的生产工艺、原材料、厂房设备、必要的生产操作技术人员，以及有效的经营运作机制和销售市场网。资信状况，指被许可方的实施诚意和履约信誉。

（2）被许可方对许可方的选择

要求许可方保证自己是所许可专利技术的真正所有权人或持有人；分析许可方所提供的专利的有效性、技术自身的价值、市场潜力和发展趋势；明确许可方为实施专利技术所提供的技术协助、服务和有关方面的范围；调查许可方的技术实力、经营条件和商业诚信。

（3）商业机会选择

商机选择是分析所预期的专利项目实施的机会是否可行，即经过研究验证拟实施专利的机会是否存在，如存在实施可能，则以项目建议书的形式进入可行性研究。

（4）可行性研究

可行性研究是对项目的所有内容，进行个别的和综合的深入调查、分析和研究，提出具体可行的项目实施方案。

（5）评价与决策

所谓评价与决策，就是把拟议中的项目放在经济与社会的整体内加以分析，研究项目对经济、社会的作用、贡献与影响，然后作出实施或放弃项目的决策。

（6）谈判与签订合同

谈判是签订合同的前提，签订合同是谈判的结果。谈判过程是双方努力寻求对方都能接受的妥协点的过程。

（7）协议审批与备案

一般专利许可合同，当事人签字即可生效；但按照《专利法实施细则》规定，应报专利局备案，涉外的专利许可合同，则应按照规定，分别报请有关部门审批。

合同经过审批、生效后，执行合同的各项具体事务就由当事人双方来进行。由于不同合同标的不同以及其他差异等，合同的执行并无固定模式，基本原则是双方都应自觉履行自己在合同上所承诺的义务。

## 7.3　技术许可实施价格的确定与支付方式

1. 技术许可实施价格内涵及组成

技术许可实施价格通常由以下 3 部分的内容所组成。

（1）技术使用许可费。根据技术研发和实施转让所发生的费用及其分摊的可能性所决定，是技术转让价格中的最主要组成部分，通常占整个技术转让价格的2/3 以上，是技术出让方获取技术转让收益的主要来源。

（2）技术资料费。技术出让方为实施技术转让而向技术引进方提供项目设计图纸技术说明书、维修操作手册等方面资料的费用。在一般情况下，这一费用占技术转让价格的 10% 左右。

（3）技术服务费。技术出让方为引进方提供各种技术指导与服务应得的报酬或补偿，包括出让方为培训引进方人员所需的技术培训费和出让方在合同执行过程中从事项目联络所支付的费用等。技术服务费约占技术转让总价格的20%～25%左右。

2. 影响技术转让价格的因素

技术转让双方在协商议定标的技术的转让价格时，一般需要综合考虑以下方面的因素及其作用的大小程度。

（1）技术开发成本。包括直接成本和间接成本，开发成本是影响技术转让价格的基础内容，对转让方来说，开发成本是决定价格的主要参考依据，但它在价格构成中弹性最小。直接成本是指与开发该项技术直接相关的各种费用支出，如调研费、研发人员的工资、协作费、资料费、材料费、试验费、加工费、专用仪器或设备费等；间接成本是指在研发该项技术时所需支付的某些固定费用，如经营管理费、固定资产折旧费等。

（2）技术成果应用后的经济及社会效益和转让双方的预期收益。这是价格构成因素中弹性最大的部分。技术经济效益有时与开发成本不完全呈正比例，开发成本高的技术，技术经济效益不一定很好，反之亦然。价格的高低体现出转让双方对该技术市场潜在价值的一种预期。

（3）技术成果的产业转化开发的难易程度。由技术的成熟性和可实施性等因素所决定。

（4）技术成果的更新周期或寿命预期，涉及技术的新颖性问题。

（5）技术的法律形态和当事人享有的技术效益。是专利技术，还是非专利的专有技术；技术的转让授权，是独占许可，还是独家许可，或是普通许可、交叉许可等。

（6）出让方提供技术服务的范围及内容和引进方接受技术的能力。包括许可方为引进方的学习人员提供技术培训所需要的师资、管理费、学习资料费等。

（7）转让方式和转让的直接成本费用支出。

（8）转让价款的支付方式。

（9）合同其他条款特别是保证和索赔、税费、保密和双方承担的责任和风险条款的约定和规定。

（10）技术所在行业的利润状况和技术转让的外部环境条件，如技术引入所在地区的企业经营环境、市场环境等。

3. 技术转让价格的确定方法

技术转让价格的最终确定，一般依据被转让技术实施后所产生的利润在转让双方合理分享的基本原则进行。其计算公式如下：

$$出让方利润分享率 = \frac{出让方所得报酬}{技术转让后的实施利润预期} \times 100\%$$

由此，技术转让价格可由下式加以确定：

$$技术转让价格 = 出让方所得报酬 - 出让方利润分享率 \times$$
$$技术转让后的转化实施利润预期$$

上式中的出让方利润分享率，一般认为在 1/4 左右较为合理，其理论依据为，利润是资金、组织、劳动和技术这 4 个相等因素综合作用的结果，故技术所得应占利润的 1/4。

联合国工业发展组织在对印度等发展中国家的技术引进价格进行分析后认为，技术的利润分享率一般应在 16%～27% 之间较为合理。

显然，对于技术利润分享率的确定，需要根据标的技术实施后所产生的利润预期及其他因素进行综合考虑，具体情况具体掌握。一般说来，技术实施后利润预期高的技术，技术的利润分成率可适当降低，相反，技术的利润分成率则应适当提高，因此，大致控制在 15%～30% 之间均属合理。

由于技术转让后的转让实施利润预期是一个比较难确定的因素，而且不同时期（年度）的利润也往往不同，因此，技术转让双方在价格谈判时往往无法对技术实施的利润预期进行精确的测算，难以商定一个双方均易接受的转让价格。为解决这一问题，可采用以下的变通方法，其公式为：

$$出让方提成率 = \frac{技术提成率}{产品销售收入（价格）} \times 100\%$$

$$= \frac{技术实施后利润 \times 技术分成率（\%）}{产品销售收入（价格）} \times 100\%$$

由此：

$$技术转让价格 = 技术提成费$$

$$= 出让方提成率 \times 产品销售价格（收入）$$

**4. 技术转让价款支付方式**

技术转让价款的支付方式，通常可在以下方式中作出选择。

（1）一次总付。技术转让双方通过协商议定一个固定价格，由引进方一次或分期支付。

（2）提成支付。技术引进方在合同规定的时期内，按照技术实施后所产生的实际效果向出让方支付一定比例的费用，作为出让方的技术出让报酬或补偿。提成数额的大小由双方约定的提成年限、提成比例、提成基础和提成的方式所决定。

①提成年限。由转让的标的技术的性质所决定，一般来说，普通技术的提成年限较短，高、精、尖技术的提成年限较长。在通常情况下，提成年限为 2～10 年，最长不超过技术的寿命周期，多为 5～8 年。

②提成比例。也称提成率，指技术出让方收取的提成费在引进方实施技术后所生产的产品的销售价格、产值或利润中所占有的百分比。提成率以多少为合适，并无统一的标准，一般与技术的复杂程度、产品的生产规模、销售额、提成年限、利润的高低等因素相关。不同技术领域、不同交易条件，其提成率必然不同。总的说来，技术越先进、产量或销售额越大，提成率就越高；反之，则低。在美国，各行业比较普遍的提成率为净销售价的 5%，其中化学工业 2%～5%，石油化学工业＜1%，木材加工业 4%～5%，光学、电子工业 5%，汽车工业人＜5%，消费品工业 2%。在德国，各行业的提成占净销售价的比例，电器工业为 0.5%～5%，机械制造业 0.33%～10%，化学工业 2%～5%，制药工业 2%～10%。联合国贸易和发展组织认为，提成率为产品净售价的 0.5%～10% 均属合理，但较为普遍的比例应在 2%～6% 之间，其中石油化学工业为 0.5%～2%，日用消费品工业 1.0%～2.5%，机械制造工业 1.5%～3%，精密仪器工业 4.0%～5.5%，汽车工业 4.5%～6.0%，光学和电子产品工业 7%～10%，化学

工业 2.0%～3.5%，制药工业 2.5%～4.0%，电器工业 3.0%～4.5%。在我国，一般认为如以净销售价作为提成基础，提成率以不超过 5% 为宜。

③提成基础。可采用按产量、按价格和按利润方式计算。按价格提成，价格可以是净销售价，也可以是实际销售价，或市场公平价。

(3) 混合支付。通常采用入门加提成支付方式，即一次总付与提成支付相结合的支付。引进方在合同开始执行时支付技术转让价款的一部分，剩余部分按规定的提成办法提成。

前述 3 种支付方式，一次总付方式对出让方较为有利，引进方承担较大的风险；提成支付方式，对引进方较为有利，出让方较为不利；入门加提成方式，能够较好地在出让方和引进方的利得与风险负担之间保持某种程度与水平的平衡。

5. 技术转让价格的支付手段

技术转让价格的支付手段可以选择用现金支付，也可以采用非现金的支付方式及手段支付。

非现金的支付方式包括：

(1) 产品支付。技术引进方以被转让技术实施后所生产的产品折价代替其应支付的技术转让费。

(2) 技术入股。技术出让方将其转让技术的价值折成资本以投资方式进入引进方企业，占有引进方企业的一定股份，参与引进方企业的经营决策，以红利方式取得被转让技术的应得报酬或补偿。

以产品或（和）技术入股支付技术转让价款的方式对引进方较为有利，而出让方通常处于不利的地位。

## 7.4　技术许可合同的谈判与订立

技术许可合同的谈判与订立，作为技术的出让方一般应按照以下的程序和步骤做好相关的工作。

1. 合同谈判前的准备

合同谈判前的准备工作主要包括组织准备、技术准备和商务及法律准备等具体内容。

(1) 组织准备。建立谈判工作小组，工作小组由被转让技术的专业技术人员、商务人员、法律人员等组成。

(2) 技术准备。拟订谈判方案，准备谈判过程中和合同订立后执行合同时所需要使用的各种技术资料等。

(3) 商务和法律准备。了解技术引进方的有关情况及技术引进的设想和条件等，准备合同草案。

2. 影响技术转让合同的权衡要素

技术转移中心在涉及决定就某一技术订立技术转移授权和技术转让合同时，至少应综合考虑和权衡以下要素：

（1）目标技术的成熟性、稳定性、可实施性和新颖性；

（2）目标技术替代其他技术和被其他技术所替代的几率、可能性及其范围；

（3）目标技术与已有技术的配套使用及衔接等互动关系；

（4）技术出让方能够提供或应该提供的技术服务和指导；

（5）技术受让方的技术接受能力和经济支付能力；

（6）转让价格与可能或合理的支付方式；

（7）目标技术进一步改进的可能性及其方向；

（8）目标技术的寿命预期（技术更新周期）；

（9）目标技术的知识产权是否清晰，权属是否明确；

（10）目标技术曾在何时、何地、何种程度及范围上转让或正在使用；

（11）目标技术实施是否含有技术秘密；

（12）目标技术实施是否需要由经过特别培训的人员来完成；

（13）目标技术的实施是否需要有特别的设备加以配合；

（14）目标技术的使用能够带来怎样、多大的经济、技术及社会效益和效果预期；

（15）目标技术转让是否需要履行特别的手续，经过特别的批准；

（16）目标技术转让是否受到方式、期限和区域等方面的限制；

（17）目标技术转让可能出现的风险多大，是怎样的一些风险；

（18）技术转让所涉各方有无其他特别的要求等。

3. 启动谈判

技术转让谈判的一般顺序是先技术谈判后商务谈判，先谈合同的其他条款，再谈合同的价格条款。基本的步骤和程序为：

探询→技术谈判→询价→报价→商务谈判→草签协议

4. 合同订立

所有类型的技术转让合同，一般都应包括以下的一些基本条款：

（1）转让技术名称、内容、范围和要求；

（2）合同范围，规定技术转让的具体事项及要求；

（3）保密事项，规定保密的范围、内容、期限及违约责任等；

（4）价格与支付方式；

（5）违约责任及损失赔偿办法；

（6）争议解决办法；

（7）合同履行的期限与方式；

（8）合同的变更或解除等。

合同订立的步骤与程序为：

内部会商→双方协商→决策签约→执行合同

# 7.5　技术许可授权协议

委（受）托协商及签约过程中应当特别加以注意和解决的主要问题包括：

（1）委（受）托的实现方式及形式；

（2）委托事项的具体要求；

（3）委托人的权利及其职责、义务；

（4）受托人的权限范围、职责和免责条款等；

（5）受托人的报酬界定及实现方式；

（6）违约责任；

（7）争议解决方法等。

## 技术许可授权协议（范例）

合同编号：□□□□□□□□□□□□□

技术成果名称：＿＿＿＿＿＿＿＿＿＿＿＿

协议双方：

授权人：＿＿＿＿＿＿＿＿＿＿＿（以下称"甲方"）

被授权人：××××××技术转移中心（以下称"乙方"）

鉴于甲方（即技术转移授权方）拥有对＿＿＿＿＿＿＿＿技术成果的自主知识产权及出让权，并且同意将该项技术出让的交易权授予乙方（即技术转移被授权方）；

鉴于乙方同意接受甲方的委托，企望通过努力在适当的条件下及时将甲方拥有的该项技术成果顺利地转让出去；

双方授权代表通过友好协商，同意就以下条款签订本协议。

第一条　协议范围

甲方同意将其研发并拥有的名为＿＿＿＿＿＿＿＿的技术成果（以下简称

"合同技术")委托给乙方向其他单位或个人（第三人）实施商业性转移，并授予乙方以相应的权利。乙方同意接受甲方的委托和授权。

甲方委托乙方对其拥有的该合同技术成果实施转移而授予给乙方的技术转移权利，是一种非独占性的权利，是不可转让的权利。

甲方负责向乙方提供合同技术的相关资料，包括技术名称、内容、应用范围、成果鉴定证明和专利申请及批准情况等，具体内容详见合同附件一。

甲方允许乙方以甲方的名义或乙方自己的名义向其他单位或个人转移本合同技术，但未经甲方核准、同意，乙方不得与其他任何单位或个人签订对甲方具有任何约束力的合同。

在本合同执行过程中，如果乙方需要甲方提供与合同技术相关的服务，包括技术转移过程中的技术指导和技术培训等，甲方有义务提供相关的服务，届时双方另行协商并订立合同。

第二条  合同技术转让价格

本合同技术的转让价格及其支付的办法与方式，由乙方根据甲方的价格期望及其实现方式意向，通过与合同技术引入单位（企业或个人）的谈判、协商加以确定。如果谈判确定的技术转让价格低于甲方的目标低限，应报经甲方核准、允许后方可确定。

甲方授予乙方同第三方对合同技术价格及其支付办法与方式的进行谈判加以确定谈判权和价格及其付款方式的有限确定权。

本合同技术的目标转让价格为＿＿＿＿＿＿＿＿万元人民币，付款方式为＿＿＿＿＿＿＿＿。

本合同技术的实际转让价格及其支付的办法与方式由与第三方订立的本合同技术转让合同加以规定。

第三条  合同技术转移收入分配

本合同技术转移成交后所形成的净收入在甲乙双方间按甲方＿＿＿％、乙方＿＿＿％的比例分享。

合同技术转移净收入按下式确定：

净收入＝转让合同收入－应纳税费－其他费用支出

上式中的其他费用支出为（1）＿＿＿＿＿＿＿＿＿＿＿＿；（2）＿＿＿＿＿＿＿；
（3）＿＿＿＿＿＿＿＿＿＿＿＿等项费用支出，总额不超过＿＿＿＿＿＿＿万元人民币。

乙方在实现本合同技术转移过程中所发生的各项成本费用支出由乙方从其收入中承担并支付，甲方不予承担。

第四条  甲方职责

甲方在本协议执行过程中，承担以下的责任和义务：

（一）担保合同技术的品质和委托授权的有效性与合法性；

（二）提供真实的技术介绍资料和合同技术转移所需要的有关信息；

（三）在协议期内，合同技术如有任何的改进和发展，应将改进和发展的有关情况及时通知乙方，并提供相应的技术资料；

（四）积极配合乙方为实施和实现合同技术转移而进行的各项工作，当乙方就有关问题提出要求时，应尽力给予满足或明确答复；

（五）合同技术转移成交后，为技术引入方提供技术应用指导和技术培训等方面的服务。

第五条　乙方职责

乙方在本协议期间，承担以下的基本职责和义务：

（一）忠实和维护甲方的利益，尽心尽责地履行甲方委托的技术转移事项；

（二）审慎行使甲方授予的与合同技术转移相关的各项授权，不越权与第三方订立对甲方具有约束力的任何合同；

（三）及时向甲方公开和提供与合同技术转移有关的真实信息及商情通报；

（四）合同技术转让成交后，协助甲方履行其与合同技术转移（转让）相关的合同义务；

（五）保存任何与合同技术转移（转让）有关的文书、函件、业务凭单等重要商业文件，接受甲方的查询和监督；

（六）保守甲方的技术及商业秘密；

（七）确保合同技术引入方的商业信誉及支付能力，对于由于自己的过失或疏忽而给甲方造成的任何损失，承担由此引起的一切法律和经济上的责任；

（八）协助甲方收回合同技术转让形成的经济收入；

（九）合同技术转移成交后的执行过程中，当有必要对与合同技术转移相关的第三方提起诉讼时，应当及时向甲乙提出，并积极协助和配合甲方进行诉讼。

第六条　侵权和保证

甲方承诺并保证本协议所涉及的合同技术及相关资料是真实的、有效的和合法的，并且有权委托乙方向第三方转让（转移）该项技术。

在实施合同技术转移的过程中，当出现下列情况及问题时，由甲方负责交涉，并承担由此引起的一切法律和经济上的责任：

（一）合同技术的转让和使用被第三方指控侵权；

（二）合同技术被证实为是一种无效的或过时的技术。

乙方在本协议执行过程中，承诺并保证以下责任事项：

（一）未经甲方核准，不与第三方订立任何对甲方具有约束力和有碍于甲方利益的任何合同；

（二）不对非利益攸关的任何单位及个人公开合同技术的秘密；

（三）及时向甲方公开与合同技术转移相关的所有事实及信息；

（四）定期向甲方报告合同技术转移的实施进展情况和与之相关的市场及用户信息；

（五）承担由于自身工作疏忽或过失而造成甲方利益受损的经济与法律责任。

在本协议执行期间，当本合同技术涉及的经济、技术及法律性质的问题发生明显变化时，任何一方均有责任和义务以书面方式或其他适当的形式及时告之对方，然后再由双方协商本协议的执行问题。

第七条　税费

在执行本协议过程中，由合同技术转移交易环节而形成的应纳税费，由合同技术转移所形成的交易收入负担；有关执行本合同所形成的其他非交易环节的各种税费，按照国家税法确定的应税主体缴纳并负担。

第八条　争议的解决

本协议执行过程中所发生的与本协议有关的一切争议，均应由双方通过友好协商加以解决。如果双方协商不能达成协议，则应提交仲裁机构按仲裁程序进行仲裁，或向所在地法院提起诉讼，由法院根据有关法律作出审理。

仲裁机构的裁决或法院的判决是终局决定，对双方均具有约束力。

仲裁费或诉讼费由败诉方负担。

本协议执行争议处理过程中，除正在进行仲裁或诉讼的部分条款外，协议的其他部分条款应继续执行。

第九条　协议生效

本协议经由双方授权代签字并加盖单位公章后即视为有效。协议生效日为双方授权代表签字之日。

本协议有效期从协议生效日开始到_____年____月____日为止。有效期满后本协议自动终止。

本协议期满后，双方发生的末了债权债务不受协议期满的影响，协议双方应继续履行各自的责任和义务。

本协议中如有一条或一条以上的条款出现无效情形时，其余条款仍然有效。

第十条　未尽事宜与协议的变更、修改和增删

本协议未尽事项，由协议双方通过协商达成共识后签订补充协议，补充协议具有与本协议相等的法律效力。

本协议执行过程中，当需要对其条款进行任何性质的变更、修改和增删时，都须经双方协商同意并签署书面文件，并具有与原协议相等的法律效力。

第十一条 其他条款

本协议由第一条到第十一条和附件一至附件____组成。协议的正文和附件是不可分割的组成部分，具有同等的法律效力。

本协议一式两份，双方各执一份。

本协议未作出规定的事项，按照《中华人民共和国合同法》的规定执行。

甲方：_____ 乙方：××××××技术转移中心（公章）

地址：_____ 地址：_____

电话：_____ 电话：_____

传真：_____ 传真：_____

E－mail：_____ E－mail：_____

授权代表：（签章）_____ 授权代表：（签章）_____

单位电话：_____ 单位电话：_____

_____年___月___日 _____年___月___日

签约地点：_____

# 7.6 技术资料的交付和验收

技术资料的移交是技术许可实施不可或缺的内容之一。在技术转移过程中，引进方能否及时得到正确、准确的技术资料，是关系引进技术能否顺利实施的必备条件。因此，技术转让双方在订立和执行转让合同的全过程中，必须重视标的技术资料的有效处理。

（1）技术资料内容。技术出让方应有效提供和交付确保被转让的标的技术实施过程中所需要的有关文字说明和图纸资料，包括技术研发立项资料、技术设计资料、工艺资料、质量标准、技术成果说明及鉴定资料，标的产品的技术规范、配方、图纸、性能数据、检测资料和技术使用及其维修资料等。

（2）技术资料质量。技术出让方提供和交付的技术资料，应符合并满足以下基本要求：

a. 齐全、完整。出让方交付的技术资料必须是被转让标的技术成系配套、应有尽有的全部技术资料。

b. 正确、清晰。文件及图纸的制作和幅面等符合国家或行业或企业标准，技术资料中的文字、符号、图形、曲线、数字等足以看清，不存在模糊不清现象。

c. 成册、有序。文件、图纸有序编排，装订成册。成册的文件、图纸要有编号，并保持编号的连贯性。

　　d. 蓝图与实物相吻合。

　　（3）对技术资料的清点和验收。出让方应按照合同规定的要求保量、保质、守时地交付标的技术的全部技术资料。引进方在收到出让方交付的技术资料后，依据合同约定及时进行清点、检查，重点是查实出让方所交付的技术资料是否齐全、完整、清晰，有无残损短缺，是否符合双方的约定。发现问题，应迅速通知出让方，要求出让方限期补足或更新。

## 7.7　技术许可实施后的服务保障

　　1. 技术后续服务的保障作用

　　在技术转移实施过程中，技术转让的出让方为引进方提供被转让的标的技术实施所必需的技术服务，是出让方应尽的责任，也是技术转让的重要内容及环节之一。这一方面是因为，技术转让本身就含有技术传授的过程，要顺利地实现这一过程，仅凭交付技术资料是难以做到的，因为在许多情况下，出让方交付的技术资料并不能包括被转让技术的全部内容，特别是无法包括出让方技术人员头脑中的技术经验和技术诀窍。这些经验和诀窍需要通过技术人员的操作实践和现场指导才能表现出来，而且这些经验和诀窍还往往涉及所转让技术的核心内容，直接影响被转让技术实施的结果与效果。

　　其次，被转让技术作为一种非公知的专有技术，在其应用的实施过程中，必然面临诸多的特定技术问题，需要由熟悉该技术原理、掌握该技术的专门知识及经验的专业人才或其群体及时加以解决，没有技术出让的后续服务保障，被转让技术的实施难以顺利地展开和进行。

　　因此，在技术转移过程中，技术服务是技术转让的重要条件和不可或缺的内容之一。

　　2. 技术出让后的服务内容

　　与技术转让相关的技术服务的要求及内容应在转让合同中加以明确地规定和体现。有关技术服务的具体要求及内容由合同各方通过协商进行确定。一般应包括以下基本内容：

　　（1）向引进方相关人员传授、讲解被转让的标的技术的原理及知识，为引进方培训被转让技术实施及应用所需要的专业技术人员和操作工人；

　　（2）现场指导、协助引进方安装、调试被转让技术应用实施所涉及的机器、设备等；

　　（3）为引进方提供利用被转让技术进行产品设计、制造、检验、调试等方面的技术指导，协助引进方解决被转让技术生产应用过程中遇到的各种技术性难题；

（4）引进方需要的与标的技术转让相关的其他方面的技术性服务。

3. 技术服务费用

技术转让过程中技术出让方为引进方提供与标的技术转让有关的技术服务所涉及的技术服务费用问题，包括费用的计算办法、内容及范围、数额及其支付方式等，由双方协商达成共识后，在双方订立的技术转让合同中加以明确和规定。

与技术转让相关的技术服务费用，原则上可以单独分项目计收，也可以采用一揽子的办法计收，或将该项费用包含在技术使用许可费内，不独立核算技术服务费用。

与技术转让相关的技术服务，在独立计算其费用的情况下，费用计算依据可以按实际工作量计价，也可以按件计价。按实际工作量计价时，合同双方可协商议定一个估算的技术服务工作量，确定不同等级技术人员的人/日或人/时的收费标准，然后依据该标准按实际工作量计付技术服务费用。按件计价时，可以按照项目的估算或实际工程费用的一定比率计付技术服务费，也可以按其他标准确定一个固定的一揽子技术服务费额。

技术服务费用的计价内容，可以区分为：

（1）直接费用。出让方为提供技术服务而实际发生的费用，包括资料成本费、差旅费、通信费等。

（2）间接费用。出让方提供技术服务所发生的经营管理费用，包括管理人员工资、办公费、资产折旧费等。

（3）专家费用。实际支付给技术服务人员的工资、津贴、补助费等。

（4）酬金。提供技术服务的部门的所得。

技术服务费可以一次支付，也可以按照服务的工作进度分期支付。

4. 技术服务的合同条款

与技术转让相关的技术服务的提供与接受和与之有关的相关事项，由技术转让合同中的专门条款加以规定，具体内容应包括：

（1）技术服务的内容、范围、方式和要求；

（2）技术服务的履行期限、地点和方式及办法；

（3）技术服务的工作条件和协作事项，合同双方的责任与义务；

（4）技术服务报酬及其支付方式；

（5）违约金或损失赔偿的计算方法等。

# 案例3 转基因棉花专利技术实施许可

案例描述

[项目名称] 转基因棉花专利技术许可

[受与方（甲方）] 澳大利亚某公司

[让与方（乙方）] 中国某院某研究所

[签订时间] 20××年×月××日

[合同类型] 技术转让—专利实施许可合同

[知识产权] 1）专利号为 ZL98102885.3 的中国专利，名称为"两种编码杀虫蛋白质基因和双价融合表达载体及其应用"；2）专利申请号为 2005100768233 的中国专利申请，名称为"融合杀虫基因 cryci 及其应用"。

[技术内容] 为增强转基因植物对鳞翅目害虫的毒性；扩大转基因抗虫植物的抗虫谱，减缓害虫对转基因抗虫植物产生抗性的速度，研究人员将 GFM Cry-lA 杀虫基因与豇豆胰蛋白抑制剂基因构建成融合基因，转化棉花，现已获得专利技术"融合杀虫基因 cryci 及其应用"。

[合同金额] 19 508 万元：技术交易额 19 508 万元

[支付方式]

合同额组成：入门费 500 万元加 8 年（2009 年—2016 年）研究补偿经费再加每年提成费。另该合同 2013 年至 2028 年每年还规定有保底费（如果按合同计算得到的每年提成费低于该年度保底费，则上述价格计算方式中每年提成费换为保底费）；入门费计价货币为人民币，其余的计价货币为澳大利亚元。

支付方法：分期支付。合同生效后 10 天内甲方支付入门费。每年的 10 月 20 日为每年的研究补偿经费及提成费（或保底费）的汇款日（每年 9 月 30 日为提成费结算日）。

乙方提出"一手抓科研、一手抓开发"的工作方针，制定了以专利技术和专有技术的转让、入股与合作开发为工作重点，明确了"转变观念、与时俱进、勇于探索、开拓创新、重点突破、力争见效"的科技开发工作的指导思想。经过上下的共同努力，在高新技术成果与企业结合走向市场的探索中积累了一定的经验，取得了显著的经济和社会效益，使研究所的综合经济实力有了较大增强。

乙方科技开发工作总体思路和基本框架为：以生物技术与传统农业的结合，高科技与企业资本的结合，上游研究与中、下游开发的结合为主线；以"高科技＋公司＋新优产品＋产业开发"为主要模式；以准备上市和已经上市的、具有雄厚资金实力的大公司为联合与合作的主要对象；以提升参控股公司的经营管理为主攻方向；以酶工程微生物、植物生物反应器和植物抗逆调控基因等研究领域的成果和专利为新的增长点；以增加农民收入、引导农民进入市场、优化农产品品种结构、促进农业高新技术产业化为战略目标；在深层次、多层面、大范围全面铺开科技开发工作。

乙方根据专利技术和专有技术较多、水平较高的特点，制定了以专利技术和专有技术的转让、入股与合作开发为科技开发的工作重点。先后以抗病转基因棉花等一批拥有自主知识产权和具有国际先进水平的高新技术与大企业、大资本合作，入股组建有限公司和股份有限公司，探索"高科技＋公司＋新优产品＋产业开发"的新模式。

乙方积极开展与国外公司的合作与技术转让。与美国某公司签订了合作开发植酸酶转基因玉米研究的协议；与某转基因技术有限公司合作，与印度某公司签订了"中印合作转基因抗虫棉新品种研究与产业化合同"。这标志着我国的高技术产品将走出国门，开拓国外市场，在世界农业高技术领域占有一席之地。

乙方科技开发工作以公司为依托，以技术为纽带，以高新技术产品为载体，由主要领导、专家及课题组和科技开发负责人组成技术转让和技术合作开发小组，分工协作，直接参与公司的经营和管理。主要做法：

1. 选择在科技开发工作中能发挥作用的好项目。年初所里专门召开技术转让项目筛选会议，确定一批成熟的、有发展前景的项目，整理打印出相关资料，供技术洽谈使用。

2. 培养既懂技术又懂经营管理和法律的科技开发专职人员。选派有经验、高学历的人员参与公司的管理工作，鼓励科技开发人员参加各种培训班、报告会。

3. 与时俱进，把握重点。在转让的十几个项目中，重点抓好一至两个技术入股的公司，投入力量，直接参与经营管理，力争将公司做大做强，争取今后在国外上市和国内的主板或创业板上市。

4. 加强领导和财务监督。科技开发工作由所长全面负责、亲自挂帅，并出任参股公司的董事或副董事长；部分职能部门和研究室的负责人直接参与公司的经营和管理。

5. 制定调动积极性的重奖政策。为了激励科技人员的技术创新和成果转让，制订了一系列重奖政策，使科技人员在技术转让中得到较高的收入，并在公司中占有相当比例的股份。

6. 注意知识产权的保护。总结以往科技开发工作的经验和教训，技术转让的合同或协议严格按照《合同法》、《专利法》的要求起草，转让的项目一律以排他和普通实施许可转让。

国家"863"计划"优质抗虫高产转基因棉花生物技术育种"和农业部发展棉花专项资金"抗虫基因构建及优质转基因抗虫棉新材料创造",在国内首次研究成功甜蛋白基因,并在原核生物中高效表达。研制成功"中国单价抗虫棉",使中国在世界上成为继美国之后,独立自主研制成功抗虫棉的第二个国家,并享有我国自己的专利知识产权。之后,又研制成功"中国双价抗虫棉",并已进入大面积商业化生产,使我国在研制抗虫棉领域步入了国际先进行列。在解缓棉铃虫给棉花生产造成的巨大损失、保护环境和生态平衡、降低农药使用量和用工的投入,以及促进我国农业持续发展方面作出了重要贡献。

(一)项目背景

棉花是我国第一大经济作物,在国民经济中占有很重要的地位,20 世纪 90 年代棉花是我国出口创汇的主要渠道。但当时虫害制约着我国棉花的发展,农民大量喷洒农药不仅造成环境的污染,也对其他作物和人体有着严重危害。1992 年由于棉铃虫的危害造成长江流域棉花减产 20％～60％,黄河流域棉花减产 60％甚至绝产。面对如此严峻形势,国内一些专家主张引进美国的抗虫棉技术。当时美国的抗虫基因技术价格昂贵。更为苛刻的是,美国采用了知识产权战略,他们的抗虫基因技术一旦被别国引进,引进国就再也不能进行抗虫基因的研究。这就意味着中国一旦引进,就不能进行抗虫棉基因的研究,今后棉花产业的发展将依赖于美国。所以当时乙方的郭某等科研人员反对引进美国的技术。1988 年郭某法国留学归来,开始从事抗虫棉基因的研究,他主张我国自行研发抗虫棉技术,引进的美国抗虫基因技术要经过几年的时间才能与我国品种相适应,这几年的时间我们的科研人员也能研究出我国的抗虫棉技术,有了自己的知识产权,我国才能站在棉花产业发展的制高点。

(二)转基因棉花技术的研制与发展

为了从根本上解决棉花生产中的棉铃虫危害问题,国家 863 高技术研究与发展计划于 1991 年起立项开展抗虫棉的研制,探索利用基因工程技术解决常规育种和传统技术难以解决的问题。

开展棉花基因工程研究的第一步是杀虫基因的人工合成。郭某领导的课题组,为了在短时间研究出与美国有一样效果的抗虫基因,他们 24 小时夜以继日地工作,经过努力,于 1992 年成功地完成了 Bt 基因的人工合成和高效植物表达载体的构建。中国也因此成为继美国之后第二个独立构建拥有自主知识产权抗虫基因的国家。为了防止抗药性,更好地应用于棉花产业的发展,郭某等科研人员继续不断创新,研制出抗虫基因构建由单价到双价,由单抗棉铃虫到抗病、抗蚜虫等多抗,并开始了改良品质和提高产量等方面的基因构建工作。双价抗虫基因1998 年申请国际专利,我国双价基因的应用也比美国提前了 5 年,取得世界领先地位。

（三）转基因棉的推广应用

"九五"计划中，"抗虫棉等转基因植物"被列为国家 863 计划的重大项目。1997 年单价 Bt 抗虫棉在全国 9 省全面开展试种示范，筛选出优系 11 个。1997 年农业部批准国产抗虫棉的商业化。1998 年在安徽、山西、山东 3 省进行中试，种植面积达 1 万公顷。1999 年进一步扩大商业化规模，覆盖山西、安徽、山东、江苏、湖北、河南、河北、辽宁、新疆等 9 个省区。同年，由乙方研制成功的 Bt/CpTI 双价抗虫棉也经农业部批准分别在河北、山西、安徽、山东 4 省商业化生产。尽管 1999 年由于种植业结构调整，全国棉田面积大幅度减少，但抗虫棉却受到棉农欢迎，种植面积明显扩大。

转基因棉的应用不仅对棉虫有很好的抵抗，对鳞翅目害虫也有防范作用，如今我国转基因棉的推广使得农药减少 80％，益虫增长 40％，深受广大农民的欢迎。转基因棉不仅在国内开花，也打入国际市场，印度、澳大利亚等产棉大国也引进了我国的这项技术，打破了美国的技术垄断。2008 年，印度转基因棉花种植面积达到 760 万公顷。

# 7.8　专利申请权受让

## 7.8.1　专利申请权受让运作流程

### 1. 专利申请权受让的前提

专利申请权受让是技术转移机构最重要的技术信息来源渠道，也是潜在技术财富的重要积累。专利申请权与专利权是既有联系又有很大区别的两个概念。

新技术的持有人将其所持有的该项技术可申请专利的权利（称为"专利申请的权利"）转让给他人，这种转让，对作为出让方的技术持有人而言，称作"专利申请权的出让"，而对于接受这种转让的单位或个人来说，则称为"专利申请权的受让"。

中国已成为专利注册登记大国，在数量上已超越日本、德国且有近期超过美国成为世界第一的增长趋势。积极受让专利申请权，包括积极鼓励技术持有人出让其专利申请权，从而主动争取对某种或某些技术申请专利的业务权利，应该而且有可能成为技术转移中心的重要运营业务之一。这是因为：

（1）专利申请权受让的利益前提

①技术转移中心熟悉专利申请的业务运作程序，申请易于成功，并且有助于人力及费用的节省；

②由技术转移中心直接操作专利申请，在申请被批准后，便于专利技术的转

移、转让实施；

　　③能够较好地保证和实现技术持有人应该得到的基本经济权益与利益；

　　④拓宽技术转移中心的服务业务范围等。

　　（2）专利申请权受让的条件前提

　　技术转移中心是否应该争取和接受技术持有人出让的专利申请权，应以下条件为前提：

　　①目标技术能够满足专利授予所要求的实质条件，专利申请被驳回的可能性较小，这是最基本的条件；

　　②技术持有人同意将该项技术的专利申请权转让给技术转移中心或其他单位及个人，并且能够积极配合技术转移中心的专利申请工作，为专利申请提供良好的条件；

　　③该技术的专利申请被批准后，作为专利的技术，具有良好的转让价值和较高的预期应用经济及社会效益。

　　2. 专利授予的实质条件

　　按照《专利法》的一般规定，专利权仅授予一定范围内的具有新颖性、创造性和实用性的发明。因此，在考虑并争取某一技术的专利申请权时，该技术必须具有以下方面的突出特征或特性。

　　（1）必须是一种发明

　　即对特定技术问题所提出的一种前所未有的解决方案，是发明人的一种思想，这种思想可以在实践中解决技术领域里特有的某种问题。不属于发明的智力创造成果，如"科学发现"和属于人们推理范畴的"智力活动的规则和方法"等，由于不能授予专利因此不在专利申请权的考虑范畴之内。

　　（2）必须是一定范围内的发明

　　即技术发明不能违反国家法律、社会公德和有碍于公共利益的获取与实现，必须有助于经济、社会的健康发展和运行。

　　（3）必须是同时具备新颖性、创造性和实用性3个条件的发明

　　①新颖性。即发明创造具有前所未有的、未被公知的属性，是取得专利权的首要条件。通常通过技术、时间、地域和例外情况4个方面的标准来加以规定和体现。

　　②创造性。即目标发明与申请专利日以前的现有技术比较，具有突出的实质性的特点和显著的进步，能够带来前所未有的技术效果。

　　③实用性。即目标发明能够在生产实践中加以使用，并产生积极的经济、技术及社会效果，具备可实施性、再现性和有益性等基本特征。

　　3. 专利申请的实质内容

　　专利申请文件一般应包括请求书、说明书、权利要求书、摘要等简捷、全面

和规范的实质内容。

（1）请求书。申请人向专利机关表明希望获取专利权的声明，内容包括发明创造的情况和关于申请人及有关当事人的情况证明。

（2）说明书。申请人对其发明所进行的一种具体而详细的陈述，内容包括发明成果的名称、发明所属技术领域的背景资料，发明所解决的技术课题，发明与现有技术相比较的优点，以及实施该发明的最佳方案。

（3）权利要求书。申请人要求给予专利保护的项目范围及内容的说明，是专利申请文件的核心组成部分。权利要求书以说明书为依据，所提出的权利要求不得超过说明书所描述的技术范围。

（4）摘要。说明书和权利要求书的简短提要，简明扼要地说明发明所属的技术领域，发明解决的技术课题和发明的特征、用途等。

4. 运作程序

专利申请权受让运作模式与程序如图 7－3 所示。

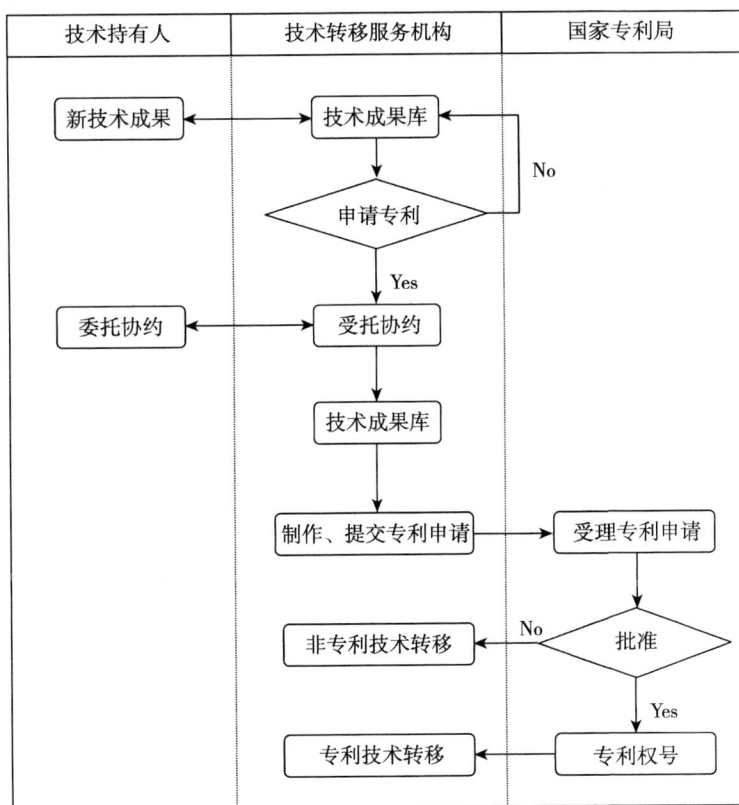

**图 7－1　专利申请权受让运作程序**

### 7.8.2 专利申请权的转让价格与支付方式

1. 转让价格的组成及影响因素

专利申请权转让价格，是专利申请权的受让方为获取目标技术申请专利的权利而向这一权利的出让方所支付的一种费用或报酬或补偿，通常由出让方从事该技术研发而花费的费用分摊和出让方向受让方提供相关资料所支付的技术资料费用两部分所组成。

但转让价格的实际形成，却与以下因素相关，即：

（1）技术开发成本；

（2）技术的更新周期；

（3）技术所在行业的利润状况；

（4）专利申请获准的难易程度；

（5）专利申请获准后作为专利技术的推介前景及其收益预期；

（6）专利申请权转让的实现方式与方法；

（7）转让合同的其他条件约定；

（8）转让成本，即转让主体为缔结和实施专利申请权转让合同所实际支出的各项费用。

在确定专利申请权转让价格时，必须综合考虑上述各种因素的影响作用及其结果。

2. 转让价款的支付方式

任何交易活动的合同价格与支付方式都影响紧密。在合同价格总额已定的情况下，采用不同的支付方式，合同当事各方各自所得到的实际利益会有较大的差别。因此，在确定合同价格时，应与与之相对的支付方式一并加以考虑。

专利申请权转让价款的支付方式可以有以下几种选择。

（1）总付。申请权转让双方商定一个固定的价格总额后，由受让方按现值一次或分期付清。

（2）提成。申请权转让的受让方在合同规定的时限内，按照专利申请批准后的专利技术实施所产生的实际效果向出让方支付一定比例的权利转让补偿。提成的约定涉及提成年限、提成比例、提成基础和提成方法 4 个方面的问题，一般不确定提成的具体数额，出让方的实际所得需要根据专利技术实施所产生的经济效果决定。其中的提成基础可以在产量、价格、利润 3 种方式中作出选择，而提成方法，则有固定提成、滑动提成和最低、最高提成等方法可供选择。

（3）入门加提成。申请权转让的受让方在合同开始执行时先向出让方支付转让费用总额的一部分，剩余部分按规定的办法提成，是一种一次总付与提成相结合的支付方式，所以又称"混合支付"，其中的"总付"具有入门费或定金的含义。

前述 3 种方式，"总付"较有利于出让方，出让方风险较小；"提成"较有利于受让方，受让方风险较小；而"入门加提成"则能够较好地在双方的利得及风险中保持平衡。

### 7.8.3　专利技术归属及其权益的分享

专利申请权转让后同该专利申请相关的技术性质及形态问题，将出现以下两种情况。

1. 专利申请被驳回

专利申请被驳回，如果在专利申请公开之前被驳回，则该项技术发明仍可作非专利技术进行转让；如果是在专利申请公开后被驳回，那么该项技术发明即成为社会公知的技术，无法再进行技术转让。这就要求专利申请权转让的受让方在进行专利申请时，必须审慎地处理相关问题，努力避免出现专利申请被驳回的第二种情况，以便将专利申请的风险降低到最低程度。

在专利申请被驳回的第一种情况下，作为非专利技术的权属确定，可以有以下 3 种选择。

（1）返归出让方所有，出让方在专利申请权利转让时所出让的仅仅是申请专利的权利，不涉及技术本身。

（2）由受让方持有，技术转让所得全部归受让方所有。

（3）由出让方和受让方共同持有，技术转让所得在双方间按照转让合同约定的分配比例及方法进行分配。

2. 专利申请被批准

专利申请被批准后，专利申请所涉技术发明便成为专利技术。专利技术的权属确定，可以进行以下选择。

（1）专利权人为受让方，专利技术实施后所产生的经济收益归受让方所有。

（2）专利申请权转让双方同为该专利技术的专利权人，专利技术实施后所形成的经济效益在出让方和受让方之间按照转让合同约定的分配比例进行分配。

上述两类情况下的 5 种选择，究竟采用何种选择，均应在专利申请权转让合同中与申请权转让价格及其支付方式一并考虑，通过磋商达成共识后加以明确地规定。

### 7.8.4 专利申请权转让业务管理

#### 1. 专利申请权转让（受让）表

制表日期：　　年　月　日　　　　　　编号：

| 技术发明名称 | | 技术发明结项日期 | | |
|---|---|---|---|---|
| 技术出让人名称 | | 联系电话 | 传真 | E－mail |
| | | | | |
| 技术出让人地址 | | | 邮编 | |
| 技术发明的内涵、特征、特点、所属技术领域，应用领域及范围等 | | | | |
| 转让合同编号 | | 合同订立日期 | | |
| 转让方式及其费用 | 转让费用（万元） | | 支付方式 | |
| | | | | |

制表人：　　　　　　　　　　　　　部门主管：

**【制表说明】**

(1) 本表用以记载、反映技术发明的专利申请权转让的相关事项情况。

(2) 本表在订立"专利申请权转（受）让合同"后，由技术转移中心技术转移促进部负责填写。

(3) 本表所列栏目内容依据"专利申请权转让（受让）合同"的规定填写。

#### 2. 专利申请权转让技术专利申请登记表

登记日期：　　年　　月　　日

| 技术发明名称 | | 技术发明结项日期 | | |
|---|---|---|---|---|
| 技术出让人名称 | | 联系电话 | 传真 | E－mail |
| | | | | |
| 技术发明的内涵、特征、特点、用途、所属技术领域等 | | | | |

| 专利申请事项 | 申请的专利类别 | 申请责任人 | 申请递交日期 |
|---|---|---|---|
| | | | |
| 申请核准前的工作任务 | | | |
| 专利申请受理情况 | 受理日期 | 受理号 | 其他有关情况 |
| | | | |

制表人：　　　　　　　　　　　　　部门主管：

【制表说明】

(1) 本表用以记载、反映专利申请权转让（受让）技术的专利申请情况。

(2) 本表由负责专利申请的责任人填写并进行跟踪管理。

## 3. 专利技术登记表

登记日期：　年　月　日　　　　　　编号：

| 技术发明名称 | | 技术发明结项日期 | | |
|---|---|---|---|---|
| 技术出让人名称 | | 联系电话 | 传真 | E－mail |
| | | | | |
| 技术发明的内涵、特征、特点、用途、所属技术领域等 | | | | |
| 专利类别 | □发明专利　□　实用新型　□外观设计 | | 专利权授予日期 | |
| 专利权属及其利益实现方式 | | | | |
| 专利技术利用方案 | | | | |

制表人：　　　　　　　　　　　　　部门主管：

【制表说明】

(1) 本表用以记载、反映专利申请被批准后的专利技术情况。

(2) 本表由负责专利申请的责任人填写并跟踪管理。

（3）本表"专利权属及其利益实现方式"栏内容根据"专利申请权转让合同"中的规定填写。

（4）本表"专利技术利用方案"栏，记载专利技术实现其价值的办法、途径等。

### 4. 专利申请被驳回后的非专利技术登记表

登记日期：　　年　月　日　　　　　　　　　　编号：

| 技术发明名称 | | 技术发明结项日期 | | |
|---|---|---|---|---|
| 技术发明人名称 | | 联系电话 | 传真 | E - mail |
| | | | | |
| 技术内涵、特征、用途，所属技术领域 | | | | |
| 技术权属 | □返还出让方所有　　□受让方持有　　□出让方和受让方共有 | | | |
| 技术利用方案 | | | | |

制表人：　　　　　　　　　　　　　　　部门主管：

**【制表说明】**

（1）本表用于记载、反映专利申请转让技术的专利申请被驳回后作为非专利技术的处置及利用设想情况。

（2）本表"技术权属"栏的权属确定按"专利申请权转让合同"规定加以确立。

（3）本表由负责专利申请的责任人填写。

### 5. 专利申请权转让及专利申请统计表

（起止日期：自　　年　月　日至　　月　　　日）

制表日期：　　年　月　日

| 序号 | 技术成果名称 | 技术持有人 | 技术所属领域 | 技术发明结项日期 | 专利申请日期 | 专利申请批复情况 | 技术权属 |
|---|---|---|---|---|---|---|---|
| 1 | | | | | | | |
| 2 | | | | | | | |
| 3 | | | | | | | |

| 序号 | 技术成果名称 | 技术持有人 | 技术所属领域 | 技术发明结项日期 | 专利申请日期 | 专利申请批复情况 | 技术权属 |
|------|------|------|------|------|------|------|------|
| 4 | | | | | | | |
| 5 | | | | | | | |
| 6 | | | | | | | |
| 7 | | | | | | | |
| 8 | | | | | | | |
| 9 | | | | | | | |
| 10 | | | | | | | |
| ... | | | | | | | |
| ... | | | | | | | |

制表人：                              部门主管：

【制表说明】

（1）本表用于反映报告期间（月、季、年度）已订立专利申请转让合同的技术发明转让及其专利申请情况。

（2）本表"专利申请批复情况"栏，分为"批准"和"被驳回"两种形态。

（3）本表"技术权属"栏，分为"出让方所有"、"受让方持有"、"出让和受让方共有"3种情况，由"专利申请权转让合同"规定。

## 7.8.5  专利申请权转让合同

专利申请权转让合同，是转让双方为实施和实现专利申请的让渡而订立的一种双方共同信守执行的契约关系。这样一种合同，对于出让方而言，可称之为转让或出让合同；而对于受让方，则为受让合同。

专利申请权转让合同的协商及签约过程中，应当特别注意以下问题的协商和约定：

（1）专利申请权转让的内容及范围，应当明确约定所转让的是一种怎样的权利；

（2）专利申请被驳回的责任及风险由谁承担，怎样承担；

（3）专利申请权转让价格及其支付方式；

（4）专利申请权转让后的技术权属及其收益处置办法；

（5）违约责任；

（6）争议解决办法。

专利申请权转让（受让）合同文本如下。

# 技术转移中心专利申请权受让合同

合同编号：_____

专利申请权受让技术名称：_____
受让方：_____（甲方）
出让方：_____（乙方）

鉴于出让方（以下称"乙方"）对_____技术具有自主知识产权，并且同意将该项技术的专利申请权转让给受让方；

鉴于受让方（以下称"甲方"）愿意接受该项技术的专利申请权；

双方授权代表经友好协商，本着平等、自愿、互惠、互利的基本原则，同意就以下条款订立本合同。

第一条　技术名称、性质和内容

本合同约定的专利申请权受让（出让）技术名称为_____（以下称"该技术"）；

该技术由乙方所发明创造并持有，其特征是_____；主要内容为_____；应用于生产实际，可为权利人带来如下的预期经济及社会效益_____。

该技术的详细情况，包括研发过程、技术属性及水平、主要特征及内容、应用前景、经济及社会效益预期、风险及其控制等，详见附件。

第二条　合同范围

乙方（出让方）同意将该项技术的专利申请权出让给甲方（受让方），同时向甲方提供与该项技术相关的各种详细资料，包括技术发明创造过程说明、技术完成情况、主要技术参数、技术工艺设计、图纸和成果鉴定证明材料等，以便为甲方的专利申请创造良好的必备条件。

甲方同意接受乙方所出让的该项技术，在本合同生效后，以必要的手段和人力致力于该技术的专利申请事宜，承担该技术专利申请的责任和义务。

本合同订立前，乙方与其他单位或个人订立的使用该技术的所有合同，在本合同生效后仍然有效，其效力不受本合同生效的影响。但乙方应将所有已许可使用该技术的单位或个人的名称、许可使用的范围、期限等情况，以书面形式向甲方通报。

本合同生效后，乙方应立即停止对该项技术的使用，包括不得将该技术再许可、出让给任何第三方使用，同时将本合同生效前与其他单位或个人订立的与该技术有关的许可、转让合同中所规定由乙方承担的权利与义务关系（由乙方承担的债权、债务除外）也转由甲方承担。

第三条　技术资料

乙方为甲方提供如下申请专利和使用该技术所需要的技术资料：＿＿＿＿＿＿＿

＿＿＿＿＿＿＿＿＿＿＿＿＿＿＿＿＿＿＿＿＿＿＿＿＿＿＿＿＿＿＿＿＿＿＿＿＿＿

＿＿＿＿＿＿＿＿＿＿＿＿＿＿＿＿＿＿＿＿＿＿＿＿＿＿＿＿＿＿＿＿＿＿＿＿＿＿

＿＿＿＿＿＿＿＿＿＿＿＿＿＿＿＿＿＿＿＿＿＿＿＿＿＿＿＿＿＿＿＿

甲方收到乙方交付的全部技术资料后，应对资料进行认真的检查和核对，发现有不符合约定标准及要求的，应及时通知乙方更换或补充，照章验收，合乎约定标准后，甲方应在 14 天内向乙方签发技术资料交付验收合格确认书。

第四条　承诺和保证

乙方保证本专利申请权出让所涉技术是归其特有的，具享有完全的处分权，如该技术因权属问题同第三方发生争端时，由乙方负责同第三方交涉，并承担由此而引起的一切法律及经济上的责任。

乙方向甲方支付的技术资料，乙方担保是完整的、准确和清楚的，能够体现和反映该技术的性质、特征、内容、水平和主要的指标参数等。图纸资料的规格及绘制符合国家的＿＿＿＿＿＿＿＿＿＿＿＿＿＿＿＿＿＿＿＿＿＿＿＿＿＿＿＿

＿＿＿＿＿＿＿＿＿＿＿＿＿＿规定或标准。

甲方收到乙方交付的技术资料后，将严格保管，并担保不向任何不使用该技术的第三方泄露乙方的任何技术秘密。

第五条　专利申请的费用及风险承担

专利申请过程中所发生的全部费用和专利批准后的维持费用全部由甲方承担。

专利申请若被驳回，由此而产生的经济损失按下述第＿＿＿＿＿＿＿＿＿＿规则处理：

（一）全部由甲方承担，甲方无权要求乙方返还已付转让价款或赔偿损失，如因乙方过错导致专利申请被驳回除外。

（二）由甲、乙双方共同承担，分摊办法为＿＿＿＿＿＿＿＿＿＿＿＿＿＿＿＿

＿＿＿＿＿＿＿＿＿＿＿＿＿＿＿＿＿＿＿＿＿＿＿＿＿＿＿＿＿＿＿＿

第六条 转让费及实现方式

本技术专利申请权转让费按下述第____种方式支付并实现：

（一）甲方向乙方一次性或分期分批支付专利申请转让费_____万元人民币，甲方一次性买断和乙方一次性卖断该项技术，乙方不再对该技术享有任何的所有权或处分权和由此而形成的收益的享有权。

转让费支付的具体办法及方式由甲乙双方另行商定。

（二）甲方向乙方支付相当于该技术价值总额____%的款额即_____万元人民币，作为甲方向乙方支付的专利申请转让费。专利申请批准后，该专利权由甲、乙双方共同拥有，由该专利权形成的净收益，在甲、乙双方间进行分配，分配比例为甲方占____%，乙方占____%。

（三）乙方不收取甲方的专利申请转让费，甲方承担专利申请过程中所发生的全部费用，专利申请批准后，该专利权由甲、乙双方共同拥有，由该专利权形成的净收益按甲方占____%、乙方占_____%进行分享。

第七条 违约责任

本合同生效后，双方若出现违约，按下述规则办理：

（一）甲方无正当理由不按约定的时限及数额向乙方支付转让费，每逾期1天应向乙方支付按应付而未付转让费____%计算的违约金；逾期两个月不支付转让费时，乙方有权解除本合同，并要求甲方支付按转让费____%计算的违约金，与此同时，甲方应向乙方返还专利申请权，交还技术资料。

（二）乙方无正当理由不按期如数向甲方交付技术资料，每逾期1天应向甲方支付按转让费____%计算的违约金，逾期两个月不交付技术资料或技术资料补充、更换仍不符要求时，甲方有权解除合同，并要求乙方退还其转让费，并支付按转让费____%计算的违约金。

（三）如有第三方指控甲方实施乙方转让的专利申请侵权，由乙方承担由此而造成的一切责任，并赔偿甲方由此而形成的经济损失。

（四）一方不遵守保密约定，将有关技术秘密泄露给第三方时，守约方可要求违约方赔偿由此而造成的经济损失。

第八条 争议的解决

在执行本合同过程中一旦发生与本合同有关的一切争议，应由双方通过友好协商加以解决。协商不成或不愿协商时，可选择仲裁或诉讼的方式解决。

仲裁机构的裁决或法院的判决是终局决定，对双方均具有约束力。

仲裁费或诉讼费由败诉方负担或按仲裁机构或法院的裁定执行。

本合同执行争议处理过程中，给正在进行仲裁或诉讼的部分外，合同的其他部分应继续执行。

第九条　合同生效

本合同经由双方授权代表签字并加盖单位公章后即视为有效，生效日为双方授权代表签字之日；如需经过有关部门批准的，以有关部门的批准日期为合同生效日。

合同有效期由双方根据具体情况另行协商加以确定。

本合同中一条或一条以上条款发生无效情形时，其他条款仍然有效。

第十条　未尽事宜和合同的修改与变更

本合同未尽事宜，由合同双方通过协商达成共识后签订补充协议，补充协议与本合同效力同等。

本合同执行中，需要对其条款进行必要的变更、修改或增删时，均须经过双方协商同意并签署书面文件。

第十一条　其他条款

本合同由第一条到第十一条和附件×至附件××组成。

本合同一式两份，双方各持一份。

本合同未作出规定的事项，按照《中华人民共和国合同法》的规定执行。

# 案例4　某大学专利申请权转让

1. 案例描述

项目名称：一种合成反应方法及其催化剂的专利申请权转让

受与方（甲方）：山西某公司

授让方（乙方）：北京某大学

签订时间：2008年2月19日

技术转移机构：乙方科技开发部

合同类型：技术转让—专利申请权转让合同

2. 技术内容

专利名称：一种从合成气出发制烃类燃料的催化方法以及相关的催化剂制备技术

此技术是煤制油过程中的关键技术，采用与传统合成反应体系完全不同的催化技术。这种催化方法突破了传统的技术体系，有助于国内相关企业突破国际巨头的专利壁垒。我国现有的合成技术，特别是源头上的专利技术（所谓的母专利），基本上掌握在国外大公司BP、Shell、SASOL、Exxon等手中。而中国由于"煤多油少"的基本国情，出于国家安全和能源战略上的考虑，必须发展煤制油工业，以解决未来可能的能源短缺的困境。但是，多年来，由于国外大公司专利壁垒方面的问题，我国有关部门对煤制油工业的发展疑虑重重，一贯持保守态度，至今只建设了一些示范性的中试装置。如果国内企业把本专利技术作为母专利，在此基础上形成一系列具有知识产权的技术体系，即便以后发生专利纠纷，也将会占据很大优势。所以，实施本专利具有非常重要的意义。

3. 专利状态

乙方发明人承担了多项国家科技计划项目，在合成气燃料的催化方法以及相关的催化剂制备技术领域有多年的研究。此项专利技术的生成，是多年承担科技计划项目研究的积累。

（1）合同金额：600 万元。

（2）知识产权：发明专利。

（3）专利申请日：2007 年 5 月 8 日。

（4）法律状态：

| 2009.06.03 | 授　权 |
|---|---|
| 2008.06.25 | 专利申请权、专利权的转移（专利申请权的转移） |
| 2007.11.28 | 实质审查的生效 |
| 2007.10.03 | 公　开 |

（5）支付方式：甲方分三次支付乙方。

①合同生效 7 个工作日内，支付 300 万元，占合同总额的 50％；

②收到全部资料并实验结果符合指标的 7 个工作日内，支付 180 万元（合同总额的 30％）；

③甲方正式取得专利权 7 个工作日内，支付 120 万元（合同总额的 20％）。

4. 项目情况

（1）甲方简介

甲方主要股东均为国有企业，是由中科院某研究所联合产业界合作伙伴：内蒙某公司、山西某公司等共同投资，在从事自主知识产权煤基合成油技术开发的原中科院某所合成油品工程研究中心基础上成立有限责任公司。公司于 2006 年 4 月成立，注册资本 5 亿元人民币，其中现金 3 亿元，经有效评估的固定资产和无形资产价值 2 亿元。甲方员工（科研和工程开发人员）80 人，其中博士 20 人，硕士 35 人。甲方拥有围绕煤制油技术发明专利和登记软件 50 余项，研发设施价值 7 000 万人民币，是国际上煤间接液化的一支重要的技术开发机构，在同行业中享有极高的声誉和学术地位。

（2）乙方简介

某大学科技开发部成立于 1985 年，是乙方科技开发和成果转化工作的主管部门，全民所有制，注册时间 1985 年 5 月，注册资金 300 万元。多年来一直致力于乙方的人才和技术优势与地方及企业优势相结合，促使科研成果尽快转化为生产力。科技开发部是按照乙方科技开发管理办法等管理规定，由校长授权审核、签署和管理各类技术合同；统一管理、组织和协调乙方各单位的科技开发工作，并与国内外政府机构和企事业单位建立长期合作关系。

（3）专利实施方式的选择

本专利包含的技术目前还处于实验室的初步开发阶段。如果进行产业化方面的进一步研发，不仅需要投入大量资金建造实验装置，还需要相关的工程方面的技术储备，而这些条件在乙方是不具备的。所以，选择一个有资金和研发实力的企业，实施该专利技术，是非常必要的。通过技术转让，将后续研发交给擅长这方面的专业公司，对乙方和企业是一个双赢的选择。

（4）本专利可作为企业的母专利

由于本专利对于企业的主要作用体现在作为母专利方面，企业在将来与国际巨头之间发生可能的知识产权纠纷时，可以凭此取得更多主动权。从这方面来考虑，企业更希望一次性买断，将其作为公司的专利储备。这样的方式对于乙方也是最有利的，可以促使乙方把更多精力投入到其他研究项目中去，取得更多成果。反之，如果采用专利授权或参股的方式，一方面，这样的方式见效慢，对于乙方的发展不是最有利；而且，还存在着相当风险，因为企业随时可以中断合作，从而损害乙方的利益。因此，乙方通过与对方协商，决定采用专利申请权转让，这对于双方来说都是最适合的方式。

5. 专利受让方的选择

在该专利技术转让的过程中，除甲方以外，还曾有其他几家企业跟乙方接触过，包括中石化、兖矿以及 BASF 等。这些公司都对乙方的专利技术表示感兴趣。由于该专利涉及煤制油过程的关键技术，出于国家安全和能源战略方面的考虑，乙方没有将该技术转让给国外公司，没有与 BASF 这类国外大公司进行进一步转让谈判。

甲方从一开始就对此事高度重视。甲方总经理带领公司专业团队，专程来乙方商谈。乙方也看好甲方在技术的进一步开发及产业化方面的优势。双方经过多次谈判，最后达成一致，签订了专利申请权转让合同。

6. 专利转让费用

乙方组织专家对此项专利技术进行相关论证，并进行技术评估。在此基础上，乙方与甲方经过谈判协商，最终以 600 万元转让费，将本专利技术的申请权转让给甲方。考虑到当时该技术正处于专利申请阶段，能否授权还存在不确定性，加之该专利技术处于乙方的初步开发阶段，到产业化还需要有条件的企业进一步的研发，所以，600万元的转让费很好地体现了该专利技术的价值。相反，如果不进行技术转让，本专利仅是一纸空文，体现不出任何价值。例如，乙方发明人所在实验室多年申请下来的专利有几十个，但是很多专利没有转让出去，乙方实验室也没有能力进行产业化方面的研发。所以，专利在乙方持有几年之后，由于没有足够的经费进行维护，可能已经失效了，这无论对于国家、乙方还是企业，都是一大损失。

## 案例5　某跨国公司与其（中国）投资有限公司研究与开发协议的有关条款

一、有关条款

本协议的内容是关于研究和发展工作（以下简称"研发"）的分包；

分包方有能力并愿意提供本协议所指的研发；

本协议项下的研发将由分包方在位于中国北京的不同营业场所提供；

某跨国公司希望继续委托分包方提供有关的研发。

鉴于此，双方就协议项下各自的权利义务达成协议如下：

1. 研发项目

1.1　本协议的适用范围包括所有分包方将向某跨国公司提供的研发。关于研发的详细条款将在个案的基础上由双方在具体的项目协议中约定。项目协议通常就研发的流程、目标和管理作出规定。在不存在单独项目协议的情况下，研发的流程和管理应同时适用本协议及某跨国公司的全球管理、产品和客户流程规定。

1.2　如果本协议与单独的项目计划存在不一致或冲突，应优先以本协议为准。

1.3　分包方应该谨慎勤勉以合理技能，尽快完成本协议或单独项目协议项下的所有工作。

1.4　分包方应当按照项目协议或者某跨国公司规划和报告程序及研发管理部门的要求，向某跨国公司提交工作报告，或者，在报告要求未明确的情况下，某跨国公司可以视情况随时自行要求分包方提交工作报告。

2. 所有权

2.1　某跨国公司是拥有分包研究工作所有成果的唯一所有权人。某跨国公司向分包方提供的或分包方在执行本协议项下的工作中将创造、生产、建立的任何文件、图纸、模型或其他材料的知识产权，都归属某跨国公司所有。某跨国公司有权在任何时候控制上述文件、图纸、模型或其他材料。

2.2 某跨国公司有权在任何时候为取得上述 2.1 款所指的文件、图纸、模型或其他材料而进入分包方控制的场所。分包方承诺将只为履行本协议项下的分包工作而使用上述文件、图纸、模型或其他材料，而不得将其用于其他任何目的。同时，分包方遵守第 15 条项下的保密义务。

2.3 分包方从某跨国公司获得的文件、图纸、模型或其他材料，只能被用于完成本协议项下工作的目的，不得被理解为分包方获得了任何明示或默示的使用有关商标、专利、版权或任何其他知识产权的授权。

3. 支付条款

3.1 除非双方另有约定，分包方提供研发的费用将按照下列约定支付。

3.2 分包方提供的研发工作的费用将根据发票按月支付，费用构成包括全部实际支出补偿再另加 5%，费用包括但不限于已开展工作的直接费用、租金、租赁费、工资、社会保障、保险、差旅、代表费用等的合理分担，设备、安装、家具的折旧以及行政管理费用分摊。

3.3 分包方应当按照某跨国公司的要求和业务惯例向某跨国公司提交每月活动和费用报告。另外，应某跨国公司要求，分包方还应向某跨国公司提供关于费用及费用分担的进一步信息，信息提供的形式由双方另行约定，同时某跨国公司还可能要求提供有关的证明材料。

3.4 分包方发票款项的支付应按照某跨国公司的标准支付条款进行，即在下一期结算日付款。详细信息参见某跨国公司每年发布的结算程序。

3.5 除非双方另有约定，分包方应每月向某跨国公司提交请求付款的发票。

4. 研发工作控制及项目管理团队

4.1 为监督和审查本协议项下工作之目的，某跨国公司的标准研发流程应适用于具体的研发项目。某跨国公司对于研发项目及项目的开始和终止拥有决定权，分包方应协助某跨国公司的决策。

4.2 如果需要变更项目范围，或项目不能如期完成，或项目费用将超过总体或阶段性预算，分包方应当立即向某跨国公司报告。任何关于项目范围、项目进程或费用的变更都必须经双方书面同意。

5. 知识产权

5.1 为本协议之目的，"发明"指在执行协议过程中产生或作为协议项下工作成果的任何发现、发明、改进、开发或创意（无论是否从属于专利权、版权或其他法定知识产权）。

5.2　双方就协议执行过程中产生或作为协议项下工作成果的发明达成一致如下：

上述的发明都应专属某跨国公司所有，分包方应及时向某跨国公司就任何发明进行报告，并在本协议期间或以后为某跨国公司保护和/或转让上述发明提供一切必要的协助和信息。某跨国公司有权视情况以任何方式对上述发明进行保护和/转让；包括所有权转让、授权使用或其他文件。某跨国公司将承担分包方为遵守上述条款而发生的任何额外费用。

6. 违约责任

除非在分包方存在故意和某跨国公司不知情的情况下，某跨国公司应当对研发工作中出现的侵犯专利、商标、版权或其他财产权及商业秘密的情况承担责任。分包方应当通知某跨国公司在任何可能的侵权并尽最大努力以避免侵权行为的发生。

除非存在重大疏忽或故意不当行为，协议任何一方对任何间接损失都不承担赔偿责任。

7. 保密

7.1　分包方应对任何因协议履行或工作过程而获得的具有秘密性质信息保密（无论商业性还是技术性信息），上述信息仅被应用于协议目的，未经某跨国公司事先书面同意，分包方不得透露给任何第三方。

7.2　某跨国公司应对任何自分包方处获得、属分包方所有的秘密性质的信息保密（无论商业性还是技术性信息），上达信息仅被应用于协议目的，未经分包方事先书面同意，某跨国公司不得透露给任何第三方。

7.3　分包方应确保其员工履行保密义务，并应某跨国公司要求采取积极措施以促进该义务的履行。

二、某跨国公司公司在中国的专利申请状况

某跨国公司公司是移动通信领域全球领先的设备供应商，致力于提供包括移动电话、图像、游戏、媒体等产品以及面向移动网络运营商和企业用户的解决方案。从 20 世纪 50 年代起，某跨国公司公司就与中国建立了贸易关系。2003 年某跨国公司公司在中国的销售额为 20 亿欧元，连续 3 年位居中国移动通信行业外商出口企业之首。中国不仅是某跨国公司重要的生产和研发基地，还是某跨国公司全球客户及市场运营五大战略市场之一，中国在某跨国公司公司整体发展战略的地位正进一步凸显。

1. 某跨国公司公司在中国专利申请及授权概况

截至 20004 年底前，某跨国公司在中国的专利申请总量为 2 311 件。其中，发明专利申请为 1 965 件（含 1 142 件 PCT 专利申请），占申请总量的 84.298%，授权比例为 62.44％；实用新型专利申请为 2 件，外观设计专利申请为 364 件，分别占申请总量的 0.086％与 15.616％。

截至 2009 年 2 月 15 日前，专利权人为某跨国公司的在中国申请专利共 4 944 件，其中发明专利 4 332 件，实用新型 3 件，外观设计 609 件。

截至 2009 年 10 月 26 日前，专利权人为某跨国公司在中国申请专利共 5 610 件，其中发明专利 4 895 件，实用新型专利 3 件，外观设计专利 712 件。

在三种专利申请中，发明专利的技术含量最高，保护时间最长，对市场的控制力度更强。某跨国公司公司的专利申请中发明专利占较大比重，说明该公司着重申请高技术含量的相关专利，着力掌握相关领域的核心技术。在授权情况方面，根据国家知识产权局公布的数据，截至 2005 年 2 月，我国发明专利的总体授权比例为 26.6％。而某跨国公司公司发明专利的授权比例，较我国发明专利的总体授权比例更高，说明该公司重视专利申请质量的管理，对发明专利申请文件及申请后的维护工作都予以较高质量的保证。

2. 某跨国公司公司在中国专利申请年度变化趋势分析

从 1990 年起，某跨国公司每年在中国均有专利申请。自 1993 年起，某跨国公司在中国进行较大数量的专利申请与部署，专利申请量出现大幅增长，至 1998 年某跨国公司在中国的专利申请量已达 1993 年专利申请量的 30 倍。事实上，这与某跨国公司实施的在华战略是相互呼应的。20 世纪 90 年代中期，某跨国公司通过在中国建立合资企业，实现本地化生产，并逐步将其发展成为某跨国公司全球主要的生产基地。生产过程中应用的关联技术越多，越多的关联技术需要申请专利予以法律保障，专利申请量的变化一定程度地反映了某跨国公司生产研发及业务发展的趋势。

3. 在中国申请专利的某跨国公司总部及分支机构情况分析

截至 2004 年 12 月 31 日，某跨国公司在中国的专利申请共来自 5 个国家及地区。可以看到，某跨国公司在中国的专利申请 98.50％集中在国外总部，相应的专利技术主要为国外总部所掌握。值得注意的是，某跨国公司在中国的分支机构没有相关的专利申请。另外，从三种专利申请的分布情况看，某跨国公司在其他国家分支机构的专利申请都是发明专利申请，所有的实用新型与外观设计专利申请都集中在某跨国公司总部，相应的专利技术也为某跨国公司总部拥有。

4. 结论

某跨国公司在中国的专利申请以技术含量较高的发明专利为主，98.50％为国外总部拥有。

某跨国公司在中国的专利申请，集中分布在通过无线电链路或感应链路连接用户的选择装置、以交换功能为特征的数字信息传输网络等 10 个技术领域中；

在光导中分送光的装置和方法等 14 个技术领域中专利申请分布较为零散。这反映了某跨国公司在这些领域对相关专利技术的掌握程度，体现了该公司技术研发的重点领域及市场开拓的总体方向。

通过对近年来某跨国公司在中国专利申请情况分析，可以看到某跨国公司继续保持在主导产品领域的技术优势，并不断加强其在他技术领域的研发，为产品更大范围地投入中国市场，健全相应的专利保障体系。

# 第八章 科技企业/项目孵化器

科技企业/项目孵化器，是指以孵化科技成果和培育、孵育处于初创或成长阶段的科技型小型企业为其宗旨和目标，为入驻企业/项目提供技术及其成果转化研发、产品生产与经营场地和通信网络与办公等共享设施，以及实化系统培训、信息与管理咨询、融资、法律援助、市场推广、设计、策划等广泛支持与服务的经营实体。孵化器是一种能够为创业期的种子企业提供集约空间、优惠条件和适宜环境氛围的新型社会经济组织。

科技企业/项目孵化器被喻为科技企业/项目和企业家摇篮。孵化器（Incubator）创办于半个世纪前的美国，创办初始主要是通过科技园甚至科技楼宇的形式，向初创期企业提供创业空间、辅导、服务，并以优惠条件促进入驻企业创新成果的商品转化。孵化器集约空间的主体是孵化企业/项目、孵化器管理部门以及众多的服务机构，一个成熟的孵化器空间，服务机构可达几十个门类，如科技咨询、管理咨询、律师事务、会计事务、专利事务互联网、物流网等。孵化器的优惠条件，不同的国家、不同的地区会有不同的政策，差别极大，主要体现在税收、建筑物租金、员工社保基金、入住条件等方面。孵化器的环境与氛围也是如此。

科技企业/项目是国民经济结构中最具活力的组成部分。由于科技企业的发展壮大是科学技术由知识产权状态转化为产品继而形成批量商品的开发组织过程，创新项目或产品存在潜在的市场和超额利润空间，同时也存在巨大的投资风险。因循守旧的思想观念、约定俗成的管理模式、喜忧不定的市场前景，这些综合因素制约着资本市场对科技企业的资金流向，制约着科技企业高级管理人才的交流与成长。推进科技成果的物化，促进科技企业/项目的发展与壮大，集中区域创新和集群竞争优势，最终造就新兴的科技产业，正是科技企业/项目孵化器的意义所在。

科技企业/项目孵化器通过提供支持与服务能够直接降低创新企业的创业风险和创业成本，提高企业的成活率和成功率。孵化器为技术持有者和创业者提供优惠的创业条件，吸引和导向他们将发明创造或持有的科技成果尽快商品化，为加大社会风险投资力度、吸引科技与管理人才奠定了基础。孵化器的高新技术、前卫观念、市场化、国际化的创业环境，孵化器的示范效应、聚集效应、人脉效应等氛围，可促进内部企业之间的知识积累、学习和交流，可收到事半功倍之效果。

本章的主要内容有：科技企业/项目孵化器拓展方案；科技企业/项目的孵化管理；孵化项目的案例分析。

# 8.1 科技企业/项目孵化器建设与发展方案

## 8.1.1 科技企业/项目孵化器的商业营运模式

1. 科技企业/项目孵化器构成要素

科技企业/项目孵化器是有效促进科技成果转化、技术转移，强力推动科技产业快速发展的重要工具及手段。科技企业/项目孵化器一般由以下要素或条件所组成：

（1）良好的共享空间，能够为入驻企业/项目提供其所必需的生产、经营场地、办公场所及设施和良好的企业/项目运营发展环境条件；

（2）优质的共享服务，包括基础结构设施、公共关系建设、信息、咨询、融资服务等；

（3）富于创新的文化环境；

（4）充满活力的入驻企业及技术研发机构；

（5）高素质、高水平的孵化管理专家队伍及技术服务团队；

（6）优惠的入孵政策扶持及援助措施等。

2. 科技企业/项目孵化器的类型

科技企业/项目孵化器的经营业务为"企业或科技项目孵化"。

科技企业/项目孵化器所生产的不是一般意义上的产品或服务，而是企业或科技项目和企业家，是孵育、转化科技成果与培育科技企业和新兴产业企业家的生产现代企业及企业家的一类企业组织。

科技企业/项目孵化器的种类、范围包括：

（1）以不同名称称谓的企业/项目孵化器，包括企业/项目孵化站、孵化园、创业园、创业中心、科技园等；

（2）按照技术属性或业务类别划分的企业/项目孵化器，包括综合性科技企业/项目孵化器，专业技术和（或）行业性的企业/项目孵化器，如新型制造业企业/项目孵化器、新材料和新能源生产企业/项目孵化器、生物医药企业/项目孵化器和国际企业孵化器等；

（3）按经济性质划分和称谓的企业/项目孵化器，如由政府直接投资兴办的企业/项目孵化组织机构、由企业投资下设的企业/项目孵化器等。

3. 科技企业/项目孵化器的商业营运模式

（1）政府投资的事业型孵化器模式

政府投资型孵化器，其投资主体是政府的有关部门，组织形式大部分是政府的科技管理部门或技术开发区，运作经费由政府全额拨款或部分拨款；事业型孵化器的所有制属性有时不完全取决于政府资助数额的大小，而是取决于该孵化器创办与经营的主体对象，很多民营企业所创办的孵化器往往也能得到政府从不同渠道以不同形式给予的资助。事业型孵化器不以追求营业利润为目的，经营目标服务于政府的区域规划目标，或直接为开发区或科技园造就科技企业。在完全事业型企业/项目孵化器中，孵化器拥有的资源无偿提供给在孵企业，孵化器不追求营业利润。孵化器的政府资助支出主要有两种形式，一是提供孵化环境，如物业和共享网络通信设施；二是提供创业服务，如创业培训指导、政策、法律、咨询、融资、市场推广及信息服务。

开办初期，我国大部分孵化器是由地方开发区管委会、科研单位和高等院校的科技园创办，政府部门出资，并提供各类补贴，提供优惠政策。这种事业型孵化器营运模式具有一定的宏观导向功能，能够提高孵化器的社会信誉和资金实力，便于政府从全球发展战略的高度，主导科技攻关方向和指导孵化器的发展方向，便于集中国家财力实现规划目标和完成工作任务，还能有效地发挥孵化器运作的示范作用，调动多种所有制形式资金流入的积极性，达到推进和指导孵化器规模、进度的目的。

事业型孵化器模式多年来处于主导地位，在发挥优势、抑制弊端方面应注意以下方面问题：第一，政府的相关职能部门是各类孵化期的宏观管理机构和指导机构，不能直接参与孵化器的营运和内部管理。投资主体与实际经营者混为一体会有多种不利影响，一是会分散管理部门对其他投资类型孵化器的管理指导力度；二是失去了监督制约的功能与机制；三是背离了管理职能社会化、专业化的基本原则。第二，要正确处理经济效益与社会责任的关系。不以追求经济效益为单纯目的，并不意味着不追求工作效率和社会效益。实践中，事业型孵化器相对于其他类型的孵化器而言，有较强的经济实力和优势条件，这些优越的资源在发挥主导作用的同时也有可能产生某些负面影响，如挤压社会其他投资进入的空间；使企业投资型孵化器面临不平等竞争的压力；政府投资的效率与成本问题。第三，投资利益的政策界定问题。政府作为投资主体但又不介入孵化期的商业营运诸如孵化对象的挑选问题、不同孵化对象的扶持力度问题、孵化器自身的运行成本问题等，必须以政策、法规、制度、纪律等多种手段予以界定和控制，以国有资产的保值增值、社会责任的落实到位、效益的数量质量指标等多种考核要求予以管理和评价。

（2）企业投资型孵化器模式

企业投资型孵化器是指完全按企业投资经营方式运作，把创办孵化器的投入作为经营资本，自负盈亏的孵化器组织。企业化运作是孵化器发展的根本动力，这种运作模式以中长期经济效益为经营目标，以孵化培育成功的创新企业作为经营手段，在实现社会效益——培育创业科技企业及推进区域经济发展目标的同时，实现经营目标即孵化器自身的盈利预期。

在孵化器发展到创业孵化集团、孵化器网络、虚拟孵化器等高级阶段后，政府已不再干预孵化器的经营管理。企业投资进入孵化器产业是科技管理工作的一大进步，这显示科技生产力的影响作用得到广泛认同。资金渠道的拓展，增强了科技投入力度，提高了资金的投资效益，形成了事业型与企业型投资在使用与管理上的相互借鉴，在投资方向上的拾遗补缺。

企业投资型孵化器大多采用的是"共享空间、共享设施、共享服务、共享咨询、分享风险投资"的企业化服务机制，以规模效益和特色服务，以及国家给予的政策优惠等作为竞争条件和盈利基础。市场化运作是孵化器产业运营模式的一种创新，它是孵化器公益性、非营利性模式的补充与完善。企业投资进入孵化器，孵化器投资主体多元化，改变了孵化器投资主体由原来政府单一财政投入的状况，可以实现两种体制的取长补短。比较丰富的市场营销实践，完善的企业法人治理结构，是企业的两大优势，孵化期企业可以根据客户需求调整自己的服务和管理水平以提高工作效率，通过捕捉市场变化的信息来调整投资策略以提高投资效益。企业孵化器接受政府无偿资助的资金，或接受各类间接的支持，不改变孵化器的所有制性质。

（3）合作投资型孵化器模式

合作投资型孵化器是指具有财政拨款和经营投资两种不同性质资金合作营运的孵化器模式，其形式主要有：由财政科技拨款，或由事业性质的研究所、科技园投资，与经营资本合作举办企业法人孵化器；由企业、个人或风险基金的经营资本进入企业化管理的事业性质孵化器。有两种情形不包括在该模式之内，一是政府对企业孵化器的无偿投入，二是尽管得到政策性间接支持而由企业自行经营的孵化器。合作投资型孵化器具有政府宏观导向功能，又能以灵活的机制实现自主经营，是一个具有"培养新型科技企业和企业家"以及"完成经营目标"这样双重任务的经济组织。

孵化器的3种营运模式，各有所长，各有所短。只有相互补充，相互促进，孵化器产业才能勃发活力，才能繁荣发展。

## 8.1.2　科技企业/项目孵化器的发展趋势

### 1. 孵化器产业向体制多元化、形式多样化方向快速发展

1987年，中国诞生了第一个孵化器武汉东湖新技术创业服务中心。经过20多年的发展，孵化器渐成产业，不断壮大，我国科技企业/项目孵化器已突破政府出资、独家主导的局面，出现了事业出资型、企业投资型、风投入股型三足鼎立的经营模式。随着投资主体、管理手段、科技创新能力等主客观条件的改变，孵化器产业正向着管理体制多元化、经营形式多样化的方向快速发展

2010年全国科技企业/项目孵化器已达700余家，数量已超过美国，居世界之首，占全球孵化器总量的1/7。全国700家孵化器及60余家国家大学科技园，聚集了全国90%以上的科技型创业期小企业，在孵企业数达5万家，创业人数达到100多万。企业毕业时的平均收入比入孵时增长6倍，从国家级孵化器毕业的企业存活率超过80%，这个数字大大高于未进入孵化器的创业企业。到2015年，全国孵化器总量将达到1500家，当年在孵企业10万家以上。孵化器总量和当年在孵企业总数将比"十一五"期末翻一番。而在质量目标上，每年孵化自主创新科技成果超过1000项，培养绩效优异的年销售收入过亿元科技企业超过1000家。中国科技创业环境将跨入全球最佳之列。

### 2. 专业化孵化器比重将进一步提升

孵化器自身就是专为初创科技企业的培育而特别设计的，按照大生产专业分工的客观要求，孵化器的专业细化有其必然规律。未来5~10年，是中国从孵化大国走向孵化强国的机遇期，伴随着孵化器规模的整体扩张，特色化、专业化孵化器的发展速度更为迅速，全国的专业孵化器将达到200家以上。《中国科技企业孵化器"十二五"发展规划纲要》提出，对接战略性新兴产业的专业技术孵化器比例将进一步提升。如上海围绕各大高新产业领域，加强专业化孵化器布局建立起以环保为着眼点的杨浦创业中心、以IC芯片为着眼点的集成电路设计创业中心等18家专业孵化器。从近年来企业投资孵化器的趋向也可以看出孵化器在向专业化方向发展，专业化的集聚效应客观上起到了加强企业间、企业家之间的学习与交流的作用，优化了孵化器的环境与氛围。

### 3. 风险投资基金将成为孵化器重要的资金支持

风险投资基金进入孵化器的直接理由是孵化器投资的风险性在减少。举办初期，政府的投资积累了经验，20多年的进步，孵化器产业的发展趋向已可端倪。政府对孵化器的支持将相对减少直接的财政投入，而辅之以更强有力的政策性举措，如继续对孵化器的初始建设提供信贷优惠，对运行困难的孵化器提供税收优惠；在同等条件下，对孵化器毕业的高新技术企业给予融资优惠，在首批创业板

上市的 28 家企业中，经过孵化器培育的"毕业企业"就有 13 家，将近 50％的比例。目前，孵化期产业已形成了政府、企业、个人、风险基金等多种投资主体并存格局。从国外发达国家的经验可以看出，只要条件适宜，风险基金青睐、接手高科技企业/项目的兴趣和投资潜能是不可估量的。与风险投资相结合，为孵化器向产业化发展提供了最有利条件。

### 8.1.3　技术转移中心下设科技企业/项目孵化器的依据及办法

1. 依据及目的

（1）依据

《中华人民共和国科学技术进步法》、《中华人民共和国促进科技成果转化法》，科技部、教育部、人事部、财政部、中国人民银行、国家税务总局、国家工商行政管理总局《关于促进科技成果转化的若干规定》和各级政府关于促进科学研究、技术开发及其成果转化的有关政策规定，以及各技术转移中心所承担的技术转移、科技成果转化任务等具体情况。

（2）目的

充分利用大中型企业及高等院校的资源优势及其科技成果转化的良好科技生态环境，有效整合国内外的科技研发及其成果转化的相关资源，实现国内外科技成果在区内与资金、人才资源的有机对接，以便为推动和促进该地区经济与产业发展水平的不断提高与升级作出自己的努力。

2. 途径及办法

技术转移中心下设科技企业/项目孵化器的途径及办法：

（1）新建。企事业单位或个人，通过独立投资或合资、合作方式在技术转移中心新设科技企业/项目孵化器。

（2）加盟。现有企业/项目孵化器以加盟方式成为技术转移中心的科技企业/项目孵化基地。

3. 业务主管及指导部门

技术转移中心内设的项目管理部，是该技术转移中心下设的科技企业/项目孵化器的业务指导及主管部门，负责技术转移中心下辖科技企业/项目孵化器的建设、认定及日常管理，为科技企业/项目孵化器提供良好、周到的业务指导及服务。

技术转移中心项目管理部作为科技企业/项目孵化器业务指导与主管部门的职能及任务是：

（1）科技企业/项目孵化器的建设与发展管理，包括孵化器的建设与发展计划、区域布局、认定管理、日常经营活动指导与服务等。

（2）企业/项目孵化管理，包括制定企业/项目入孵和出孵的办法、条件及孵育管理规范，审核、批准入孵和出孵毕业的企业及项目等。

（3）为在孵企业/项目提供人员人才培训、技术支援、管理支援、创业辅导、融资协助、人力资源管理代理、公共关系代理、财务代理、市场推广、商务策划等方面的服务。

（4）为在孵企业/项目申报政府资助和（或）参与相关的评级、评奖、评比、鉴定、鉴证活动等提供申报指导及推荐等服务。

4. 经营及服务理念定位

技术转移中心下设科技企业/项目孵化器的经营及服务理念为：

（1）"乐观时变，因时择机（会），由机聚力，据力而动，人弃我取，人取我与，与之为取"，建成在国内外具有相当影响力和知名度的科技企业/项目孵化基地。

（2）"形而上者谓之道，神而化之谓之变；推而行之谓之通，举而措之天下之企谓之业"。在致力于科技项目孵化和科技企业及企业家的生产与培育的同时，积极探讨和建立进行知识资本有效整合与营运的方法体系及其模式架构。

（3）"生而不有，为而不恃，功成而弗居；夫唯弗居，是以不去"。永远将最好的东西带给客户和客户的事业，以积极的态度介入客户的生活方式，与客户共建新的生活方式，帮助、指导客户把握其发展的方向，协助客户解决其发展过程中可能遇到、可能面临的各种问题。

（4）"致鱼先通水，致鸟先树木；水积而鱼聚，木茂而鸟集"。"知人者智，自知者明；胜人者有力，自胜者强"。"以公众为心者，人必而乐而从之；以私奉为心者，人必沸而叛之"。以良好的服务，争取客户的认可和支持。

## 8.1.4　科技企业/项目孵化器加盟及其管理办法

1. 加盟条件

目标地区现有科技企业/项目孵化器凡符合预定条件的，以"自主自愿、互惠互利、双赢共生"为原则，经平等协商达成共识后，可通过加盟方式，吸收成为技术转移中心科技企业/项目孵化组织的成员单位之一。

有意成为技术转移中心科技企业/项目孵化组织成员的科技企业/项目孵化器的必备条件为：

（1）组织属性。以孵化、培育处于初创或进入成长期阶段的科技性小型企业和高新技术项目为宗旨，经所在地区工商行政管理部门注册登记，具有独立法人资格的经济与经营实体。

（2）运营时间及其状态。实际投入运营时间已满 1 年以上，现有运行状况良好，或通过改造、调整后，有望实现良好运营。

（3）运行机制。产权清楚、明晰，治理结构科学、合理，职能机构健全、完善，人员配置合理、均衡，管理人员中具有大学专科以上学历或同等学力的人员占管理人员总数的比例在80％以上。

（4）专家队伍。建有一支高素质、高水平、多学科、功能全或比较齐全的专、兼职专家队伍，专家包括：相关技术领域的工程技术专家、企业管理与咨询专家、市场策划专家、项目管理专家等。

（5）场地。综合性孵化器的场地面积达到10 000平方米以上，单一专业或行业性孵化器的场地面积不少于2 000平方米，其中入孵企业/项目使用的场地占2/3以上，并具有一定面积的共享空间。

（6）设施。孵化服务设施包括网络通信、培训、必要的实验设施及共享设施等齐全、服务功能完备，可为入孵企业/项目提供商务、资金、信息、咨询、市场推广、培训、技术研发与交流、财务代理、对外经济技术合作等多方面的服务。

（7）区位。孵化器所在的地域、地点区位优越。

（8）可塑性。孵化器经营与发展的可塑性强，现有的缺陷、不足与问题易于解决，难度较小。

2. 加盟程序

科技企业/项目孵化器以加盟方式成为技术转移中心下设孵化机构的基本程序如下。

（1）要约。项目管理部向目标孵化器，或者目标孵化器首先向技术转移中心发出加盟要约，同时要求孵化器提供如下的相关材料：

①孵化器营业执照副本复印件；

②孵化器概况报告；

③孵化器在孵企业/项目名单，入孵和预定的出孵时间；

④已毕业出孵企业/项目名单，毕业出孵时间和毕业出孵后的落户地区（点）；

⑤装订成册的各种规章制度；

⑥孵化器发展规划和年度经营计划；

⑦孵化器年度运营分析报告。

（2）分析、考察。项目管理部对目标孵化器的现有经营状况、发展的条件、潜力、前景等作出全面的分析考察。分析、考察的重点为：孵化器的产权是否清楚、明晰，治理结构、职能部门及其人员配置是否科学、合理，孵化场地、设施能否满足预期孵化目标的需要，所在地域、地点区位的有利与不利方面，孵化器的可塑性如何，是否具有符合期望目标要求的发展前途及前景等。在此基础上，对孵化器的发展潜力、方向，目前存在的问题，未来的调整、改进措施及办法等作出分析与设计，形成书面的分析、考察报告，呈报中心主任核准或组织相关部门人员进行讨论，之后作出判断。

（3）合作谈判。由中心主任授权项目管理部与目标孵化器就双方合作孵化、孵育科技企业/项目问题进行磋商，达成共识后，订立合作协议。

（4）认定。目标孵化器与技术转移中心订立合作孵化科技企业/项目协议之后，即成为技术转移中心下设的科技企业/项目孵化机构，接受技术转移中心的业务指导与管理。技术转移中心对被认定为其下设孵化机构的孵化器颁发"先进制造北京市技术转移中心科技企业/项目孵化器基地"证书及标牌。

加盟程序如下图8-1所示。

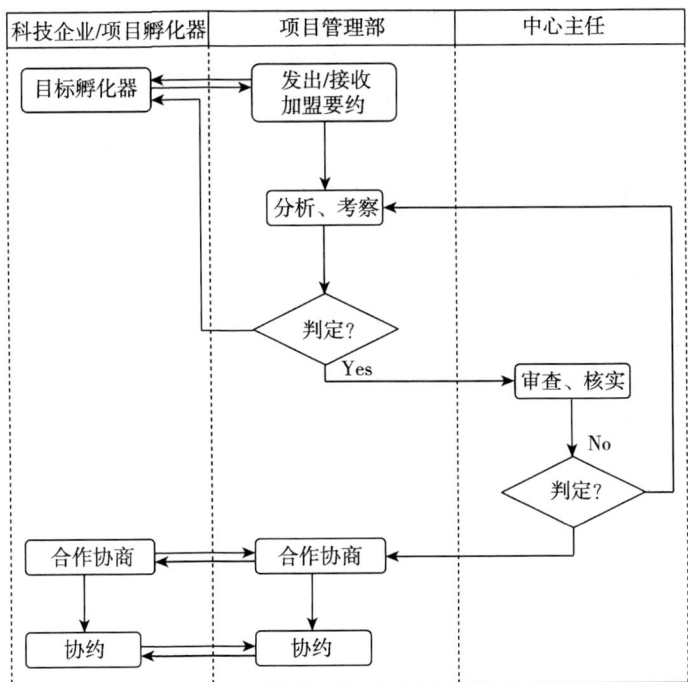

**图8-1 科技企业/项目孵化器加盟程序**

## 8.1.5 新设科技企业/项目孵化器办法及程序

技术转移中心鼓励和支持企业或个人在目标地区（点）以独资或合资/合作方式投资创设隶属于技术转移中心或在业务上接受技术转移中心主管和指导的科技企业/项目孵化器。

凡有意与技术转移中心合资、合作或在技术转移中心指导下独立投资新设科技企业/项目孵化器的单位和个人，均可向技术转移中心申请，通过协商达成共识后，订立合作协议，由技术转移中心协助完成新设科技企业/项目孵化器设立注册登记手续。

投资人投资创设科技企业/项目孵化器需要准备和提供以下材料。

（1）投资人身份证明（企业营业执照副本或个人身份证）复印件。

（2）场地及资金证明。

（3）立项申请报告，简要阐明目标机构的创设宗旨与目的、建设规模、投资人概况和相关条件的准备与具备情况等。

（4）项目建设书或可行性研究报告，内容包括：①项目概论；②项目建设背景分析与建设依据；③项目实施地点与建设规模；④项目建设设计与实施进度安排；⑤项目组织管理；⑥项目投资估算与资金筹措；⑦项目财务分析；⑧项目经济与社会效益分析；⑨项目风险及其控制；⑩结论和建议。

技术转移中心项目管理部收到投资人提交的材料之后，在投资人的资格、资金和场地的落实情况等作出审查、核实，在场地落实、资金有保障、投资人资格合法的情况下，即可帮助投资人在所在地区的工商行政管理部门依法办理工商注册登记手续。办理注册登记的条件和程序按工商行政管理部门的规定及要求执行。

新建科技企业/项目孵化器的设立程序如图8－2所示。

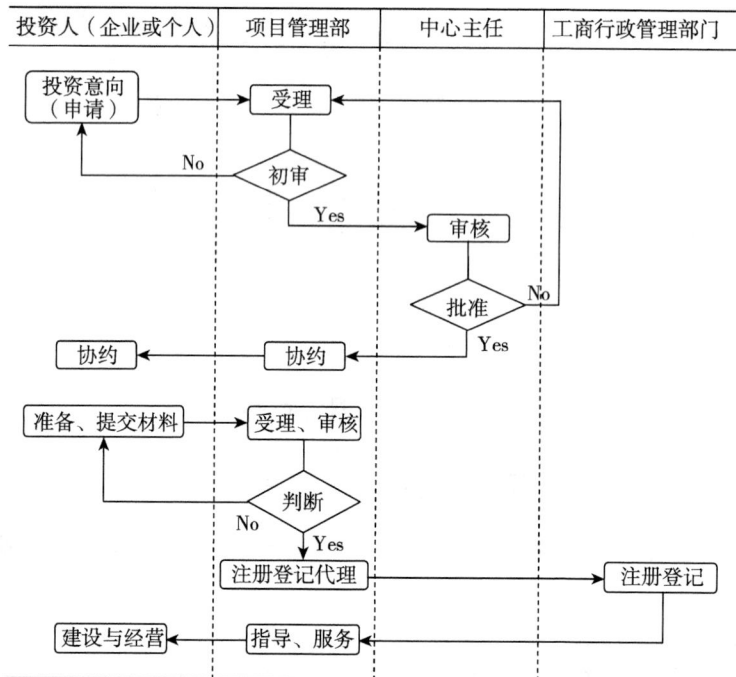

**图8－2　新建科技企业/项目孵化器设立程序**

## 8.1.6　科技企业/项目孵化器管理

1. 预算平衡与基本保障

财务的预算平衡是非公益性孵化器经营管理中的第一大生存挑战。在财政补贴、税收优惠、技术转移中心财力等既定条件不发生重大变故前提下，保证孵化器正常运行的关键要素是"租费收入"和"现金流"。

孵化器的财务预算平衡受制于多种复杂的动态因素。无论是孵化器设立的初衷还是孵化器发展的规律，都可预计到，孵化期运行的相当一段时期现金流会出现负值或仅仅达到入出平衡。入不敷出只要不超过负值的设计流量和设定期限都属于正常现象，问题的关键是，孵化期的创办者必须对这一现金流负值时期进行慎重且准确的测算。

初创阶段的孵化器，现金流的主要监管重点是租金收入。影响租金收入的主要因素有4个方面：一是可用于出租的总孵化面积，二是社会平均水平下的预期租金率，三是经营相对稳定情况下孵化面积的出租率，四是入孵招商正常情况下的租金回收率。

租金总收入＝可租总面积×每单位面积租费×平均占有率×平均回收率

在现金流因素可控或者主要数据可准确测算情况下，预算平衡的基本保障是对其他重要影响因素进行目标定额管理，并严格实施相应的管理手段和管理措施。

2. 业务指导与日常管理

技术转移中心对下设科技企业/项目孵化器的业务指导及日常管理，按照双方事前订立的合作协议所规定的方式及办法进行。由于双方订立的合作协议，是技术转移中心对下设科技企业/项目孵化器实施管理及业务指导的权利来源，因此，双方在订立合作协议时，必须明确界定双方的责、权、利关系及其处理的规则和办法。

这就要求，双方订立的合作协议，必须赋予技术转移中心以下方面的权利并承担相应的责任和义务：

（1）有对下设企业/项目孵化器的日常经营与发展活动及其过程，包括孵化器的自身建设和对外开展的业务经营活动等进行检查、监督、指导和建议的权利，同时承担对孵化器日常经营与发展活动予以支持和提供便利的义务。

（2）有根据国家相关政策规定和经营业务开展的具体情况拟订从资金上对孵化器给予资助、补贴的具体方案并确保资助、补贴如期实现的义务，同时具有以孵化器所享受的资助、补贴的使用情况进行监督、检查以保证该资助、补贴合理运用的权利。

（3）有对孵化器的内部管理及对外经营包括企业/项目入孵、在孵的发展情况和企业/项目出孵毕业情况的知情权，要求孵化器定期或不定期提供相关的各种资料，同时承担不干涉孵化器在国家法律、法规和双方协约规定范围内进行自主决策、独立经营、自主管理的义务。

3. 运行责任与服务规范

同技术转移中心的权利、责任及义务相对应，在其指导与管理下的科技企业/项目孵化器应该享有以下的权利并承担与之相适应的义务：

（1）依据双方订立的合作协议约定和国家及地方政策规定，要求技术转移中心提供相应的服务；

（2）接受技术转移中心的指导、检查和监督，及时向技术转移中心汇报和提供孵化器的经营与发展情况，按月报送有关统计报表，按季、年度提交书面运营分析报告；

（3）制订孵化器经营与发展的中长期规划和年度经营计划，如期足量地实现和完成计划所规定的企业/项目孵化目标及任务；

（4）积极、认真地做好企业/项目入孵、在孵和出孵方面的各种工作，尽职尽责，按照同入驻企业订立的孵化协议规定，履行应尽义务，按照技术转移行业规范为入驻企业/项目提供所承诺的各项服务。

# 8.2　科技企业/项目入孵管理方案

## 8.2.1　入孵招驻目标对象

凡符合以下条件之一的企业、事业单位和个人，均可进入技术转移中心下设的科技企业/项目孵化器从事科技成果转化的研发与创业活动，成为技术转移中心科技企业/项目孵化器的入孵招驻对象。

（1）拥有自主知识产权的科技项目持有人，包括国内、国外科研院所、高等院校、高新技术企业等企事业单位和有关专家、学者、科技人员及海外留学生、国内在校的博士研究生、硕士研究生等。

（2）具有从事技术创业意愿和能力及资金实力的单位和个人，包括国内、国外的科研院所、高等院校、高新技术企业、外商投资企业、国内外投资商（企业或个人）等。

（3）具有进行高新技术项目研发或从事科技成果产业转化活动能力的个人，包括国内、国外的有关专家、学者、海外留学人员、国内在校的大学本科生、硕士研究生、博士研究生等，以及博士后研究人员。

## 8.2.2 鼓励入孵进驻的项目科技及产业领域

科技园或技术转移中心下设科技企业/项目孵化器以孵化/孵育科技项目/企业为其使命，重点孵化以下方面的科技成果项目/企业：

(1) 计算机设计与制造技术；

(2) 计算机集成制造系统；

(3) 工业机器人；

(4) 柔性制造系统；

(5) 数控技术；

(6) 电子信息与数字通信技术；

(7) 网络技术及网络服务；

(8) 绿色制造技术；

(9) 绿色材料；

(10) 绿色能源；

(11) 嵌入式系统及应用技术；

(12) 生物制药。

## 8.2.3 项目入孵条件

进入技术转移中心下属科技企业/项目孵化器孵化的科技成果项目必须符合以下基本条件：

(1) 经由省、部级以上的有权单位鉴定或由技术转移中心委托认定，属高新技术范畴，符合技术转移中心下属科技企业/项目孵化器项目孵化方向的科技成果项目；

(2) 技术水平达到国内先进或国内领先，并已有一定的先期开发基础和具有进行产业化生产并形成规模经济的可能性的成熟项目；

(3) 技术成果转化成产品的商业及产业发展前景可测，产品市场的可开发潜力远大；

(4) 技术成果拥有合法、清楚的专利或专有技术权利、版权等知识产权，使用权的界定明确，有关产权及使用权的证明、法律手续等完备、齐全；

(5) 技术成果产业/产品转化的资金条件、科技人员及管理人员条件、原材料供应条件等有足够的保证，项目技术负责人熟悉该项目成果的基本原理、技术诀窍等，并具有转化研发的技术操纵及其管理能力，项目投资的资金规模一般不低于100万元人民币，个别特殊项目除外；

(6) 项目入孵的目标或目的清楚，订有较为规范的科技成果产业/产品转化经营与发展的规划或计划或可行性研究分析报告；

（7）科技成果的产品生产过程具有低耗、高效的突出特点，无"三废"（废气、废水、废渣）污染。

## 8.2.4 企业入孵条件

进入技术转移中心科技企业/项目孵化器孵育的企业和（或）科技研发机构须具备或符合以下基本条件：

（1）在市区工商行政管理部门注册登记具有独立法人资格的新办企业或新办科技研发机构；

（2）企业或科技研发机构所从事的产品开发与生产或科技项目研发与服务符合技术转移中心科技企业/项目孵化器设定的项目/企业孵化/孵育方向；

（3）企业或研发机构具有较强的产品开发或科技成果转化和科技项目研发能力，产品或科技成果的商业前景较好、市场潜力较大；

（4）企业或研发机构拥有基本的专家及科技人员队伍，在其高层领导与决策人员中，至少有1名熟悉本单位产品或科技研发项目业务并具有一定的经营管理能力的专职科技人员；

（5）企业或研发机构产权明晰，治理结构合理，组织机构健全，独立核算、自主经营、自负盈亏，是一个完全独立的经营实体；

（6）企业或研发机构的发展方向清楚，经营目标明确，具有规范或较为规范的中长期发展规划及年度经营计划。

## 8.2.5 优惠入孵的企业类别

技术转移中心科技企业/项目孵化器对以下类型的生产企业及研发机构的入驻给予特别的优惠待遇和服务：

（1）应用技术转移中心推介的技术成果创办的科技企业；

（2）国内大学在校和应届毕业或毕业不久的博士研究生、硕士研究生和本科生创办的科技企业或研发机构；

（3）弥补国内空白，由外籍科技人才担纲技术研发主要工作的技术研发机构或产品生产的科技企业；

（4）从事软件特别是嵌入式软件开发与生产的企业或研发机构；

（5）由科研院所、高等院校发起设立的技术研发机构及企业；

（6）由知名专家、学者、高级工程技术人员亲自领衔创办的创业企业或技术研发机构；

（7）为转化发明专利而设立的科技企业等。

## 8.2.6　入驻程序

企事业单位或个人进入技术转移中心科技企业/项目孵化器从事科技成果产业/产品转化或科技研发等创业活动，按照以下程序进行。

1. 入驻申请

拟入驻科技企业/项目孵化器的单位或个人向科技企业/项目孵化器提出入驻的书面申请，同时提交相关的书面材料、资料等，包括：

（1）产品或技术成果鉴定资料复印件、专利证书或专利申请复印件、产品或技术说明书等；

（2）科技研发或科技成果产业/产品转化项目可行性研究报告；

（3）单位法人证书或营业执照副本复印件，或项目持有人身份证明复印件；

（4）企业或研发机构创业团队情况说明，主要人员的简历、身份证明、学历证书复印件；

（5）企业或个人创业发展计划或项目商业计划书。

2. 评估

由科技企业/项目孵化器聘请、组织或委托有关方面的专家对拟入驻单位或个人提交的入驻申请及相关的材料、资料等进行全面、系统的评估。评估内容包括：

（1）技术评估；

（2）市场评估；

（3）创业人员评估，包括创业团队、主要负责人、专家队伍评估；

（4）综合评估。

3. 审核与批准

科技企业/项目孵化器根据对申请入驻单位或个人的评估结果，作出是否接纳其入驻的决定。

4. 协约

核准入驻的单位或个人与科技企业/项目孵化器签订入孵协议（合同）。入孵协议（合同）应对以下方面的问题及内容作出说明和规定：

（1）入孵单位或个人的科技项目及其所生产产品的名称；

（2）科技企业/项目孵化器和入孵单位或个人的责任和义务；

（3）项目/企业孵化/孵育方式；

（4）孵化/孵育的期限与场地；

（5）争议的解决等。

5. 入驻

入驻单位或个人依据入孵协议（合同）办理入驻孵化手续。企业/项目入孵程序如图8-3所示。

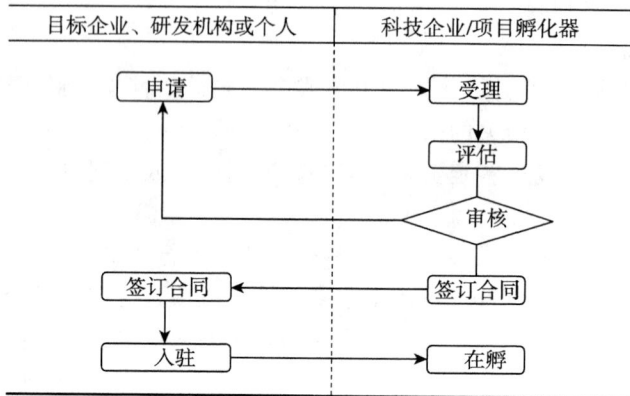

**图8-3　企业/项目入孵程序**

## 8.2.7　科技企业/项目孵化入孵申请书

登记号：☐☐☐☐☐☐☐☐☐☐☐☐☐

申请企业名称：_____

入驻项目名称：_____

联系电话：_____

传真：_____

联系人：_____

申请日期：____年____月____日

### 申请企业登记表

填表日期：____年__月__日

| 企业名称 | | 企业经济性质 | |
|---|---|---|---|
| 项目名称 | | | |
| 技术来源方式、途径 | | 原技术成果持有人 | |
| | | | |

| 企业注册登记情况 | 注册地点 | 注册资本 | 注册时间 | 法定代表人姓名 |
|---|---|---|---|---|
| | | | | |
| | 经营业务 | | | 经营期限 |
| | | | | |

申请入驻时间：＿＿年＿＿月＿＿日　　　　　申请孵化期（年）

| 投资人（自然人或法人单位）名称 | 性质 | 投资额（万元） | 股权比例（％） |
|---|---|---|---|
| | | | |
| | | | |
| | | | |
| | | | |
| | | | |
| | | | |
| | | | |

| 董事会成员数（人） | | 董事长姓名 | |
|---|---|---|---|

项目计划投资总额　　　　＿＿＿＿＿万元，其中固定资产＿＿＿＿＿万元。

| 管理团队情况 | 姓名 | 职务 | 年龄 | 性别 | 专业 | 学历 | 毕业学校 |
|---|---|---|---|---|---|---|---|
| | | | | | | | |
| | | | | | | | |
| | | | | | | | |
| | 总经理个人简历： | | | | | | |

| 技术团队情况 | 姓名 | 职务 | 年龄 | 性别 | 专业 | 学历 | 毕业学校 |
|---|---|---|---|---|---|---|---|
| | | | | | | | |
| | | | | | | | |
| | | | | | | | |
| | 技术负责人个人简历： | | | | | | |

| 项目基本情况 | 主要产品名称 | 规格、型号 | 目标顾客 | 计划销售区域 |
|---|---|---|---|---|
| | | | | |
| | 核心技术： | | | |
| | 市场前景： | | | |
| | 经济、社会效益： | | | |

# 8.3　科技企业/项目在孵管理方案

## 8.3.1　对在孵企业/项目的日常管理

经批准、核定入驻"技术转移中心下设科技企业/项目孵化器"的在孵企业/项目的日常管理及其相关事务处理，由所在企业/项目孵化器负责。

技术转移中心下设的各科技企业/项目孵化器均应根据技术转移中心的统一要求及部署，结合本单位的具体实际，制定和健全对在孵企业/项目实施有效管理的各种制度规范及实施办法，并据此对入驻的在孵企业/项目进行高效/有序的管理。

孵化器对在孵企业/项目日常管理的内容包括对在孵企业/项目内部建设活动的管理和对外经营活动的管理两个方面。

对在孵企业/项目内部建设活动的管理，目的在于通过对在孵企业日常办公及其经营管理活动的有效规范、督导检查、纠偏等系列工作，不断改进、提升在孵企业的整体品质，包括企业的环境品质和企业内部所有生产要素的品质，营造企业的团队精神，创造良好的企业文化氛围，改变企业员工的思维及行为方式，促进员工的积极向上，帮助在孵企业建立科学、高效的企业日常工作模式与经营管理方法模式。

对在孵企业/项目内部建设活动的管理，主要内容包括：

（1）时间管理。督导在孵企业及其员工树立时间观念，养成"珍惜时间"，"今日事、今日毕"，及时完成各项工作任务和解决工作中各种问题的良好习惯及传统。

（2）"5S"活动管理。指导在孵企业开展"整顿、整理、清扫、清洁、素养"活动，使在孵企业及其员工养成"整齐划一，统一行动"的行为习惯，树立做人做事应有他人，不能只有自我的正确观念。

（3）安全活动管理。引导在孵企业开展深入、持久的各种"安全"活动，使在孵企业及其员工树立"对自己行为负责"的思想观念及行为态度。

（4）服务优化活动管理。通过对在孵企业开展"服务优化活动"的督导和管理，培养在孵企业及其员工的服务意识和为他人工作以及"爱社会、爱企业、爱客户、爱同事就是爱自己"的企业人文精神。

（5）遵规守纪管理。要求在孵企业及其员工自觉遵纪守法，养成按规范、程序做事的良好习惯及其传统。

（6）素质提升管理。要求和督导在孵企业开展各种有助于提升综合素质的各种活动，使在孵企业的员工养成"敬业、乐业、精业"，对工作精益求精、乐于从事本职工作的态度及精神。

（7）合理化活动管理。在孵化器内部广泛、深入、持久地开展以"规范、改进和完善各种工作及其作业程序，群众性的合理化建议活动，'3U'（Unreasonableness 不合理、Unevenness 不均匀、Uselessness 无效或浪费）检测活动和增效节约活动"为内容的合理化活动，要求在孵企业必须参加，使在孵企业及其员工养成"不断追求完美"的价值观念及其行为习惯。

对在孵企业/项目的对外业务经营活动的管理，目的在于督促、指导在孵企业如期保质保量地完成企业/项目建设与发展规划（计划）所规定的经济、技术、商务目标任务，促使在孵企业/项目的快速成长与长大。

## 8.3.2 对在孵企业/项目的经营活动

为在孵企业/项目提供全方位、多角度的良好服务，协助在孵企业/项目解决其发展过程中可能面临和遭遇的各种问题。

孵化器为在孵企业/项目提供的经营援助与服务应当包括：

（1）中介服务。为在孵企业（项目）介绍、挑选资金合作伙伴或科技项目成果，并为合作提供设计，帮助其解决合作过程中可能遇到的有关问题。通过这种中介服务，使资金和科技项目成果有效对接、有机结合。

（2）项目经济、技术评估与鉴定。为在孵企业（项目）单位的科技项目及其成果提供经济、技术方面的分析、评估与鉴定，帮助解决项目产业化再研发及其批量生产过程和出孵项目成果的有关技术问题。

（3）信息咨询。为在孵企业（项目）单位提供经济、技术与市场方面的各种情报、信息等，帮助在孵企业（项目）单位构建自己的信息情报网络。

（4）管理顾问。为在孵企业（项目）单位提供管理设计、政策咨询、制度建设及管理技术等方面的服务。

（5）人力资源开发与管理支援。为在孵企业（项目）单位介绍和代招人才、进行人力资源培训、代为管理专家等。

（6）商务及事务代理。为在孵企业（项目）单位提供档案管理、财务代理、企业注册代理、广告代理、税务登记、项目评估、资产评估、企业年检、高新技术企业及高新技术项目认证、科技基金申报、专利申报等方面的服务。

（7）物业服务。为在孵企业（项目）提供保安、餐馆、水电与冬季供暖保障、邮件信函、报纸杂志接送与分发、会议室、洽谈室、展销展示和打字、复印等日常事务的处理与服务。

（8）专业公关代理。常规公关策划与代理、危机公关策划与代理、新闻传播策划与代理等。

（9）市场推广与广告代理。电子商务代理、广告策划/设计制作/发布、产品包装设计、CI策划、营销策划与设计、品牌策划与设计、促销策划与代理、市场调研、展览展示、展板设计/制作等。

（10）法律咨询。聘请专业律师事务所、会计师事务所进驻孵化器，为在孵企业（项目）提供法律、财务、资产评估等方面的优质服务。

（11）融资顾问。为在孵企业（项目）提供项目融资策划，联系、协调融资合作单位、协助解决融资条件等。

（12）出孵安置。为出孵项目（企业）提供相关方面的便利及服务。

（13）政府资助咨询及服务。为在孵企业/项目收集和提供政府对企业与产业发展的政策支持与资金资助方面的信息，帮助在孵企业/项目充分利用政府给予的各种优惠政策，积极争取可能的政策扶持及其资金上的资助等。

### 8.3.3　孵化服务督导

技术转移中心定期和不定期地检查各企业/项目孵化器对在孵企业/项目的经营援助与管理督导措施的实施、执行情况，督促企业/项目孵化器为在孵企业/项目提供全面/优质、高水平的经营援助及管理上的指导等方面的服务，并有效控制孵化器的服务费收标准。

与此相对应，技术转移中心下设的各企业/项目孵化器必须按月/季、年度定期对在孵企业/项目的发展管理与经营援助服务情况进行总结，并形成书面材料，呈报技术转移中心项目管理部。

## 8.4　科技企业/项目孵育毕业及出孵管理方案

### 8.4.1　毕业、出孵条件

进入科技企业/项目孵化器的在孵企业/项目，经过一定时期的孵化、培育，当符合以下条件标准时，可以出孵毕业。

1. 产品、技术标准

企业/项目孵化、孵育的技术/产品目标预期基本实现，能够为规模化的批量生产提供技术上的有效保证。具体要求包括：

（1）目标产品或技术成果基本定型，批量化生产或应用的技术难已基本解决，可以进行产业化的应用与推广；

（2）目标产品或技术成果通过国家有权机构的审核、鉴定，并依据相关规定取得产品生产或技术成果推广的许可证，产品生产或技术成果应用于产品生产的质量具有可靠的保证；

（3）企业（或研究机构）具有进一步实施产品（或技术）研发的基本能力和可行的中长期发展规划及年度经营计划。

2. 规模、效益标准

企业/项目能够独立地进入市场实施营运，已具备一定的经济规模、较好的经济效益和参与市场竞争的能力，技工贸收入达到预期目标。具体要求如下：

（1）企业/项目资产总规模达100万元人民币以上（含100万元），其中固定资产不低于30万元人民币；

（2）企业/项目年销售收入连续两年达到200万元人民币以上（含200万元），或当年达到300万元以上（含300万元）；

（3）企业/项目用于科技进步的研发费用（R&D费用）支出占企业/项目年销售总收入的比重不低于3％；

（4）企业/项目连续两年盈利，当年的资金利润率不低于15％，企业/项目的净现金流状况良好。

3. 管理标准

企业/项目在孵期间管理规范、营运状况良好，具体要求如下：

（1）企业/项目依法经营，按章纳税，无违法违规记录；

（2）企业/项目经营的相关法律手续、证照等齐全、完备；

（3）在孵期间遵守所在孵化器的管理规章制度，接受孵化器的监督、检查，年度考核连续两年合格；

（4）企业/项目的治理结构、组织机构设计科学、合理，适应企业/项目经营与发展的实际需要，有符合公司法及其他相关法律、法规要求和本企业/项目业主及其职工利益一致的企业/项目章程；

（5）企业/项目建有健全、完善的各种规章制度，包括财务、人事、经营管理、生产、质量及科技进步等制度规范；

（6）企业/项目建有适合其发展特点的科、工、贸一体化运营的经营模式。

4. 人员标准

企业/项目已初步形成一个能够基本适应和满足其经营与发展需要的经营团队，具体要求包括：

（1）企业/项目的法定代表人或其经营负责人，是熟悉该企业/项目产品/技术研发和生产与销售的科技人员，并在全程参与孵化器安排的系统培训，具备了企业/项目经营与发展的较强的决策能力和管理能力；

（2）具有大学专科以上学历或同等学力或具有技术职称的专职科技人员数量不低于企业/项目职工总人数的30％，从事技术/产品研发的科技人员数量占企业/项目职工总人数的比重超过10％；

（3）企业/项目管理人员、工程技术人员、生产人员和销售人员的比例适合企业经营与发展的具体情况及要求，已接受良好、系统的岗位职能、职责培训。

## 8.4.2 毕业、出孵程序

符合毕业、出孵条件的孵化企业/项目，按照以下程序办理毕业、出孵手续：

1. 申请

企业/项目提出毕业、出孵的书面申请，说明毕业、出孵的理由和毕业、出孵后的经营计划等，交由所在科技企业/项目孵化器审核、批准。

2. 审核、批准

科技企业/项目孵化器对企业/项目的毕业、出孵申请，按毕业、出孵条件逐一审查、考核，符合毕业、出孵条件的准予毕业、出孵，并颁发"技术转移中心科技企业/项目孵化器孵化毕业证书"，办理毕业、出孵手续。

## 8.4.3 延期出孵及毕业办理程序

在孵企业/项目孵化/孵育期限届满未能达到毕业、出孵标准条件的，对确有进一步孵化/孵育前景及前途的，可以按照以下程序及办法办理延长孵化/孵育期限的相关手续。

1. 延期孵化/孵育申请

在孵企业/项目在正常孵化期满前两个月以书面报告形式向所在科技企业/项目孵化器提出延长孵化的申请报告。申请报告应对以下问题作出说明：

（1）延长孵化/孵育期限的理由及依据；

（2）延长孵化/孵育期限的时间限定；

（3）企业/项目延长孵化/孵育期间的经营发展目标及计划等。

2. 核准

孵化器收到在孵企业/项目要求延长孵化/孵育期限的申请报告后，应在 1 个月内对申请企业/项目的延长期孵化/孵育申请作出审查和是否同意延期的决定。

## 8.4.4 科技企业/项目毕业、出孵登记表

制表时间：＿＿年＿＿月＿＿日    登记号：

科技企业/项目孵化器：

毕业出孵企业名称：

毕业出孵项目名称：

孵化期限：＿＿＿年＿＿月＿＿日

毕业出孵日期：＿＿＿年＿＿月＿＿日

出孵后安置地点：

联系电话：

传真：

E - mail：

## 毕业、出孵企业/项目登记表

孵化器名称：＿＿＿＿＿＿ 填表日期：＿＿年＿＿月＿＿日

| 企业名称 | | 企业性质 | | |
|---|---|---|---|---|
| 项目名称 | | 项目所在产业 | | |
| 企事业经营业务 | | | | |
| 企业注册登记 | 注册资本 | | 注册地点 | |
| | 注册时间 | | 法人代表姓名 | |
| 入孵时间：＿＿＿＿年＿＿月＿＿日 | | | | |
| 毕业、出孵时间：＿＿＿＿年＿＿月＿＿日 | | | | |
| 出孵后安置地点 | | | | |

| 管理团队情况 | 总经理情况　联系电话：＿＿＿＿＿＿＿＿＿ | | | | |
|---|---|---|---|---|---|
| | 姓名 | | 性别 | | 出生日期 ＿＿年＿月＿日 |
| | 毕业学校 | | 专业 | | 最后学历 |
| | 个人简历： | | | | |
| | 其他主要成员 | | | | |
| | 姓名 | 职务 | 年龄 | 专业 | 学历 | 毕业学校 |
| | | | | | | |
| | | | | | | |
| | | | | | | |
| | | | | | | |

续表

| 技术团队情况 | 技术负责人情况，职务：_____　　联系电话：_____ | | | | | |
|---|---|---|---|---|---|---|
| | 姓名 | | 性别 | | 出生日期 | ___年__月__日 |
| | 毕业学校 | | 专业 | | 最后学历 | |
| | 个人简历： | | | | | |
| | 其他主要成员 | | | | | |
| | 姓名 | 职务 | 年龄 | 专业 | 学历 | 毕业学校 |
| | | | | | | |
| | | | | | | |
| | | | | | | |
| | | | | | | |

| 企业/项目资产/收入情况 | 规模（万元） | 入孵前 | 毕业出孵时 |
|---|---|---|---|
| | 总资产 | | |
| | 固定资产 | | |
| | 工业总产值 | | |
| | 销售收入 | | |
| | 净利润 | | |

| 项目基本情况 | 技术来源 | 方式、途径 | | 原技术持有人 | |
|---|---|---|---|---|---|
| | | | | | |
| | 产品 | 名称 | 用途 | 目标顾客 | 销售地域 |
| | | | | | |
| | | | | | |
| | | | | | |
| | | | | | |
| | 核心技术情况： | | | | |
| | 市场前景预测： | | | | |

# 案例 6 永磁液冷缓速器项目孵化

## 科技项目孵化申请表

项目名称：永磁液冷缓速器产品化

项目管理单位：×××××× 技术转移中心

项目承担单位：××××××

项目负责人：×××

起止年限： 2009 年 7 月—2010 年 7 月

联系电话：

E‐mail：

×××××× 技术转移中心

## 项目孵化申请表

| 年度 | 项目内容 | 计 划 说 明 |
|---|---|---|
| 年科技项目孵化情况说明 | 年度项目安排 | （主要说明部门情况、研发背景、年度计划）<br>　　2006 年××××××机电技术研究所立项研发永磁缓速器，并于2007 年与北京齿轮总厂进行共同开发，属于典型产学研。永磁缓速器的研发分前置和后置两种同时进行。<br>　　前置式永磁缓速器：2007 年 7 月××××××和××××××进行前置永磁缓速器合作，共同投入人力物力，研制经费约 150 万元由北齿承担，申请相关专利以北齿为第一发明人。<br>　　后置式永磁缓速器：后置式永磁缓速器由××××××和×××合作研发，共同投入人力物力，研制经费约 150 万元由×××××承担，申请相关专利以××××××为第一发明人。<br>　　项目目前已进入××××××重点项目筛选之列，并和重要用户××××××进行了技术交流。 |
|  | 孵化项目情况 | 项目名称：永磁液冷缓速器产品化<br>成果估值：100 亿元<br>研发状况：小批量生产<br>技术成熟度：已进行车载试验<br>可实现效益目标：1000 万<br>项目转移可行性和前景分析：<br>　　本项目产品针对电涡流缓速器不能长时间制动的缺点而开发，特别适用于货车缓速器市场。本项目目标市场为××××××，2008 年该集团重型货车产销量约 6 万辆，全国重型货车产销量约为 54 万辆，潜在市场巨大。目前，汽车缓速器在我国尚处于开始普及阶段，未来仅国内的需求会每年可望超过 100 万套，产值 100 亿～200 亿元，具有非常大的发展潜力和社会需求。××××××在永磁缓速器的研究方面处于国内领先水平，研制出了实验样机。永磁缓速器产品一旦投放市场，由于其节能、节约铜资源以及轻量化的特点，可望迅速占领较大市场份额，获得巨大经济效益和社会效益。另外，汽车是我国的支柱产业，该技术也符合国家和北京市的产业政策。一直和××××××合作从事上述研发工作，××××××具有缓速器产业化的生产条件和销售渠道，项目转移是可行的。参见项目孵化实施方案。 |
|  | 项目孵化安排 | （主要说明部门情况、研发背景、年度计划）<br>1）2009 年 05 月－2009 年 07 月，完成永磁缓速器试车样机图纸设计；<br>2）2009 年 07 月－2009 年 09 月，外协加工产品样机；<br>3）2009 年 09 月－2009 年 11 月，样机台架和山路车载试验，取得试验数据；<br>4）2009 年 11 月－2009 年 12 月，样机鉴定；<br>5）2010 年 1 月－2006 年，产品中试；<br>6）2010 年 06 月－2010 年 12 月，与企业共同推动产品试产与项目产业化。 |

续表

| 需要服务与支持情况 | （主要说明项目需要的服务、孵化资金、经费使用情况）<br>　　欧曼货车是本项目的重要应用目标，欧曼货车目前年产达到10万辆，缓速器市场达10亿以上。希望领导为项目和北汽福田高层交流搭桥，并邀请福田高层前往××××××考察永磁缓速器项目，为下一步实质性合作做准备。<br>　　目前产品化样机试制需要××万元。其中孵化资金用于零件材料费和试验外协费。 |
|---|---|

项目经费来源：

| 来源 | 2009 年 | 2010 年 | 合计 |
|---|---|---|---|
| 孵化资金 | | | |
| 自筹 | | | |
| 其他 | | | |
| 合计 | | | |

项目经费支出：（限材料费及外协费）

| 科目 | 2009 年孵化资金 | 2010 年自筹资金 | 合计 |
|---|---|---|---|
| 人员费用 | | | |
| 试验外协费 | | | |
| 合作交流费 | | | |
| 设备购置费 | | | |
| 能源材料费 | | | |
| 资料印刷费 | | | |
| 调研费 | | | |
| 租赁费 | | | |
| 其他费用 | | | |
| 合计 | | | |

项目实施主要成员分工情况

| 姓名 | 项目分工与承担任务情况 |
|---|---|
| | |
| | |

项目负责人签字：＿＿＿＿＿＿＿＿＿　　　项目申请单位：＿＿＿＿＿＿＿＿（盖章）

项目经理：＿＿＿＿＿＿＿＿＿　　　　　　中心负责人：＿＿＿＿＿＿＿＿

# 汽车永磁液冷缓速器项目孵化
# 实施方案

一、项目的目的、意义及必要性

1. 目的

本孵化项目针对国内汽车缓速器产品存在的技术问题，采用永磁制动和水冷散热技术，优化缓速器结构，研制出适用货车和客车的前置式、后置式以及中置式3种永磁液冷缓速器产品，替代现有的电涡流缓速器和液力缓速器，升级缓速器产品性能，达到保障汽车行驶安全、节能、环保目的。

（1）产品定型

对××××××汽车厂重货车型以及北汽福田欧 V 汽车厂客车车型进行缓速器优化设计与试制，实现汽车永磁液冷缓速器产品的系列化设计，为永磁液冷缓速器的产业化奠定基础。

（2）产品功能测试

通过台架试验和初步车载试验对优化的永磁缓速器功能进行基本测试，定型产品达到缓速器相关标准要求。

（3）缓速器整车匹配设计

对整车安装空间、管线路布置及力矩匹配等进行设计。

2. 必要性

（1）增强北京汽车产业的核心竞争力。项目符合《"科技北京"行动计划（2009－2012 年)》2812 工程的 8 大产业和汽车产业政策的重点发展方向，在增强汽车零部件本地化配套能力方面，成为北京先进制造业新的经济增长点，对于推动北京汽车工业重型车的发展和汽车零部件行业的整体协调发展具有重要意义。

（2）提升我国汽车零部件创新水平。打破国外高端缓速器的垄断技术，形成北京汽车缓速器完整自主知识产权，促进北京汽车零部件制造产业的技术进步。

（3）改善交通安全。通过永磁液冷缓速器的推广，为首都及全国带来中重型车辆行车安全，减少交通事故发生率。

（4）加快北京经济增长。以更加经济、安全、环保的先进技术和理念，把适宜本国特点的自主品牌产品，在北京公交、客运及长途运输车辆中普及应用，并推广全国，为本地区争取更大的经济效益和社会效益，扩大首都科技力量的影响力。

通过产学研合作，培养和建立起掌握机、电、气、液、磁等高新技术的创新研发队伍，形成以企业为核心的汽车缓速器社会化自主创新体系。

　　二、发展现状、趋势

　　随着我国高速公路的快速发展和公路质量的提高，汽车的运行速度越来越高，汽车的制动负荷也越来越大，特别是在频繁停车的市内公共汽车上和高速公路及山区行驶的汽车上，制动负荷过大的问题更加突出。为了有效分流制动负荷，切实可行的办法是安装具有连续制动特性的辅助制动装置。采用缓速器是目前国际上应用最广泛、可靠、有效的辅助制动装置方案。汽车缓速器在车辆制动之前消耗部分行驶动能，稳定行车制动系统的制动工况，有效提高车辆行驶的安全性能，并大大提高车辆经济性。

　　1. 国内外发展现状

　　国际市场上，汽车缓速器主要有电涡流缓速器和液力缓速器。电涡流缓速器由于技术门槛和价格都较低等因素，在国内汽车行业获得了广泛应用（市场占有率98％以上）。但电涡流缓速器不具备长时间刹车的能力，在国外已逐步被淘汰，国外液力缓速器市场占有率达98％以上。20世纪90年代日本曾研制一种永磁缓速器，但由于结构优势不突出，导致制动力矩偏小和热衰退严重，没有得到广泛推广。电涡流缓速器采用风冷散热，散热效果差，制动力矩热衰退问题严重，不适用重型货车长时间制动，不能完全胜任山区道路运营需要；体积质量相对较大，制动力矩较小；制造中消耗贵金属铜资源，工作中消耗大量电能，制造成本及使用成本相对较高，寿命低，售价为8000～15 000元，复杂路况下使用寿命一般为2～3年。液力缓速器产品技术要求高，我国尚未有生产厂家，液力缓速器虽属高档产品，主要依靠进口，但也存在低速时制动性能差，空损力矩大，安装精度要求高以及成本高等缺点，售价一般为30 000～40 000元，同样不太适用我国货车市场普及。这些导致了我国货车缓速器市场只占缓速器市场总量的很小份额。

　　2. 市场及应用

　　国内现有20多家缓速器研发和生产企业，98％现为电涡流缓速器，市场主要被电涡流缓速器制造商法国泰乐马和深圳特尔佳占据，约占市场的55％。2008年我国重中型卡车产量为75.4万辆，缓速器安装率为1％，大中型客车的产量12.7万辆，缓速器销量6.5万台左右，安装率处于较低水平。国外市场的98％为液力缓速器占有。永磁液冷缓速器能够有效解决电涡流缓速器制动热衰退问题，相比于液力缓速器和电涡流缓速器具有质量轻、制动力矩大、免维护、高性价比等优点，能够从根本上解决我国重载货车以及大中型客车行驶中的缓速制动难题，是现有产品的升级换代。

三、孵化任务

对研制出的具有自主知识产权的前、后、中置式 3 种高新技术永磁液冷缓速器进行整车匹配设计，制定产品试验企业标准，完成产品初步功能测试，并进行初步车载道路试验。

1. 永磁液冷缓速器系列产品试制

孵化 3 种适配欧曼重货和欧 V 大客车型的缓速器产品，3 种产品的性能目标如下：前置式永磁液冷缓速器（YHQ100 系列）制动力矩大，价格低，用于解决国内重载大货车下坡制动问题。后置式永磁液冷缓速器（YHB200 系列）安装方式与电涡流缓速器兼容，解决大、中型城市客车、旅行客车、公交车和中小型载货汽车制动问题。中置式永磁液冷缓速器（YHZ300 系列）安装方式与电涡流缓速器兼容，适用长传动轴重货或大客，解决大、中型城市客车、旅行客车、公交车和大中型载货汽车制动问题。

2. 永磁液冷缓速器功能测试与车辆匹配设计

包括台架试验和车载试验，制动力矩测试、温度特性测试、系统反应时间测试以及可靠性测试等，并获得相关数据。企业对货车和客车车型进行缓速器匹配设计，形成系列缓速器产品设计方案。

四、孵化内容

1. 结构优化设计

研究与××车型相匹配的缓速器的制动力矩特性、温度特性。优化传感器，冷却系统，以及控制系统的结构设计方案，确定缓速器的主要设计参数和结构尺寸，并制定永磁液冷缓速器设计规范。

2. 永磁液冷缓速器驱动及控制研究

综合永磁液冷缓速器本与车辆所现有条件的要求，研制永磁液冷缓速器电子控制系统（ECU），达到可分级或无级控制，可与原车的 ABS、CAN 总线和刹车灯系统连接，具有防水及耐盐雾腐蚀、耐振动性能；进行严格的电磁兼容设计。

3. 整车空间结构的匹配设计。

结合整车底盘零部件布置情况，解决永磁缓速器安装空间、整车局部改装、管路布置等问题。

4. 技术创新点

永磁与液冷技术在汽车制动系统的突破，产品结构原理新颖，具有自主知识产权。永磁液冷缓速器制动力矩大，适用范围广，适配车型从大中型客车到大重型货车全系列，产品应用范围宽泛，属于国内外首创。

五、保障措施

人力资源保证方面：组成汽车永磁液冷缓速器研制课题组，课题组成员分工明确。××××××拥有车辆工程博士点和机械设计及理论的重点学科，以及机械工程博士后流动站，为本课题研发提供了充足的人才资源。××公司拥有120余名工程技术人员，研发队伍从教授级工程师到行业专家，实力雄厚。

组织保障方面：项目的主持单位在项目建设期内将重点支持及组织协调，成立专项分课题组，实行课题负责人负责制。分课题负责人负责本单位人员及资源的组织协调，对各自所负责的工作总体负责，统筹管理，定期检查和研究解决工作中出现的新问题。

技术保障方面：参加分别就永磁液冷缓速器的单位原理、标定、质量、整车匹配、制造技术及维修应用等，建立技术交流机制，定期进行信息沟通和新技术培训，为项目的顺利孵化提供技术保障，确保技术支持的持续性。

资源保障方面：充分利用已有的制造、试验、理化、场地等优势资源；在外协配套零部件方面，利用企业原有的优势外部资源；关键零部件的性能试验及检测利用××××大学科技资源，为项目提供有利的资源保障。

六、效益分析

1. 经济效益

永磁液冷缓速器具有巨大的发展潜力。2008年汽车缓速器可装备车型销售88万辆，2009年预计约100万辆，尚处于开始普及阶段的我国汽车缓速器市场，未来仅国内的市场需求每年可望超过100万套，产值达100亿～200亿元，具有非常大的发展潜力和社会需求，为项目产品的市场应用和推广提供了有力保证。

2. 社会效益

该项目将促进北京经济增长。带动我国大批量重型货车缓速器制造走向国内外市场，成为本地区新的经济增长点，增强了北京汽车零部件核心竞争力，并促进行业进步；推动重机械行业发展。带动北京机床制造行业、铸造行业和重型变速箱制造企业、重型车辆制造企业等上下游产业链共同发展和技术进步，实现共赢局面；提升交通安全。带来首都及全国中重型车辆行车安全，减少交通事故发生率；提供就业机会。为缓速器、永磁等产业带来大量就业机会。对企业稳定人才队伍和可持续发展起到促进作用，对社会稳定作出贡献。

# 后　　记

　　技术转移已形成完整的产业链条，业务运营涵盖众多的部门与专业，本书仅选择了技术转移产业服务链条中业务最为直接、实践最为成熟的部分运营业务。其中，技术转移服务机构的组织建设部分力图为正在大力发展中初创的技术转移服务机构提供一个简易通行的操作样本，人力资源与工作计划管理部分是服务机构内部运行中最重要的管理内容。在对外业务运营中，信息开发整合是所有机构都面临的重要基础工作，技术评估、技术经纪、科技企业/项目孵化是绩效最为彰显的服务业务，技术服务与技术许可既是技术转移的两大交易实现手段，又是技术转移的核心业务内容。

　　我国经济发展方式的加快转变，将引发新一轮的技术转移热潮，技术转移服务业将成为扩大内需的重要内生动力，在催化科技成果、催生高新产业等方面发挥全新作用。非常遗憾的是，由于多种原因，技术转移很多新业务的研究成果不能与大家分享，只能寄希望于另外的出版机会了。

　　因教学任务繁重，虽历时两年成稿，仍不尽如人意。其一，业务体系不完整。技术转移全过程的服务业务已溯源至科技研发初期，续后至产业化完善阶段，以转让为目的的商业性技术研发不同于传统科研体制下的课题研究。其二，运营内容欠充实。技术转移服务业务的规模和深度都在快速扩展中，经验总结与理论研究远落实践之后，心有余而力不足，弥补缺憾，唯有努力。"积水成渊，蛟龙生焉"，作者愿以掬中滴水，行"成渊"之功，增云雾之效，为技术转移之"蛟龙"腾飞尽微薄之力，本书权作引玉之砖砾。

　　值此劳顿初歇之机，首先感谢为本稿成书提供帮助的所有领导、学者、同事；感谢林耕教授为本书提供的教学案例；感谢刘艳伟、丁兆毅、尹子龙、朱小舟、沈昭等同学在读研期间撰写的研习报告；感谢未能一一列名的参考文献作者。

　　恳请业内同仁及各位读者批评指正，不胜感激。

张晓凌

2011 年 9 月 9 日